学思语言学丛书

国家社会科学基金项目（06BYY042）

现代汉语空间范畴的认知与理解（二）

主编 齐沪扬

现代汉语心理空间的认知研究

吴念阳 著

商务印书馆
创于1897 The Commercial Press

2014年·北京

图书在版编目(CIP)数据

现代汉语心理空间的认知研究/吴念阳著. —北京：商务印书馆，2014
ISBN 978-7-100-09776-5

Ⅰ. ①现… Ⅱ. ①吴… Ⅲ. ①现代汉语—研究
Ⅳ. ①H109.4

中国版本图书馆 CIP 数据核字(2013)第 015508 号

上海市普通高校人文社会科学重点研究基地
应用语言学研究所资助成果　项目编号:SJ0705

现代汉语心理空间的认知研究
吴念阳 著

商 务 印 书 馆 出 版
(北京王府井大街36号 邮政编码100710)
商 务 印 书 馆 发 行
北京中科印刷有限公司印刷
ISBN 978-7-100-09776-5

2014年1月第1版　　开本 787×1092 1/16
2014年1月北京第1次印刷　　印张 20 3/4
定价：46.00元

总 序

这套丛书的作者都长期从事现代汉语语法的教学和研究。笃学深思，各有所得。丛书涉及的范围很广，从整体上看，重点在于通过语法结构的分析，达到深入理解语句的目的。

通常认为句子属于三维结构，即包括句法、语义和语用。三者的关系怎样，向来有不同的看法。丛书作者以句法为基点，从而阐述语义和语用，这符合认知的规律。表达汉语句法结构的要素，一般认定是语序和虚词。其实，在语言分析的实践中，许多学者已经扩大了形式要素的范围，以“标记”代替虚词。虚词当然是重要的标记，但标记不限于虚词，从书中可以找到这方面的实证。顺便说一句，我以为汉语的句法形式的要素，除了语序与标记之外，还有“节律”。例如单双音节的搭配常影响结构关系。

从认知的角度考虑思维活动，历来都关注从感性到理性的过程。其实，高级思维活动还有一个重要的环节，那就是“悟性”。简单地说，从感性到理性是从具体到抽象，这是思想上的一次升华。从理性到悟性，是从抽象到具体，不过，这里的具体不是前边那个具体的回归，它们的范围并不相同。可以认为，这是思想上另一次升华。丛书中论述“量”和“空间”等问题体现了这种观点。

目前的语法研究，目标集中在规范化和现代化。语言现代化的内容很广泛，机器翻译和人机对话是主要内容之一。在这方面有许多问题亟待解决。丛书作者在信息处理方面，在短语的规范化方面都做出了有益的探索，正适应了当前的需要。

丛书的选题，有些是很少有人讨论过的，给人以新的领会。有些选题是多次见于论著的，作者提出新的见解，能给人以启迪。不同的选题之间有很多互补的地方，这大概也是构成丛书的依据吧。

张斌

目　录

引言 …… 1

第一章　时空隐喻 …… 8

　第一节　知觉空间和语言空间 …… 8

　第二节　时间是空间的隐喻 …… 9

　第三节　仅有语言学证据是不够的 …… 13

　第四节　时间的知觉图式性表征 …… 16

　第五节　知觉符号的经典实证研究 …… 18

　第六节　时序概念的知觉符号表征 …… 19

　附：本章实验部分 …… 21

　实验报告一　汉语时序概念表征的空间方向性感知基础 …… 21

　实验报告二　空间图式影响时序概念理解的发展性研究 …… 44

　实验报告三　空间图式在时空隐喻理解中的作用 …… 73

第二章　方位隐喻 …… 108

　第一节　空间隐喻的内涵 …… 108

　第二节　上—下方位隐喻的心理实证研究 …… 113

　附：本章实验部分 …… 117

　实验报告一　上—下意象图式影响垂直性空间隐喻表达式理解的实验研究 …… 117

　实验报告二　褒贬义形容词的垂直方位表征 …… 156

第三章　儿童空间认知与空间概念的发展研究 …… 183

　第一节　儿童方位词的习得研究 …… 183

第二节 儿童空间维度词的习得研究 …… 190
附：本章实验部分 …… 201
实验报告一 2—5岁儿童“上/下”空间多义项习得研究 …… 201
实验报告二 2—5岁儿童“前/后”的语义认知研究 …… 234
实验报告三 3—5岁儿童空间维度词“大/小”的认知研究 …… 252
实验报告四 2—5岁儿童空间维度形容词“高/低”的语义认知研究 …… 275
参考文献 …… 295
后记一 …… 319
后记二 …… 321

引　言

一　本课题的总体情况

空间认知域是人类最基本的认知域，空间范畴不仅包含一般意义上的物理空间，还可以拓展至心理空间，甚至可以进一步拓展至时间空间、事相空间等人类认知的各个方面。对空间范畴的进一步研究可以较好地解决人类认知世界的思维机制和心理过程，有利于揭示语言现象中一些尚不为人们所关注的现象和规律。

本课题的研究成果最终体现在如下三个子课题中：

1. 现代汉语位移空间的认知研究

主要讨论空间位移的认知研究。在这个子课题中，将从空间位移的语义表达出发，以认知语义学的基本理论为指导，重点选择位移选题中具有代表性的路径成分、位移动词和位移表达方式做重点研究。这个子课题的主要内容是：（1）位移事件的表达模式，并以“V起来”的语义分化及其相关问题作为对表达模式的论证；（2）与位移动词、置放动词相关的问题，讨论位移动词、置放动词的类型特点和相关句法语义；（3）讨论两组词的基本用法和引申用法，即“过来/过去”和“下来/下去”的用法及其认知解释；（4）介词短语的功能与相关问题，讨论“往”字短语所构成的两种格式在句法、语义和事件表达方面的差异以及“从＋X”的语义、语用功能；（5）和“来”、“去”相关的短语的认知解释，讨论“V来V去”格式及其语法化的过程，以及“V＋去”和“V＋走”

在表示位移事件中的差异。

2. 现代汉语心理空间的认知研究

主要从语言习得的角度和心理实证的角度，讨论空间方位词的认知研究，涉及预期研究计划中处所系统方面的问题。这一子课题从最能表现空间概念的四组表示处所的词："上 / 下、前 / 后、大 / 小、高 / 低"入手，从三个方面对四组词进行实证研究：（1）用意象图式理论分析这四组词的多义现象，证明空间隐喻是抽象概念的基础，是表达抽象概念的认知方式；（2）用发展心理学的实验手段，研究低龄儿童口语习得四组词时形成的规律，证明上述义项引申过程的正确；（3）用认知心理学的实验手段，探讨空间认知和部分抽象域概念的认知加工过程。这一子课题是以一定数量的心理学实证报告作为主要内容的，改变了现代汉语学界从语言学视角研究空间隐喻的状态，以心理实证来回答空间隐喻和词的多义性问题。

3. 现代汉语现实空间的认知研究

在借鉴以往研究成果的基础上，阐述现实空间领域的结构要素和表达方式，涉及预计研究计划中大部分内容。这一子课题立足于空间域本身的认知研究，研究范围主要涉及以下一些内容：（1）空间位置系统的认知研究，认为空间位置可以分为静止的和非静止的两种，依次讨论构成不同空间位置的要素，以及表达这些空间位置的相应句式；（2）空间方位系统的认知研究，讨论方位参照的结构要素，指示参考点的方位短语的认知规则，并对方位词"上 / 下"的不对称分布和语法化过程进行解释；（3）与静态位置相关句法形式的认知研究，主要研究表示静态位置的零动词句、"着"字句、状态"在"字句和动作"在"字句的结构类型和认知语义；（4）与动态位置相关的句法形式的认知研究，首先讨论带处所宾语的"把"字句的基本语义和空间位移模式，接着对空间位移中主观参照"来 / 去"、客观参照"P ＋ N"和"D ＋ Q ＋ M"的认知语义规则进行详尽的讨论。

二　本课题的研究方法和研究特色

本课题在研究方法和研究特色上主要有以下特点：

1. 在对空间范畴充分描写的基础上，重点对空间范畴向其他范畴投射的方式、方法进行认知解释。归纳和总结物理空间范畴的表达形式在心理空间等其他目标域范畴中的表现形式和表现方法，探讨这些表现形式和方法是怎样为人们所认知和理解的。本课题的研究立足于功能主义的语言观，主要借鉴标记理论、典型范畴理论、认知（概念）域理论、言语行为理论、关联理论等相关的理论模式，并适当运用结构主义的分布、变换等原理，对空间范畴非空间化的方式、方法以及过程进行研究，同时，对心理空间等目标域范畴的整体及内部层次进行详细地描写和解释。

2. 本课题对重要的、具有典型意义的投射过程进行详细具体的描写，寻找外在形式标志，并在大规模语料库中进行验证，寻求形式与意义之间的对应。本研究在着重强调语言形式和语义内容之间的对应关系的同时，从人类认知世界的生理和心理过程出发，对人类知识概念化的方式和手段寻求语言外在形式化的标志。用心理实证的手段，在大量心理实验的基础上，论证空间隐喻的心理现实性，论证空间认知和部分抽象域的认知加工的心理过程，着重探讨空间方位词和空间维度词的意向图式在人的行为中的表现，意向图式对词语加工的影响，时空隐喻模式在年龄差异上的表现。

3. 20 世纪 70 年代以后重新兴起的语法化研究把重心从历时转向共时。本课题用语法化的研究方法来解释空间范畴共时平面研究中难以解决的现象。从认知的角度看，重新分析是概念的“转喻”，类推是概念的“隐喻”，因此语法化的背后是认知动因在起作用。本研究认为汉语里表示空间位移的路径或方向的不少趋向词，在隐喻和转喻机制的作用下，扩展到时间范畴表示时体意义，有的还在语法化和主观化的作用下，扩展到情态范畴。本课题用隐喻和转喻的理论很好地解释了一些表示空间位移的介词结构，是如何从具体的原型范畴向外扩展到边缘范畴，然后再到虚拟的抽象的事物和概念。

三　本项子课题的主要结论和研究思路

1. 本项子课题的主要结论

（1）用发展心理学的实验手段，研究低龄儿童口语习得过程中，“上/下”“前/后”部分义项的习得过程。这项子课题精心设计儿童心理实验，研究报告的结论证明：在“上/下”的习得过程中，a. 各年龄组儿童对方位词“上/下”空间义项的掌握数目随年龄增长而增多；b. 儿童掌握方位词“上/下”空间义项具有一定的顺序，对于“上”的各空间义项习得顺序为：上水平接触 > 上部 > 上垂直附着 > 上倒置附着；“下”各空间义项习得顺序为：下部 > 下包围 > 下接触 > 下分离；c.2 岁组和 3 岁组儿童对方位词“上”空间义项的掌握早于“下”空间义项的掌握，2 岁组和 3 岁组儿童在理解实验中采取趋“上”策略。

在“前/后”的习得过程中，a. 儿童对于自身没有“前”“后”的物体，在各个年龄组均更倾向于将“距离儿童更近的前方”，也就是被试和参照物之间的区域称作它的“前”，而将“距离儿童较远的前方”称作它的“后”；b. 儿童对空间“前”的认知早于空间“后”的认知，2 岁时儿童对自身的空间“前”的认知正确率最高；c. 儿童对空间“前”、“后”的认知早于对于时间“前”、“后”的认知。上述这种结论，弥补了以往儿童习得研究中的一些不足，也支持了语言学中关于“上/下”“前/后”各义项发展引申的过程的解释。这些儿童口语中方位词的习得规律的实证报告，在语言学理论上具有一定的参考借鉴作用，在语言习得和二语教学上则具有直接的应用作用。

（2）用认知心理学的实验手段，探讨如何从空间域向部分抽象域的认知加工过程。和母语为英语者相比，以汉语为母语的在时间表征方式上既有垂直表征，也有水平表征。这项子课题精心设计的认知实验，从心理现实性角度证明空间隐喻是一种认知方式，抽象域概念的认知加工和语言表达源于空间概念。实验报告认为，在“上 / 下”方位的认知过程中，抽象概念系统中确实存在上—下意象图式，它在文字理解的即时加工过程中被激活，并成为社会地位、时间、状态等抽象概念的认知基础；上 / 下意象图式隐喻作为一种认知机制作用于母语为汉语者的抽象思维中，其映射规律为“积极的在上，消极的在下”。在汉语时序概念表征的空间方向性感知基础的实验中的结论为：a. 在时间隐喻性表述的实时加工中，空间垂直方向性图式激活了语言表述中的空间垂直方向性，这说明时序概念的垂直维度隐喻具有心理现实性；b. 当时间的表述中没有出现空间词汇时，空间引导促进人们对时间字面性表述的实时加工；c. 时序概念表征具有空间方向性感知觉基础：母语为汉语者在用“早”、“晚”表述时序概念时，先后两个时间点在认知水平上是：垂直排列的，“早的时间点在上，晚的时间点在下”；水平排列的，“早的时间点在前，晚的时间点在后”。这些实证报告为语言学论证空间词向抽象域映射过程中的形成规律，提供了理论上和事例上的支持。

2. 本项子课题的理论背景

到目前为止，时间概念是空间概念的隐喻，已经成为语言学界的一个共识。理由是来自儿童语言习得的证据表明，儿童习得空间概念先于时间概念。各种语言都使用空间词语表达时间，这个现象可以认为直接证明了时间的空间隐喻性质，语言中表达时间的词保留了空间的结构特征，表现为：一维性、运动性、方位性（即顺序性）。另外，汉语词源学的证据表明，空间和时间公用的介词、方位词，在其词义衍生的历史上都是先有空间义，然后有时间义。然而从逻辑上来说，这样的证据并不证明“时间是空间的隐喻”必然成立。

认知语言学普遍认为，时间的空间隐喻不仅是一种语言现象，更是一种思维或心理表征模式；并且，人类的概念系统是隐喻性的，抽象概念的构建以具体概念为基础。但是，目前语言学的研究并没有提供隐喻表征的具体心理模型，即在思维和理解的过程中，隐喻是如何形成的？这正是认知心理学所需求以及致力于探究的：空间向时间的隐喻映射存在心理现实性吗？时间概念的心理表征是以空间表征为基础的吗？

语言不是隐喻存在的唯一证据。隐喻是人类基本的认知方式之一，应该在儿童成长中表现出成长的痕迹，应该在个体的认知过程中起作用。所以，隐喻的心理现实性研究和发展性研究应该成为隐喻研究的重要组成部分，这对揭示人类的思维规律、探索儿童的认知成长，实现人机对话都有十分重要的理论意义和实践意义。

四 本课题的学术价值与不足之处

1. 本课题的学术价值

本课题认为空间问题已不限于空间位置系统的表达，作为人类最基本的认知方式和手段，已经渗透到了语言运用的各个方面，在语言的编码和解码的过程中起着非常重要的作用。人们在组织和理解语言时，依然遵循着对空间认知的心理过程，对这些表达空间范畴的语言形式进行系统、详细地描写和解释，可以进一步揭示空间范畴的重要性。本课题首次将空间范畴与其目标域范畴结合起来统一进行研究，对空间范畴的表达形式与目标域范畴中的表达形式进行系统地描写、对比，并寻求外在形式标志。将空间问题置于一个动态的系统中，研究空间范畴的内部层次和目标域范畴的内部层次，争取将表达形式与意义对应起来。

本课题的研究，将直接推动汉语认知语义系统的进一步深入，对厘清汉语认知语义系统的内部关联，对把握汉民族对外部世界的认知方式、概念化过程以及解码方式和过程都有非常重要的理论价值和实际意义。本课题的研究成果，可以为自然语言信息处理形式化需求提供外在形式标准，可以对汉语本体研究提供理论上和方法论上新的探索。本研究也可以直接推动对外汉语教学理论和方法的改进，部分成果可以直接转化为汉语本体和对外汉语教学知识，具有较强的实用价值。

2. 本课题存在的不足

本课题存在的不足有两点：首先，现代汉语空间范畴的认知和理解是一项比较大的工程，也是一个十分开放的研究课题，目前本课题只是选择了其中几个方面进行研究，所做的只能是非常初步的、尝试性的研究工作。就目前所做工作的深度和广度而言，它距离建立一个科学的、系统的理论框架的要求，还有一定的差距。其次，本课题对空间范畴的研究主要局限于汉语普通话，没有对古汉语和汉语方言空间范畴的语言表达进行研究，也没有对古今汉语空间范畴的类型特点进行对比和评述。有些研究工作，比如位移动词的概念化和位移事件的词汇化还没有展开，心理学上的实证研究还有许多问题值得探索。

有待进一步研究的问题在于以下几个方面：

（1）认知上的主观化，使得物理空间赋予了汉语特有的情理值，三种维度的凸显各有特点，怎样将这些特点与情理值整体上对应起来，建立起一套符合人们语感的语义框架，是本课题继续研究的重点。其中位移动词的概念化差异对句法结构的影响，是需要特别关注的问题。

（2）空间方位系统既有静态系统也有动态系统，关乎两者的参照系统的建立，在人们的认知中显得尤为重要，在这两个系统中参照系统是怎样确立的，人们确立参照项的依据和标准是什么，为什么人们会采用不同的参照系统，需要从人们的心智发展过程加以研究和考察。心理学上的实证应该在这方面提出理论依据。

（3）汉语中许多表示空间概念的句法形式如动趋式、介词短语等，其形成过程不同，成熟的时间有先后，在汉语方言中有不同的表现。在空间位移的语言表达方面，方言与方言之间、方言与普通话之间的诸多差异，很可能成为研究汉语位移事件类型的重要线索或参照项，值得进行一定规模的方言调查和全面的普通话—方言比较研究。

第一章

时空隐喻

第一节　知觉空间和语言空间

H.H.Clark（1973）提出了知觉空间 P-space（Perceptual Space）和语言空间 L-space（Language Space）。

知觉空间是我们的生物特性决定的：当人处于典型的站立位置时，空间知觉包含三个参照平面和三个相关方向：（1）地平面是一个参照平面，向上为正；（2）纵贯人体左右的垂直平面也是一个参照平面，前方为正；（3）前后向垂直平面是第三个参照平面，左右无极差。考虑到人是社会动物，需要与其他人进行社交，两个人在交际中一个最重要的方向特征是：他们一般是面对面地交流信息，不是肩并肩，也不是背对背。这种面对面的情境 Clark 称之为规范面对（The Canonical Encounter），也可以译为原型状态。原型作为人类知觉空间的另一基本属性，对语言也有一些非常重要的影响。

语言空间和人的知觉空间是一致的，表现在：

首先，现代汉语语言空间的介词和形容词都普遍使用了参照点、参照线和参照平面。

（1）电灯在饭桌上方。

（2）老槐树前面站着一个人。

“饭桌”的桌面是参照面，“老槐树”是参照点。

其次，表空间的维度词都是有正负的，有积极义和消极义之分。

沈家煊（1999）研究了现代汉语的不对称问题，现代汉语的空间维度词有明显不对称性：

（3）那条裙子有多长？

（4）那条裙子有多短？

（5）那个人有多高？

（6）那个人有多矮？

“长/短”、“高/矮”看似成对的表空间维度的形容词，但是在语义上是不对称的，在认知上是有方向性的。“多长”，可以很长，也可以很短；“多短”，这个问题是有预设的，先期已经获得一个信息——那条裙子不长，偏短了。

现代汉语空间维度词“大/小”、“高/低（矮）”、“长/短”、“宽/薄（窄）”、“深/浅”……中，“大、高、长、宽、深”都是无标记项，是积极义的，“小、低（矮）、短、薄（窄）、浅”是标记项，是消极义的。

再次，语言空间也是按照原型编码的。语言空间需要使用原型位置来定义与重力垂直不一致的垂直维度表达语的使用。比如，面对一个躺着的人，我们仍然说：“此人看上去有1米7高。”绝对不会说：“此人看上去有1米7长。”即便是肩并肩走路，我们依然会这么描述：“面对他的提问，我直言不讳。”

从这三点简单的比较可以看到，语言空间和知觉空间具有高度的相关性。

在客观空间和语言空间之外，还有一个空间，就是我们的认知空间，或者称为心理空间。语言是思维和事实之间的桥梁，表示空间的语言反映了怎样的心理空间？“老槐树前”指称的是哪个方位？“电视机前”是哪一面？“前尘往事”和“锦绣前程”中的“前”是否具有同样的语义？

本章将回答有关语言空间和心理空间的关系。

第二节　时间是空间的隐喻

一直以来，时间和空间都是人类致力研究的主题。从古至今，哲学家和科学家们从不同角度讨论和记载了无数关于时间和空间的观点。

在人类的思想史中，时间和空间一直是两个最基本、最重要的哲学范畴，时间和空间概念强烈地构成了哲学和自然科学中大部分的基本概念。它们被不同时代和学派的哲学家们认为是“世界的始源之一”，“直觉的优先形式”以及“物质存在的普遍形式”（转引自 Yu Ning 1998）。

早在爱因斯坦提出相对论之前，人们就注意到了时间和空间之间的密切关系。正如亚历山大（Samuel Alexander 1859—1938）（转引自蓝纯 2005）所说：

“空间在本质上是时间性的，而时间则是空间性的。”

然而，时间与空间的普遍定义显示，时间和空间并不是处于平等地位的两个平行的概念。Yu Ning（1998）对时间做了如下思考：“时间是件模糊的事物；我们似乎了解它，又好像很难理解它；它是如此温暖和多情，又是如此冷酷和孤僻。”“什么是时间？如果没有人问我它是何物，我清楚地知道它是什么；但是如果我想把它解释给问我的人听，我发现我不知道如何解释。”

我们经常准确地描述时间，但是我们却很难给时间下一个精确的定义。《现代汉语词典》（第 6 版）对“空间”的解释是：“物质存在的一种客观形式，由长度、宽度、高度表现出来，是物质存在的广延性和伸张性的表现。”对“时间”的解释是：“物质运动中的一种存在方式，由过去、现在、将来构成的连绵不断的系统。是物质的运动、变化的持续性、顺序性的表现。”

可见，我们要借助空间、运动、事件来表达时间，时间“存在于运动与事物”并且“不能脱离它们而存在”，而事物又都存在于一定空间中，这说明时间是根据空间或空间中的事物而理解的，即我们借助空间思考时间。

早在 1973 年，H.H.Clark 就提出了时间是空间的隐喻。在著名的《空间，时间，语义以及儿童》一文中，Clark 曾指出，语言学家们早已注意到英语及其他相关语言中的空间词和时间词有很多重叠之处。根据这一证据，可以认为英语中的时间描述是基于非常具体的空间隐喻。就是说在时间表达语中存在第二层次的语言空间，且这个层次与我们讨论过的第一层次的认知空间一致，也就可以说来源于第一层次。下面谈谈这一重要隐喻的主要属性。

物理学家把时间看成一维的连续体，具有不对称的属性。时间轴可任意赋予零点，零点两边是不对称的。时间的不对称性在化学反应中很明显，反应只能单向进行。记忆也只包含过去而非未来。

由于时间的这些属性，什么样的空间隐喻对它是合适的呢？首先，由于时间是一维的，就应该用一维空间词来描述。合适的形容词有 long - short 和 far - near。实际使用确实是如此，如：

（7）Time was short.

（8）The day has been long.

（9）The end of the world is near.

（10）Monday seems so far away.

不合适的形容词有 wide - narrow, tall - short, high - low, deep - shallow 等，这些词也的确没有出现在英语的时间表达语中。介词也同样如此。不过所有位置介词以及大多数方向介词都可用于一维空间表达，如 at a point, on a line, in an interval on the line, to or from a point, between two points, through an interval 等。这些词都能用于表达时间，如 at noon, on Monday, in the afternoon, up to noon, from Monday, between noon and six, through Thursday 等。

其次，由于时间是不对称的或有方向的，就应该用不对称的一维方位词来描述。front - back 是英语中仅有的没有预先假定一个以上维度的介词；而且，它们具有不对称的属性，前为正，后为负。很明显，用于时间的不多的英语方位词都是从 front - back 衍生而来的，如 before, after, ahead, behind, in front, in back 等。英语不使用衍生自 top - down 的方位词来描述时间，除了一些非常特殊的词，如 over the weekend，其中 over 可能来源于它在 over the line segment 这样的空间表达用法，这是一个没有垂直属性的线性表达语。英语也不在时间表达语中使用

left of 和 right of。总结如下：时间的不对称性在英语中是以最简单的方式来表达的，即使用预先假定仅仅一个维度的 front - back 来表达。

再次，由于具有动态属性的事件才需要时间，就应该用包含空间运动的表达语来描述时间。实际使用确实是如此，如 Noon has come，Thursday has gone by，through Tuesday into Tuesday night, five o'clock came up on us before we knew it 等。

最后，Clark 指出：时间不是偶尔地用空间明喻来表达，而是基于一种系统的空间隐喻，表明空间和时间表达语共有一个认知系统。

如今，时间是空间的隐喻，已经成为语言学界的一个共识。（Ortony 1993；Yu Ning 2003；Casasanto & Boroditsky 2003；Casasanto，Boroditsky & Phillips 2004；张建理 2003；蓝纯 2005；李宇明 1999）

徐凝婷、吴念阳（2008）系统地总结了现代汉语时空隐喻的五个隐喻规则：

隐喻系统一：时间是一条路，人在大路上走着，由过去走向未来。这个系统被普遍称为“我动系统”。

隐喻系统二：时间是一根“传输带”，不断由未来向过去运动。

隐喻系统三：时间是一根长绳的上升运动。早先发生的事件在“上”，晚发生的在“下”，经过我们身边时是“现在”。

隐喻系统四：时间是一根长绳固定不动，人沿着绳由上而下运动。

隐喻系统五：时间是一个有界的三维空间。

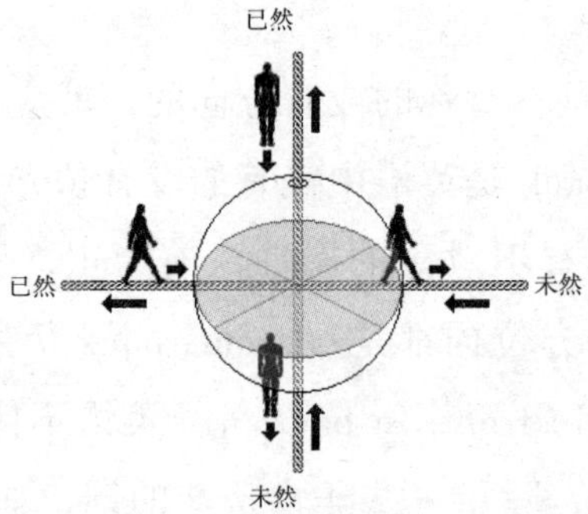

图 1-1　时间是一个有界的三维空间

支持“时间是空间的隐喻”的，不仅有大量的语言事实，还有来自发展心理学的语言习得研究：

Clark（1973）研究了儿童的空间词和时间词的习得顺序，得到一个结论：儿童的空间概念先于时间概念的发展。

中国学者周国光（2001）、孔令达（2004）、朱曼殊（1986）也有研究表明，儿童的口语中出现空间方位词“上面”、“里面”始于1岁8个月，2岁开始出现“上”、“前面”，3岁6个月开始出现“下”、“后”。但是相应的时间词都较晚出现，对“以前”、“以后”的理解出现在4岁，口语表达出现在5岁之后。

这样的语言习得时间表经常被用来证明：儿童获得时间概念有可能要借助于空间概念。

游顺钊（1988）用词源学研究证明：在英语中，空间和时间共用的介词、方位词等，在其词义衍生的历史上，都是先有空间义，后有时间义。例如，“before / after”最早仅为空间介词，逐渐衍生为时间介词；葛新（2004）也证明，汉语方位词“上/下”在演变过程中，先有空间义，经过漫长的历史演化才有了时间义。

第三节 仅有语言学证据是不够的

认知语言学的研究方法大多为语料分析及内省法，即仅凭借研究人员的语言“直觉”、学术经验和普通常识对某些特殊的语言形式和语言内容进行可资论证的分析和解释（卢植2006）。就认知型语言研究而言，内省法可以有助于语言学家考察直接反映认知活动的语言现象，找出有规律的东西，分析其内在的认知取向（赵艳芳2001），但总体而言，“内省法主观性太强”，缺乏科学性（严辰松1989）。因此，认知语言学及其概念隐喻论具有一定争议性，该理论内部存在些许难以解释的问题，而我们要想对时空隐喻表征的心理现实性及其加工机制下定论还为时过早。

根据概念隐喻理论，知识的表征，尤其是抽象概念表征，是隐喻性的。

语言水平的时空隐喻表述来自于思维水平的隐喻性认知机制，时空隐喻具有心理现实性。然而，尽管Lakoff及其支持者（Gibbs & O'Brien 1990；Gibbs & Colston 1995；Glucksberg，Brown & McGlone 1993；Yuning 2001、2004）在大量语言学证据的基础上，对概念隐喻论做了深入的论证，但他们始终无法提供清晰的隐喻性知识表征的心理模型。

Murphy等人对概念隐喻论提出反对意见（Murphy 1996，Barsalou 1999a）：从人类的经验基础来看，概念隐喻的初期或许存在源域向目标域的映射，但随着隐喻性表述的频繁使用，这些映射已进入人们的长时记忆，而不在即时加工中出现。一些研究发现：某些常规隐喻（Conventional Metaphor）的加工并不存在隐喻性映射。例如，有研究发现人们对常规隐喻"爱情是旅途"这一命题的解释中，并不必然出现与旅途相关的信息（Glucksberg，Keysar & McGlone 1992）。

显然，尽管"时间是空间的隐喻"已得到大多数认知语言学家的肯定，但从逻辑上来讲，仅依靠语言学证据并不能证明时空隐喻在认知水平上必然成立。也就是说，现代汉语中时空隐喻有可能仅为一种语言现象，而不是一种认知机制。语言水平上所存在的时序概念的多种借用空间词汇的表述方法，并不存在于我们的认知过程中。因此，时序概念两种不同维度的空间隐喻是否具有心理现实性，即人们是否基于空间方向性建构、理解时序概念，需要进一步的实证、甚至神经生理的研究来提供充分的论证。

认知语言学普遍认为：时间的空间隐喻不仅是一种语言现象，更是一种思维或心理表征模式（Lakoff & Johnson 1980，Murphy 1996）；并且，人类的概念系统是隐喻性的，抽象概念的构建以具体概念为基础（Lakoff & Johnson 1980，Lakoff 1987，Gibbs 1992a、1992b）。然而，作为认知语言学家和哲学家，概念隐喻的提出者——Lakoff和Johnson并没有提供隐喻表征的具体心理模型，即，在思维和理解的过程中，隐喻是如何形成的？这正是认知心理学所需求以及致力于探究的：空间向时间的隐喻映射存在心理现实性吗？时间概念的心理表征是以空间表征为基础的吗？

前文已经提及，认知语言学家们相信：时间的空间隐喻作为一种概念隐喻，是空间认知域向时间认知域隐喻性映射的产物。现在的问题是，仅依据语言水平上所表现出的时间的空间隐喻，我们无法肯定在概念水平上也存在空间向时间的映射。换而言之，时空隐喻的映射机制是怎样的？

针对这一议题，研究者们（Gentner & Boronat 1991，Murphy 1996，Bowdle & Gentner 2005，Boroditsky 2000）先后提出了四项假设：

（1）跨域映射（Cross - domain Mapping）。此观点强调空间向时间的映射具有心理现实性。Lakoff & Johnson（1980）、Fauconnier（1990）认为空间表征是时间表征的源域。Gentner & Boronat（1992a）、Gentner & Imai （1992b）用心理学实验证明了空间域向时间域的映射具有不依赖于语言的心理现实性。

（2）平行结构（Parallel Structure）。这一假设来源于Murphy（1996）所提出的结构相似性观点（Structure Similarity View），它强调隐喻中的源域和目标域具有各自独立的概念表征，而两种概念表征存在结构上的相似，从而导致人们依据这种相似性结构产生隐喻表述。因此，平行结构假设认为：时间的空间隐喻只是一种语言现象，而不存在心理上的跨域映射。

（3）认知考古学（Cognitive Archeology）。此理论认为，概念隐喻的初期确实存在源域向目标域的映射，但随着频繁地使用，这些映射已进入人们的长时记忆，而不在即时加工中出现。Bowdle & Gentner（2005）提出隐喻历程模型（Career of Metaphor），认为：虽然域之间的类比映射对于新奇词义的出现很重要，但是一旦这些意义已经固定，对它们的实时理解就需要检索抽象关系范畴了。国内学者周榕（2002）利用经典的干扰性学习和眼动追踪研究方法，发现加工隐喻表述与加工非隐喻表述之间不存在差异，都为自动加工。因此，周榕认为隐喻的映射表征已经进入长时记忆，具有预存性。然而，这一实验并没有针对时间的空间隐喻，其结果并不能简单地推广至时空隐喻的映射机制。

（4）局部映射（Local Mapping）。少数学者持有这种观点，认为：

空间向时间的映射并非来自于概念水平的结构映射，而是由小部分时空共用的语汇（如：前 / 后，上 / 下等）所引起的词汇水平联结。

总的看来，绝大多数证据都肯定了时空隐喻的映射机制具有心理现实性，支持第一种假设，排除其他三种假设。Gentner & Boronat（1992），Gentner & Imai（1992），Gentner（2001），Gentner，Imai & Boroditsky（2002）提出了隐喻一致性效应（Metaphor Consistency Effect），即混合隐喻会导致加工反应时延长。在此基础上，他们设计出混合映射范式（Mixed Mapping Paradigm），证实时空隐喻水平运动模式的两种参照体系——“自我动”和“时间动”在即时加工中显示出完全映射；国内周榕（2001）借鉴混合映射范式，证实了汉语中“自我动”和“时间动”两种参照体系同样存在心理现实性。不过，笔者认为周榕的实验尚存不足之处：第一，实验任务设置值得商榷。她让被试对时空隐喻句中两事件在坐标轴上做先后顺序的判断。很明显，坐标轴具有较高的空间特质，这一操作在很大程度上强制被试进行空间加工。即：实验结果所显示的跨域映射是由隐喻句加工所引起的，还是“坐标轴加工”所引起的？我们不得而知；第二，实验材料的恰当性值得商榷。正如前文所指出的，汉语中时间的空间隐喻在“自我动”运动模式中很少有借用空间词汇“后”的现象。因此，即使我们并没有看到其实验全部的时空隐喻表述句，但仅根据其文章中所出示的“自我动”时空隐喻句（如“考试就在眼前”），我们有理由相信其实验材料中“自我动”水平，空间方位词“前”的出现频率会远大于“后”。在这种情况下，被试就会出现定式效应，从而对结果产生干扰。基于这两点，我们认为汉语中时空隐喻的映射机制还有待进一步更严谨地证实。

第四节　时间的知觉图式性表征

上述所有的论据，无论是哲学或文学中时间与空间的普遍定义，还是认知语言学基于跨文化语料分析所提出的“时空隐喻”观，都指向同一点：人类有感知物体运动及方位的器官，却没有感知时间的器官，因此无法表述对时间的直接感知经验，而是借助事物、运动和方位等来理解时间。

然而，认知语言学对于时空隐喻的研究及证明仅仅停留在语言表面，严格来讲，语言不能直接反映概念化的过程，语言资料仅为人们编码加工的结果，思维的代码，我们无法得知人们通过语言所进行的思维是怎样的。桂诗春（2000）指出，靠思辨性的讨论难以接触问题的实质，要了解认知，唯一的途径是研究它的运算过程。因此，空间感知在时间概念表征中究竟起什么作用？这个问题需要认知心理学领域对内部表征机制做深入地探究。

20世纪以来，传统的知识表征理论，即命题符号理论（prepositional symbol system）并不重视感知成分在认知系统中的作用，认知和知觉被认为是大脑中两个相互分离的、独立的、不同的系统，知觉系统从环境中提取信息并将其传递至认知系统（如言语、记忆、思维等）。感知信息只存在于模型建立的初期，即概念化（概念形成）过程，而与概念思维（conceptual thinking）无关。知觉所实现的是记录系统（加工系统、编码系统）而不是概念系统。

20世纪末，受到第二代认知科学“认知体验观”的影响，认知心理学、神经科学等领域不断有实证性研究证明，人类知识、范畴化、思维等本质上并不像原本所想的那么抽象，感知系统与认知系统不是界限分明的（Barsalou 1999b，Glenberg & Langston 1992）。基于此，Barsalou（1999b）从理论上提出了一项新的知识表征理论，即知觉符号理论（perceptual symbol system）。Barsalou认为认知在本质上应当是知觉性的，知觉与认知在神经水平上享有共同的系统。概念的心理表征与其感知基础有紧密的联系，知识的表征是知觉符号而不是命题符号。

知觉符号与命题符号之间最显著的区别在于，内在符号与物体原型之间的联系是不同的。知觉符号是在概念化过程中，对所有感知经历，包括本体感觉、内省、动觉机制等图式化的产物。因此知觉符号与物体之间是知觉的（perceptual）、模式的（modal）、相似的（analogue）。模式性是指知觉符号与产生它的知觉状态处于同一系统，例如在知觉中表征颜色的神经系统很大程度上在知觉符号中也表征物体的颜色；类似性是指在某种程度上，知觉符号的结构与产生它的知觉状态是对应的。命题符号理论则将人们的心理表征看作是抽象的、非形式化的一个个节点，通过联想这些节点相互连成网络结构。因此，命题符号与物体原型之间是任意的（arbitrary）、语言学模式的（linguistic - like）。

根据知觉符号理论，人们的感知、范畴化、判断、言语理解等认知过程，是基于感知符号而建构心理模型的过程。换句话说，思维的进行依赖于感知模拟。

第五节　知觉符号的经典实证研究

Zwaan 等人（Zwaan 2002、2003、2004、2006，Stanfield 2001）发现与语言理解自动激活相关的知觉信息（如形状、大小、位置等），即心理表征为知觉符号。Zwaan 等人的实验为知觉符号理论提供了有力的实证证据，成为了知觉符号理论领域的几个经典实验。

首先，Zwaan 考察了句子隐含的物体方位或形状信息对图画再认反应时的影响。实验中，被试阅读一系列句子，每个句子后呈现一幅图画，被试要判定这幅图画中的物体是否在先前句子中提到过。图中物体的方位或形状与句子中隐含的物体方位或形状存在匹配和不匹配两种情况（例如，句子“他往墙壁上钉钉子”匹配的图片呈现的是一枚水平放置的钉子，不匹配的图片则呈现一枚垂直放置的钉子；而与之相对应的句子“他往地板上钉钉子”则是匹配的图片呈现一枚垂直放置的钉子，不匹配的图片呈现一枚水平放置的钉子）。结果显示，在图画与句子匹配的情况下，被试再认反应时显著快于两者不匹配的情况。接着，Zwaan 等人又考察了空间位置信息对语义相关判断的影响。他们向被试同时呈现两个名词，其所指示的物体具有纵向空间次序关系（如：“树冠”和“树根”），要求被试快速判断词对是否语义相关。词对呈现方式有两种：与指示物空间位置次序一致（如：“树冠”在上，“树根”在下），或不一致（如：“树根”在上，“树冠”在下）。结果表明，一致条件下语义相关判断的反应时显著快于不一致条件下的判断反应时。

国内有几位学者（李莹、王瑞明等 2005，王瑞明、莫雷等 2006，伍丽梅、莫雷等 2006）在汉语中扩展了 Zwaan 的实验，得到同样的结果，为知觉符号理论提供了跨文化的证据。

第六节　时序概念的知觉符号表征

20 世纪 80 年代，认知语言学家提出“时间是空间的隐喻”，并明确了“时间动”及“自我动”两个水平维度的时空隐喻系统。自此以后，语言学、心理学等领域都对这一观点做了大量的研究。时空隐喻是否具有心理现实性，时序概念在语言学水平上所存在的隐喻现象是否同样存在于认知水平？根据知觉符号理论，语言现象中的时空隐喻是外在表现，时序概念表征具有空间感知属性，而这才是内在根本。现有的认知心理学研究已然发现改变空间信息会影响人们对时序概念的认知加工，在某种程度已经证明，时间加工激活空间感知模拟，即时序概念表征具有空间感知属性。

Gentner 和他的同事们（Gentner & Imai 1992；Gentner，Imai & Boroditsky 2002）创立了混合映射范式（Mixed Mapping Paradigm）。他们认为由于隐喻具有系统性，当人们理解同一个隐喻系统的句子时，句子的隐喻一致性会使加工顺畅，反应时短；而当句子属于不同隐喻系统时，人们需要转换隐喻系统，而这种转换会增加认知负荷，造成理解过程的不流畅，即增加了映射的额外成本，导致反应时延长。基于该实验范式，实验证实了时序概念具有空间水平维度时间动和自我动两个隐喻系统。

McGlone & Harding（1998）发现：时间域表述中存在一种模糊问题，其答案有两种可能性，此模糊问题的一般形式是：

下周三的会议向前移动了两天（Next Wednesday's meeting has been moved forward two days），会议被安排在哪天？

（1）若人们使用时间动加工模式，则答案是“星期一”；

（2）若人们使用自我动加工模式，则答案是“星期五”。

根据知觉符号理论，时序概念表征存在“时间动”和“自我动”两种加工图式，因此，不同的空间信息会影响被试回答时间域模糊问题。基于此，研究者们（Boroditsky 2000，Boroditsky & Ramscar 2002）开发了“时间域歧义句消除模式”，并验证了空间图式、真实运动、虚拟运动等空间信息确实对人们时间认知具有影响作用。

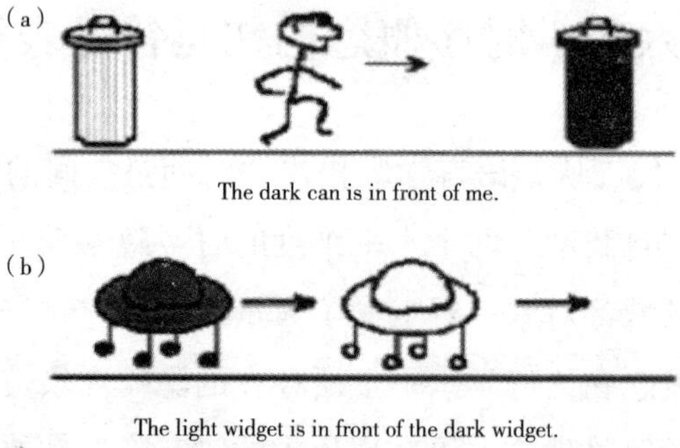

(a)
The dark can is in front of me.
(b)
The light widget is in front of the dark widget.

图 1-2　“自我动”和“时间动”空间图式（转引自 Boroditsky 2000）

其中，Boroditsky（2000）等人所开创的“空间图式引导范式”，是目前时空隐喻心理现实性研究领域最有效的测量手段之一，为前人所广泛使用。该范式的工作机制：如果人们的认知水平存在某种时空隐喻，人们通过空间理解时间，那么我们就应该看到空间信息对时间加工产生影响。一般而言，相同的空间图式促进时间任务的加工，而不同的空间图式则抑制时间任务的加工。基于该范式，国内外研究者们（周榕 2001；Matlock 2004；Matlock，Ramscar & Boroditsky 2003、2005）用图片及相应的描述句呈现“时间动”及“自我动”空间图式（图 1-2），得以验证英语及汉语中，时序概念的水平维度空间隐喻所包含的两个隐喻系统（“自我动”和“时间动”）具有心理现实性。

在本研究中，笔者将以母语为汉语的被试为研究对象，尝试证明说汉语的人在时间概念表征上存在水平和垂直两种表征模式。

附：本章实验部分

实验报告一　汉语时序概念表征的空间方向性感知基础

第一节　总述

一　研究意义

（一）理论意义

目前国内外对于时空隐喻心理现实性的探究，基本都集中于时序概念的水平维度，却未见关于时序概念表征的垂直维度以及空间方向性感知基础的实证研究。然而，汉语中的这种"一词多义"现象，即"前、后、上、下"等空间方位词向时序概念的义项延伸，让我们有必要探究这么一个问题：空间方向性概念在时序概念的表征机制中究竟扮演什么角色？

语言学研究显示，在语言水平上，时间顺序概念"早/晚"是空间垂直排列及空间水平排列的。一般情况下，空间垂直维度词汇"上"与空间水平维度词汇"前"具有时间顺序义项"较早的时间"；空间垂直维度词汇"下"与空间水平维度词汇"后"具有时间顺序义项"较晚的时间"，这一时空隐喻规律可做如下表达：

时序概念 = 时间点 1（早）及时间点 2（晚）

（1）时间点 1 在上，时间点 2 在下

（2）时间点 1 在前，时间点 2 在后

根据概念隐喻理论以及知觉符号理论，人们用表垂直义的"上/下"和表水平义的"前/后"表述时间，仅仅是一种表面现象，本质的原因是：在我们的认知体系中，时间概念是上下和前后表征的。

本研究拟在已有的语言学证据上，借鉴"空间图式引导范式"，实

施心理学反应时研究，验证以上概念隐喻论与知觉符号论对时间顺序这一抽象概念所持有的观点：时序概念不仅仅在语言层面上用空间词汇来表征，其本质在于时序概念具有知觉层面的空间方向性基础。如果这一观点成立，我们应该看到空间方向性信息差异（垂直或水平）会影响人们加工时间顺序的表述；如果这一观点不成立，那么时间顺序表述的加工并不会受到空间方向性信息的影响。

本研究的论证包含两个层面：

首先，从概念隐喻的角度来说，隐喻性时间表述，即“上、下、前、后”等空间词汇在表达时间顺序性概念时，是否有效激活空间垂直或水平方向性？根据 Murphy 等人的观点，一种可能的现象是：对于今天的我们来说，时间顺序概念“早、晚”已经深深植入“上、下、前、后”等时空共用词汇的义项内，即“上、下、前、后”与“早、晚”仅存在命题水平上的语义联结，因此我们加工时间的隐喻性表述时无须激活空间方向性认知结构，即时空隐喻不具有心理现实性。本研究实验一对时序概念的垂直维度和水平维度空间隐喻的心理现实性进行验证，从而推翻 Murphy 等人的观点，支持概念隐喻理论及知觉符号理论的观点——

（1）人们在用“上”、“下”描述时序的“早”、“晚”时，先后两个时间点在认知水平上是垂直排列的，“早的时间点在上，晚的时间点在下”；

（2）人们在用“前”、“后”描述时序的“早”、“晚”时，先后两个时间点在认知水平上是水平排列的，“早的时间点在前，晚的时间点在后”。

再次，从知觉符号的角度来说，当时间表述中不含有任何空间信息时，即人们在加工仅含有纯时间词汇“早”、“晚”的时间字面性表述时，是否会有效激活空间垂直或水平方向性表征？本研究实验二及实验三在实验一的基础上，通过考察时间字面性表述即时加工机制，验证时序概念表征的空间方向性感知基础——

（3）人们在用“早”、“晚”表述时序概念时，先后两个时间点在认知水平上是垂直排列的（“早的时间点在上，晚的时间点在下”）和（或）水平排列的（“早的时间点在前，晚的时间点在后”）。

（二）研究方法的创新

本研究沿用“（空间图式）引导范式”，并在前人基础上从引导材料与目标材料两个方面，对此研究方法做了一定改进与完善。

1. 引导材料

目前，相关研究所采用的引导材料都为图片（表征相应的空间图式）及其描述句，而被试所需完成的引导任务是观察图片并对图片描述句做语义的正误判断。本研究将前人的这种空间引导图式称为空间混合图式。我们认为，这种操作方式混淆了空间引导效应，也就是说我们分不清实验中所显现的空间信息对时间加工的引导效应究竟是来自于图片所代表的空间图式，还是图片下方的描述句。这就意味着，即使引导材料促进（或抑制）目标任务的加工，我们仍无法有效判断时间与空间的关联是存在于命题水平（图片下方的描述句），还是知觉水平（图片所代表的空间图式）。针对空间混合图式，本研究实验三创设了空间知觉图式，即将引导材料中的描述句剔除，仅保留图片部分，这样一来，引导效应模糊的问题就不存在了。而在此基础上，如果实验仍然可以发现空间对时间的引导效应，那么这一引导效应便完全来自于空间知觉信息，即空间方向性感知模拟对时序加工有影响，我们可以对时序概念的空间感知基础下定论；反之，如果空间知觉图式无法对时序加工产生引导效应，那么我们必须重新审视之前基于空间混合图式引导效应所得出的结论。

2. 目标材料

目前，时空隐喻心理现实性的研究大都定位于探究时间隐喻性表述的即时加工是否激活空间认知成分，而这些研究所选用的目标材料都为含有空间词汇（如“前”、“后”）的时间表述句。本研究认为仅依据针对隐喻性表述的心理现实性研究，我们无法对时序表征的本质属性下定论。隐喻性时间表述所含有的时空共用词汇本身就具备时间义项，此类表述即时加工中所产生的引导效应可能来自于空间信息与这些空间词汇的联结，这一可能性的存在使得我们无法对“时序概念表征具有空间感知基础”下定论。换句话说，时序概念空间隐喻心理现实性的研究只能回答人们在用空间词汇表述时序概念时，是否在线激活空间方向性感知，却无法回答人们加工时间域词汇“早”、“晚”时，是否同样激活空间方向性图式，而后者对于探究时序概念表征来说则是更为本质的。为了解决这一问题，本研究实验二和实验三将字面性时间表述作为目标材料，即使用纯时间域词汇“早”、“晚”替代时空共用词汇，得以对“时序概念表征”的空间方向感知基础加以验证。如果空间信息对字面性时间表述的即时加工依然存在引导效应，那么我们认为时序概念表征具有空间感知觉基础；反之，如果字面性时间表述的即时加工中没有出现空间信息的引导效应，那么，我们无法将时空隐喻心理现实性的结论延伸至时序表征，即我们无法论证时序概念表征具有空间感知基础。

二　实验设计

本研究沿用并发展了（空间图式）引导范式，通过考察被试在完成空间引导任务后对时间表述正误判断的反应时差异，探究空间方向性（垂直和水平）感知信息对时间顺序概念即时加工的影响效应，从而揭示汉语使用者时序概念表征的空间方向性（垂直和水平）感知基础。

（一）实验范式

（空间图式）引导范式的实施步骤是：要求被试完成空间图式引导任务（一项空间引导任务包含同一性质的空间引导两次），观察其对被试完成时间目标任务的影响（图 1–3）。在本实验中，实验机制在于如果时间表征具有空间方向性，那么引导任务中的空间图式就会激活目标任务中时间概念的相应图式，外部表现为被试对时间表述的判断反应时减少；反之，如果实验结果未见时间表述的反应时产生显著差异，空间图式信息对时间加工无引导效应，则无法证明时间表征具有空间方向性基础。

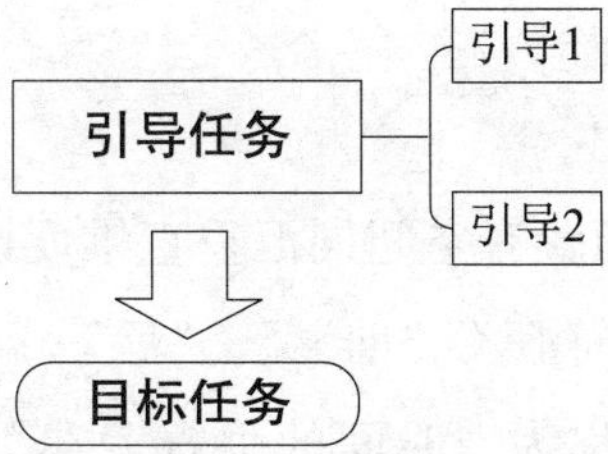

图 1-3　引导范式实验步骤

1. 空间图式

本研究将空间方向性图式作为引导材料。空间图式是指在对事物之间空间关系的认知基础上所构成的认知结构。在实验中，我们保留空间方向性图式的结构和内在逻辑，即构成空间图式的元素和结构是确定的，在此基础上我们通过对图式做适当调整以形成具体情境获得本研究的引导材料。本研究力图减少空间引导材料中的表面差异，最大程度呈现空间方向性图式的本质结构。

（1）空间混合图式

实验一和实验二使用包括图片以及描述句的空间混合图式（图 1-4），对应的空间引导任务为要求被试观察图片，判断其描述句是否正确。空间混合图式包含两个层面的空间信息，即空间知觉信息（图片）及空间命题信息（图片下方的描述句）。

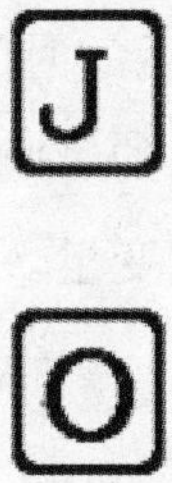

O 在 J 的下面

图 1-4　垂直方向空间混合引导图式

图 1-5　垂直方向空间知觉引导图式

（2）空间知觉图式

实验三使用仅含有图片（无描述句）的空间知觉图式（图 1-5），对应的空间引导任务为要求被试观察图片，并按空格键反应。空间知觉图式仅包含空间知觉信息。

2. 时间表述

（1）隐喻性时间表述

隐喻性时间表述是指含有空间词汇垂直维度词汇（“上”、“下”）或者含有空间水平维度词汇（“前”、“后”）的、表示时间顺序的简单陈述句，本研究分别称为“时间的垂直表述”（如“同一年中，2月的上一个月是1月”）及“时间的水平表述”（如“同一年中，1月在2月的前面”）。实验一将隐喻性时间表述作为时间目标材料，考察汉语中时序概念的垂直维度空间隐喻和水平维度空间隐喻的心理现实性。

（2）字面性时间表述

字面性时间表述是指含有时间域词汇（“早”、“晚”）的、表示时间顺序的简单陈述句。字面性时间表述又可细分为两类，一类仅含有时间词汇“早”，如“同一年中，1月比4月早”；另一类仅含有时间词汇“晚”，如“同一年中，7月比5月晚”。实验二、实验三将字面性时间表述作为时间目标材料，考察汉语中时序概念表征的空间方向性感知基础。

（二）实验指标

心理学实验中，反应时是一项经典的行为分析指标。反应时也称潜伏期数据，反应时的长短反映了大脑处理数据过程的快慢。本实验要求被试完成不同的空间引导任务，测量被试加工之后的时间目标句反应时，通过这一指标可以精确分析空间信息对时间加工的影响效应。被试的反应以毫秒（ms）为单位测量，所得数据为连续性变量。

（三）实验过程

本研究一系列共三个实验，层层递进：

实验一中，通过考察空间混合图式对隐喻性时间表述的引导效应，验证时序概念的垂直维度和水平维度空间隐喻具有心理现实性。如果两种不同的时序概念的空间方向性隐喻存在于认知水平，那么空间方向性图式会影响被试加工隐喻性时间表述；反之若时空隐喻仅存在于语言水平，那么人们加工不同的隐喻性时间表述（垂直表述或水平表述）便不会受到空间方向性信息的影响，实验结果不会出现时间表述加工的反应时差异。

实验二在实验一的基础上，通过考察空间混合图式对字面性时间表述的引导效应，验证时序概念表征的空间方向性感知基础。如果空间方向性图式对字面性时间表述同样产生影响，那么时序概念表征具有空间方向性感知属性；反之，若空间方向性图式对字面性时间表述没有影响，则无法证明时序概念的深层表征机制具有空间感知属性。

实验三在前两个实验的基础上，考察空间知觉图式对字面性时间表述的引导效应。实验二所产生的引导效应可能来自于空间混合图式中的描述句，即命题层面的信息。实验三将空间混合图式中的描述句剔除，获得空间知觉图式。如果实验三仍能够获得空间引导效应，那么我们可以对"时序概念表征具有空间方向性感知基础"下定论。

第二节　实验一　时序概念的两维表征

一　实验目的

通过考察空间混合图式对隐喻性时间表述实时理解的影响效应，验证时序概念的垂直维度和水平维度空间隐喻具有心理现实性。

二　实验设计

实验一为 2 × 2 两因素被试内设计。

自变量：空间引导类型和时间目标类型。

空间引导类型分为两个水平：垂直方向引导、水平方向引导；

时间目标类型分为两个水平：垂直表述目标句（如"同一年中，2月的上一个月是1月"）、水平表述目标句（如"同一年中，1月在2月的前面"）。

这样，空间引导类型两水平和时间目标类型两水平组成四种处理水平：（1）空间垂直图式引导时间垂直表述句；(2) 空间垂直图式引导时间水平表述句；(3)空间水平图式引导时间垂直表述句；(4)空间水平图式引导时间水平表述句。因变量为时间目标任务判断反应时。

如果实验结果显示以下两种情况：（1）不同的空间任务引导同一时间表述，被试的反应时出现差异；（2）同一空间任务引导不同时间表述，被试的反应时出现差异。这将证明空间加工影响了时间思维。

三　实验被试

21名上海师范大学心理系一年级研究生，其中女生15名，男生6名。所有被试视力或矫正视力正常，母语为汉语，无任何阅读障碍和识图障碍。

四　实验材料

共有32项空间引导设置，32项时间目标设置。

（一）空间引导

64幅表示空间方向性图式的图片，其中32幅表示水平方向（图1-6），32幅表示垂直方向（图1-7）。每幅图片下面为一句描述图中两物体空间方位关系（水平或垂直）的语句。图片描述句中，“前、后、上、下”方位词的使用频率相等，描述句的正误频率也相等。被试观察空间引导图片，并判断图片下方描述性语句是否正确。任意两幅表示相同方向的图片及其下方的描述句组成一项空间引导设置，共有32项，其中16项为水平方向，另16项为垂直方向。

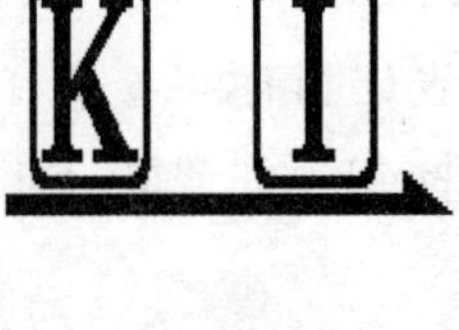

K在I的后面

图1-6　水平方向空间引导图式

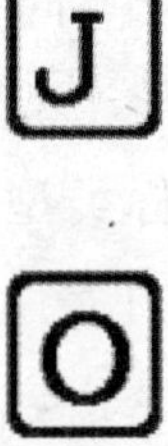

O在J的下面

图1-7　垂直方向空间引导图式

（二）时间目标

被试完成一项空间引导任务后，进行一项时间目标任务。32 句关于时间顺序性的陈述句，其中 16 句为水平表述，使用空间词汇“前”、“后”（如“同一年中，3 月在 4 月之前”），另 16 句为垂直表述，使用空间词汇“上”、“下”（如“同一年中，3 月的下个月是 4 月”）。时间目标句中，空间词汇“前、后、上、下”的使用频率相等，目标句的正误频率相等。被试阅读时间目标句，并判断其正误。

这样，本实验共有 64 项测试组，4 种实验处理各 16 项。每项测试组包括一项空间引导任务和一项时间目标任务，测试组随机呈现。同时，为了使被试熟悉本实验的操作方式，我们设计了 4 项练习组置于正式测试之前。

五　实验程序

本研究中所有实验都为上机实验。在实验前，研究人员会确保每台计算机都能正常运行。每位被试单独在台式电脑上完成整个测试，电脑屏幕上每次呈现一个问题，被试通过按“F”和“J”两个字母键做出反应。实验程序自动生成文件，记录每名被试的个人信息、判断结果和判断反应时，实验结果不做反馈。

实验正式开始前，主试请被试正确输入个人信息：姓名、性别、年龄。（主试向被试保证：本研究对被试的个人信息严格保密，绝不外露。）

接着，被试在主试的帮助下阅读指导语 1。被试阅读完后，主试需要确认三点：（1）被试完全理解指导语的要求；（2）被试将输入法切换为英文输入；（3）被试将左手食指置于键盘“F”键（肯定键）上，右手食指置于键盘“J”键（否定键）上。主试确定被试已经明白指导语的内容后，请被试按“确定”键进入练习部分。练习结束后出现指导语 2，确认被试了解整个实验操作与要求后，进入正式实验。

实验一指导语 1：

各位朋友，大家好！

这是一个简单的判断实验。实验含有图片和陈述句两种判断任务。

屏幕中出现图片时，请您仔细观察图片所呈现的两事物的空间关系为水平维度还是垂直维度，并判断图片下方的描述句是否正确，正确按"F"，错误按"J"。

屏幕中出现简单句时，请您判断其正误，正确按"F"，错误按"J"。

正式实验前，我们安排了练习题，以便于您熟悉实验的操作。

请您将输入方式调整为英文输入，并将您双手的食指分别置于"F"与"J"键之上。

实验一指导语 2：

您已经熟悉操作方法了吧?

下面将进入正式测验部分，请您根据自己的判断，又快又好地完成这些题目。

请注意,当您认为是正确时,按"F"键;认为是错误时,按"J"键。

被试完成实验后，主试感谢其参与此实验，并赠予小礼品，然后带领其离开实验室。

六　结果与分析

根据判断正确率对数据进行筛选,一名被试正确率在三个标准差之外,将其剔除，最终有效被试为 20 名。我们以被试时间目标任务判断反应时（ms）为因变量进行处理分析。统计软件为 SPSS11.5 版本。

重复测量方差分析显示，空间引导类型主效应显著 $F_{(1,19)}=26.67$，$P<0.001$，在垂直引导的情况下，被试完成时间任务较快（见图 1–8）；时间目标类型主效应显著 $F_{(1,19)}=18.241$，$P<0.001$，被试加工时间垂直表述快于时间水平表述。两因素交互作用没有达到显著程度。

1. 空间垂直引导促进时间的垂直表述加工反应时

两种不同的空间引导图式相比，空间垂直引导条件下，被试加工时间的垂直表述反应时显著较少 $F_{(1,19)}=13.885$，$P=0.001$。

2. 空间垂直引导促进时间的水平表述加工反应时

两种不同的空间引导图式相比，空间垂直引导条件下，被试加工时间的水平表述反应时显著较少 $F_{(1,19)}=22.449$，$P<0.001$。

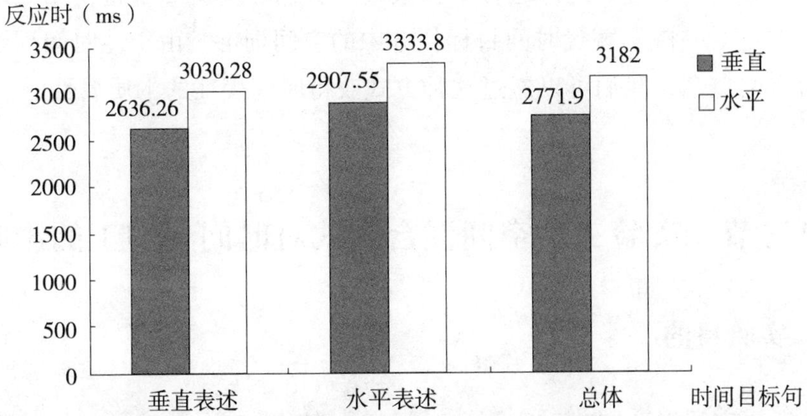

图 1-8 不同空间引导条件下时间方向性表述的加工反应时

七 讨论

实验一结果显示，在时间隐喻性表述的实时加工中，空间垂直方向性图式激活了语言表述中的空间垂直方向性，这说明时序概念的垂直维度隐喻具有心理现实性，即：**人们在用“上、下”描述时序的“早”、“晚”时，先后两个时间点在认知水平上是垂直排列的，“早的时间点在上，晚的时间点在下”**。

然而，实验一结果没有发现假设所预期的空间水平方向性图式对时间表述的引导效应，实验一未验证时序概念的水平维度空间隐喻具有心理现实性，这一点似乎与前人的结果有所出入。虽然，前人研究并不针对时序概念的空间方向性隐喻，但现有实验都指出时空隐喻水平维度“时间动”和“自我动”两个隐喻体系都具有心理现实性。那么，本实验结果未显示空间水平方向性信息对时间加工的引导效应，其原因是什么呢？笔者认为实验一目标材料所使用的隐喻性时间表述，带有空间词汇“前、后、上、下”，这很有可能阻碍了我们给时间表征的空间方向性下定论。隐喻性时间表述的使用使得现代汉语中此类空间词汇的语义中包含时间义，因此实验一中所获得的引导效应很有可能来自于空间词汇。

因此，为了有效控制这种干扰效应，我们在实验二中将使用纯时间词汇“早”、“晚”替代时间目标任务中的空间词汇。由于纯时间词汇不具有空间概念，我们可以通过这种方式获得时间表征的本质属性。

第三节　实验二　空间混合图式对时间句加工的影响

一　实验目的

考察空间混合图式对字面性时间表述实时加工的影响效应，从而验证时序概念表征具有空间方向性感知属性。

二　实验设计

实验二设置实验组和控制组。实验组为单因素被试内设计，自变量为空间引导类型，分为两个水平：垂直方向和水平方向。实验组施加空间引导任务，然后完成时间目标任务。控制组不施加空间引导任务，直接完成时间目标任务。因变量为时间目标任务判断反应时和所有任务的判断正确率。

如果实验组空间引导使得被试的反应时显著减少，那么我们完全有理由相信时间的表征具有空间方向性。

三　实验被试

45名上海师范大学一年级研究生，其中女生35名，男生10名。所有被试视力或矫正视力正常，母语为汉语，无任何阅读障碍和识图障碍。

四 实验材料

共有 32 项空间引导设置，32 项时间目标设置。空间引导设置与实验一相同。时间目标设置：实验组被试完成一项空间引导任务之后，完成一项时间目标任务。控制组被试直接完成时间目标任务。我们在实验一的基础上对 32 句关于时间关系的陈述句进行修改，用纯时间词汇“早、晚”替换空间词汇“前、后、上、下”，如“同一年中，3 月比 4 月早。”其中，“早、晚”的使用频率相等，目标陈述句的正误频率相等。被试阅读句子，并判断正误。

这样，实验组被试完成 32 项测试组，2 种实验处理各 16 项，每组包括一项空间引导任务和一项时间目标任务；控制组被试完成 32 项时间目标判断任务。无论实验组还是控制组，我们都会随机呈现测试任务。同样，实验二也设计了 4 项练习组置于正式测试之前。

五 实验程序

同实验一。

六 结果与分析

与实验一相同，剔除正确率在三个标准差之外的被试，最终有效被试为 39 名，实验组 20 名，控制组 19 名。我们以被试的时间目标任务判断反应时（ms）为因变量进行处理分析。统计软件为 SPSS11.5 版本。

实验二结果显示，无论是空间水平图式还是空间垂直图式，含有空间引导的实验组都较无引导的控制组在反应时上有显著差异。

实验组与控制组对比（见图 1–9）：（1）水平引导使得被试对时间目标任务的加工反应时显著减少 $F_{(1,\ 37)}=4.95$，$P=0.032$；（2）垂直引导使得被试对时间目标任务的加工反应时显著减少 $F_{(1,\ 37)}=4.252$，$P=0.046$。

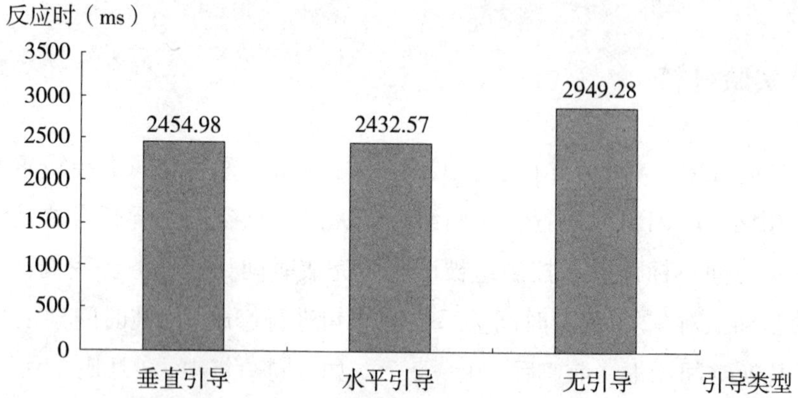

图 1-9 有无空间引导条件下纯时间表述句的加工反应时

结果表明：当时间的表述中没有出现空间词汇时，空间引导促进人们对时间字面性表述的实时加工。在排除空间词汇这一影响因素之后，实验二结果显示时序概念表征具有水平和垂直两种空间方向性。

七 讨论

实验二结果显示空间混合方向性图式对时间的字面性表述有引导效应，在将时间目标句中空间词汇替换为时间词汇后，我们发现空间方向性信息对时序概念即时加工有促进作用，因此实验二结果验证了时序概念表征具有空间方向性感知基础：

人们在用“早、晚”表述时序概念时，先后两个时间点在认知水平上是

——垂直排列的，“早的时间点在上，晚的时间点在下”；

——水平排列的，“早的时间点在前，晚的时间点在后”。

实验一与实验二沿用前人所惯用的方式呈现空间方向性图式作为引导材料，即附有描述句的空间图片，本研究称其为空间混合图式。实验一与实验二结果分别显示：空间混合图式对隐喻性时间表述以及字面性时间表述的即时加工具有影响效应。根据“引导范式”，本研究在实验一和实验二的基础上，已经可以下结论：（1）时序概念的垂直维度空间隐喻具有心理现实性；（2）时序概念表征具有空间垂直和水平方向性感知基础。

然而，本研究仔细观察空间混合图式后发现，仅根据现有实验中所呈现出的空间对时间的引导效应，我们就对时序概念的空间感知基础下定论，略显武断。由于在混合引导材料中，同时含有空间知觉信息（图片），以及空间命题信息（描述句），我们分不清实验中所显现的空间信息对时间加工的引导效应究竟是来自于图片所代表的空间图式，还是图片下方的描述句。这就意味着，目前实验中所呈现的引导效应可能并不完全来自于空间知觉信息，而是空间命题信息与空间知觉信息的共同作用；或者甚至仅来自于空间命题信息，空间知觉信息对时间即时加工无任何作用，而当我们去除图片下方的描述句后，空间图式对时间表述加工无法产生引导效应。因此，即使现有实验已经发现引导材料促进目标任务的加工，我们仍无法有效判断时间与空间的关联是存在于命题水平（图片下方的描述句），还是知觉水平（图片所代表的空间图式），即时序概念表征是否具有空间感知基础仍不明确。

为了有效测得空间知觉信息对时间顺序概念的引导效应，本研究实验三将空间混合图式中的描述句剔除，获得空间知觉图式。如果实验三依然能够发现时序概念即时加工中存在空间引导效应，则在此实验条件下所测得的时空关联性完全来自于知觉水平，我们可以对“时序概念表征的空间方向性感知基础”下定论；如果实验三显示空间知觉图式对时序表述无引导效应，那么在本研究中我们则无法很好地证明时序概念表征的“空间方向性感知”基础。

第四节　实验三　空间知觉图式对时间句加工的引导效应

一　实验目的

排除前两个实验中引导效应来自空间命题的可能性，考察空间知觉图式对字面性时间表述的加工是否存在引导效应，从而有效验证时序表征的空间方向性感知基础。

二 实验设计

本实验为 2×2 两因素被试内设计。

自变量：空间引导类型和时间目标类型。

空间引导类型分为两个水平：垂直方向引导、水平方向引导；

时间目标类型分为两个水平：含有时间顺序词汇“早”的陈述句（如“同一年内，1 月比 4 月早”）、含有时间顺序词汇“晚”的陈述句（如“同一年内，9 月比 6 月晚”）。

这样，空间引导类型两水平和时间目标类型两水平组成四种处理方式（表 1–1）。因变量为时间目标任务判断反应时。

表 1–1 实验三的四种处理方式

	空间引导（因素 A）	时间目标（因素 B）
处理一（A1B1）	垂直引导（A1）	早（B1）
处理二（A1B2）	垂直引导（A1）	晚（B2）
处理三（A2B1）	水平引导（A2）	早（B1）
处理四（A2B2）	水平引导（A2）	晚（B2）

三 实验被试

32 名上海师范大学二年级研究生，其中女生 22 名，男生 10 名。所有被试视力或矫正视力正常，母语为汉语，无任何阅读障碍和识图障碍。

四 实验材料

32 项空间引导设置，24 项时间目标设置，8 项补充目标设置。

（一）空间引导

将前两个实验空间引导材料中的描述句去除，保留图片部分，即获得实验三中的空间知觉引导图式。64 幅表示空间方向的图片，其中 32 幅表示水平方向（图 1–10），32 幅表示垂直方向（图 1–11）。任意两幅表示相同方向的图片组成一项空间引导设置，共有 32 项，其中 16 项为水平方向，另 16 项为垂直方向。被试仔细观察图片，然后按空格键反应。被试完成一项空间引导任务后，完成一项目标任务。

图 1–10　水平方向空间引导图式

图 1–11　垂直方向空间引导图式

（二）目标设置

1. 时间目标

24 句时间字面性表述，其中 12 句含有空间词汇“早”，如“同一年中，1 月比 4 月早”；12 句含有空间词汇“晚”，如“同一年中，7 月比 5 月晚”。实验严格控制实验句的句法结构、字数，所有实验句都为正确表述。

2. 补充目标

实验三另设置 8 句补充目标句。补充目标句是关于生活常识的错误表述。补充目标句的句法结构与时间目标句保持一致。

这样，本实验共有 24 项测试组，4 种实验处理各 6 项。另有 8 项补充题，每项测试组包括一项空间引导任务和一项时间目标任务，测试组随机呈现。同时，为了使被试熟悉本实验的操作方式，我们设计了 4 项练习组置于正式测试之前。

五　实验程序

实验正式开始前的准备工作同实验一。

实验三指导语 1：

这是一个简单的判断实验。实验含有图片和陈述句两种判断任务。

屏幕中出现图片时，请您仔细观察图片所呈现的两事物的空间关系为水平维度还是垂直维度，并按空格键。

屏幕中出现简单句时，请您判断其正误，正确按“F”，错误按“J”。

正式实验前，我们安排了练习题，以便于您熟悉实验的操作。

请您将输入方式调整为英文输入，并将您双手的食指分别置于“F”与“J”键之上。

实验三指导语 2：略。（同实验一）

被试完成实验后，主试感谢其参与此实验，并赠予小礼品，然后带领其离开实验室。

六 结果与分析

所有被试正确率达到 85% 以上，因此本实验所有被试数据有效。将被试的时间目标任务判断反应时（ms）作为因变量进行分析处理。统计软件为 SPSS11.5 版本。

重复测量方差分析显示，空间引导类型主效应显著 $F_{(1,\ 31)}=34.919$，$P<0.001$，在垂直引导的情况下，被试完成时间任务较快（图 1-12）；时间目标类型主效应显著 $F_{(1,\ 31)}=12.079$，$P=0.002$，被试加工含有时间词汇“早”的表述显著快于含有时间词汇“晚”的时间表述（图 1-13）。两因素交互作用没有达到显著程度。

七 讨论

（1）实验三结果显示，在剔除空间命题引导效应后，空间垂直性知觉图式依然对字面性时间表述具有引导效应，垂直性空间引导使得被试加工时间表述反应时显著减少，即“时序表征具有垂直维度空间方向性”。——**现代汉语中，人们用“早、晚”表述时序概念时，先后两个时间点在认知水平上是垂直排列的：“早的时间点在上，晚的时间点在下”**。实验三并没有再现实验二的结果，时序概念表征的水平维度空间方向性感知基础在仅有空间知觉信息的引导条件下，无法得到验证。

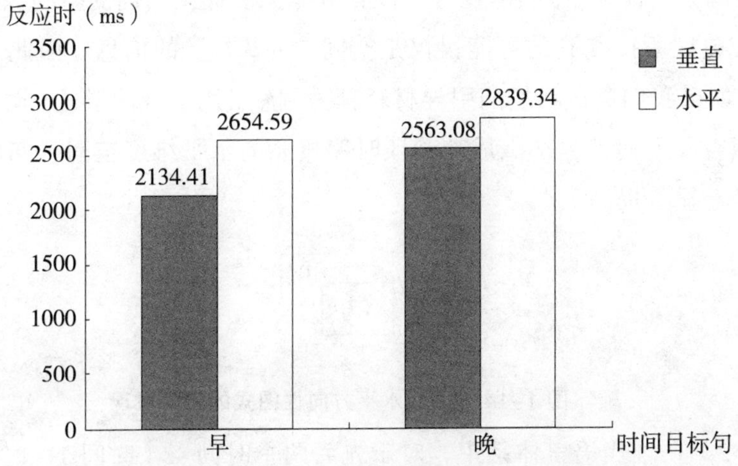

图 1-12　空间知觉图式对字面性时间表述的引导效应

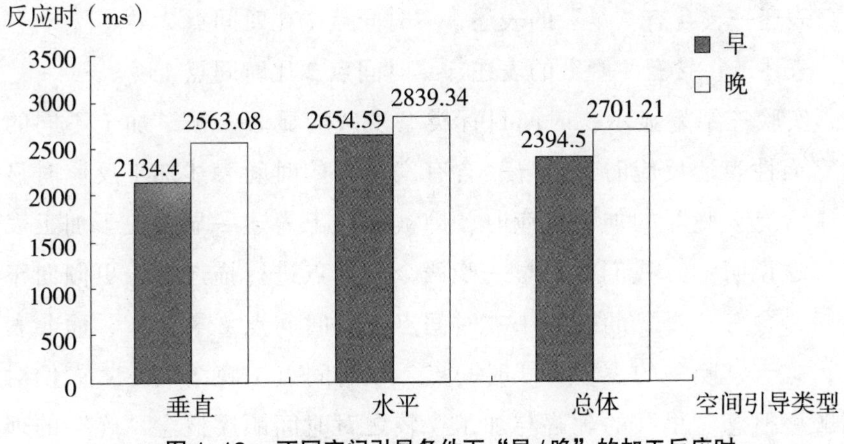

图 1-13　不同空间引导条件下“早 / 晚”的加工反应时

引起我们注意的是，实验三结果在一定程度上与实验一具有相似性，即都仅发现了空间垂直维度空间方向性的引导效应，而无空间水平维度空间方向性图式的引导效应。根据实验假设，实验三结果反映了时序概念与空间水平维度的关联仅存在于命题水平，而不存在于知觉水平。然而，笔者深入思考后，发现仍有一种因素可能影响了实验对“时序概念表征空间水平维度感知基础”的验证。本研究使用二维平面图片来表征空间方向性图式。对于空间垂直维度方向性，二维的呈现方式并不存在显著影响，被试可以获得清晰的空间“上 / 下”方位信息；然而对于水平维度空间方向性，二维的呈现方式极有可能无法提供明确的空间“前 / 后”信息，被试所接受到的可能仅仅是空间“左 / 右”的信息。因此，笔者认为，如果我们尝试将空间引导材料稍做调整，用三维的形式（图 1–14）来呈现空间方向性，那么成功验证时序概念的水平维度空间感知属性的概率必定显著提高。

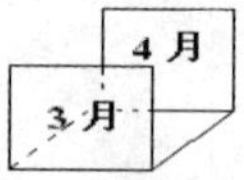

图 1–14　空间水平方向性图式的三维呈现

（2）在现代语言体系中，对于先后两个时间点（时间 1，时间 2）的正确表述有两种：

表述一，含有“早”的表述，“时间点 1 比时间点 2 早。”

表述二，含有“晚”的表述，“时间点 2 比时间点 1 晚。”

实验三结果显示，时间目标类型主效应显著，被试加工不同的时间字面性表述反应时有差异，含有“早”的时间表述加工反应时显著少于含有“晚”的加工反应时，即被试加工表述一显著快于加工表述二。这说明：a. 我们对一早一晚两个时间点进行描述时，更倾向于表述一，含有“早”的表述（“时间点 1 较时间点 2 早”），而非表述二，含有“晚”的表述（“时间点 2 较时间点 1 晚”）；b. 人们对时间顺序概念“早”的理解与加工，较之对时间顺序概念“晚”的理解与加工，来得容易、顺畅。因此，在现代汉语使用者的头脑中，“早”和“晚”两个对称的时序概念具有“认知不对称性”，“早”在认知上更为显著。

跨文化语言学研究显示，人们对“早”、“晚”的认知不对称性，在语言水平上除了表现为我们更倾向于含有“早”的时间顺序表述外，还表现出十分显著的词序不对称性：

a. 汉语中，我们会说“早晚”，如“早晚有一天”，却不会反过来说“晚早”；

b. 英语有“sooner or later”，“now and then”……

根据认知语言学的观点，语言层面的不对称现象来自于认知层面的不对称现象。语言中“早 / 晚”的这一语言表达规律，反映出认知层面的“顺序象似性”，即人们往往根据直接经验的时间顺序认知加工事件序列，表现为我们习惯于使用含有早的时间顺序性表述，而在认知水平上，人们对“早”的认知更显著。本研究验证了人们对“早”的认知较之对“晚”的认知显著，为“顺序象似性”认知规律提供了心理现实性证据。

第五节　小结

一　总论

20 世纪 70 年代，第二代认知科学提出了“认知体验观”，强调（感）知觉机制在认知中的重要地位，概念表征是概念形成过程中感知觉信息图式化的结果，人们的思维、认知以感知觉体验为基础，抽象概念也不例外。传统的客观主义认为：概念是外部世界抽象的心理表征或逻辑实体，思维是无形体的，可以独立于人的生理、感知系统和神经系统。人们的思想是抽象符号的运作，是超物质的。因此，外部世界的表征是命题符号系统；经验主义的观点与之截然相反：思维是不能脱离形体的，人类认知结构来自人体的经验，并以感知、动觉、物质和社会的经验为基础。同时，推理受制于人的生理基础、思维器官及其运作环境，客观事物只有被大脑感知时才能获得意义。因此，外部世界的表征是知觉符号系统。

本研究在第二代认知科学的理论背景下，结合语言学与心理学等研究途径，考察现代汉语中时间顺序这一抽象概念的表征机制是否具有空间方向性感知基础。认知语言学认为，语言规律反映思维规律，符号系统中的时空共用现象反映了时序概念的隐喻性表征机制。认知心理学领域近来不断兴起的知觉符号表征理论认为，知识（或概念的表征）是其概念构建过程中感知信息图式化的结果，因此知识的表征具有具体感知属性，抽象概念也不例外。本研究在语言学证据的基础上，实施心理学反应时实验，验证时序概念空间隐喻的心理现实性及时序表征的空间感知基础。

时空隐喻实证研究领域，"（空间）引导（时间）范式"是一项较成熟的研究机制，为前人所广泛使用，并在其基础上已经证明了时空隐喻水平维度具有两个不同的隐喻系统。"引导范式"的原理在于，如果人们的认知结构中，时间概念具有某种空间属性，则应看到此类空间信息促进时间表述的加工反应时；反之，若空间信息对时间表述加工反应时影响不显著，则无法证明时间概念表征具有空间属性。本研究沿用并发展此实验范式，考察空间方向性信息（垂直或水平）对时序概念加工的引导效应。

经验主义和客观主义的争论中，国内外相关研究已经在一定程度上证明了经验主义认知观及知觉符号系统的存在。本实验结果表明，时间这一抽象概念表现出明显的垂直维度空间方向性感知基础，即"时序概念表征具有空间方向性感知属性"，仍然站在经验主义一边。

二 结论

基于现代汉语中所存在的"时空隐喻现象"，本研究通过三个实验，沿用并发展了"（空间图式）引导范式"，对抽象概念——时间顺序性在人们头脑中的认知表征机制做了深层探究。

第一，本研究验证了现代汉语使用者头脑中时序概念表征的空间方向性感知基础：

实验一发现，空间垂直混合图式对被试加工时间的隐喻性表述具有引导效应，在空间垂直方向性图式及空间垂直维度命题的共同作用下，人们加工时间的隐喻性表述显著加快。结果说明，人们在用“上”、“下”描述时序的“早”、“晚”时，先后两个时间点在认知水平上是垂直排列的，“早的时间点在上，晚的时间点在下”。

实验二发现，空间混合图式对被试加工时间的字面性表述具有引导效应，在空间方向性图式即空间方向性命题的共同作用下，人们对时间顺序概念“早”、“晚”的认知理解显著加快。结果说明，汉语使用者头脑中的时序概念表征具有垂直和水平空间方向性，即人们在用“早”、“晚”表述时序概念时，先后两个时间点在认知水平上是垂直排列的，“早的时间点在上，晚的时间点在下”，以及水平排列的，“早的时间点在前，晚的时间点在后”。

实验三发现，空间垂直知觉图式对被试加工时间的字面性表述具有引导效应，在空间垂直方向图式的作用下，人们对时间顺序概念“早”、“晚”的认知理解显著加快。在去除空间命题信息后，空间垂直维度感知信息仍然影响时间顺序加工。实验三成功验证了汉语中时间顺序概念具有垂直维度空间方向性感知基础，我们绝对有理由相信人们不仅仅用“上”、“下”描述时序的“早”、“晚”，其本质在于时间序列上先后两个时间点在人们头脑中是垂直排列的，“早的时间点在上，晚的时间点在下”。

第二，本研究发现了汉语使用者头脑中存在对时间顺序概念“早”、“晚”的认知不对称性，“早”的认知显著高于“晚”的认知：

在现代语言体系中，对于先后两个时间点的正确表述有两种:（1）“时间点1比时间点2早”；（2）“时间点2比时间点1晚”。实验三发现，人们加工前一种含有“早”的表述显著快于加工后一种含有“晚”的表述，人们对于“早”的认知显著高于“晚”的认知。

实验报告二　空间图式影响时序概念理解的发展性研究

第一节　研究的意义

一　理论意义

时空隐喻心理现实性的发展性研究具有深刻的理论意义和实践价值。首先，隐喻是建立在人类感知经验的基础之上的，考察以汉语为母语的人群理解时序概念的认知模式，可以与其他语言体系的人群做跨文化的比较，以探讨隐喻是否具有跨语言的一致性、文化差异对认知方式的影响机制等极有理论价值的问题。

其次，本研究考察理解时序概念的发展性特点，开拓了空间—时间隐喻领域的纵向研究，对于探讨语言发展的理论问题具有一定的价值。

二　实践意义

空间隐喻具有系统性和广泛性，了解空间—时间隐喻概念的认知规律，有助于提高语言学习者的语言理解能力和表达能力，对于对外汉语教学实践具有指导意义和参考价值。此外，汉语的组织体系和结构不同于其他语言，研究我国学生对时序概念的认知模式及发展特点，对指导儿童语言教学尤其是词汇教学的实践活动具有一定的理论参考和指导价值。

第二节　实验一　空间图式对认知模式的影响研究

一　实验设计

（一）空间图式加工任务的表现方式

图式结构是确定的，也是动态的。首先，意象图式可以被用来组织、构建经验。其次，可对其做适当的调整以适应众多基于同一图式之上的相似而又不同的情境。在本研究中我们将通过包含具体情境的图片表现两种空间图式，该图片表现了图式的三个基本元素：主体、陆标和路径。根据图片情境所表现的空间先后顺序设置了加工任务，要求被试根据图片回答，如下图。

自我在动的空间图式

图 1–15

时间在动的空间图式

图 1–16

（二）时序概念加工任务的表现方式

习俗时间是根据一定的规则，由钟表和日历等时间工具合法表征的时间系统，如“年”、“月”、“星期”等（姜涛、方格 1997）。这些习俗时间为儿童和成人所熟悉，因此本研究中将其作为语言材料，组成模糊的时序概念句子作为理解任务。如：*原定于星期三的会议被往前移了两天，会议将在哪天举行呢？*如前所述，时序概念“前”存在歧义，使用不同的认知模式将会产生不同的回答。如果被试使用“自我移动”的认知模式，将会认为“前”表示的是将来的时间；在“时间移动”的认知模式下，被试将会认为“前”是指过去的时间。

（三）研究目的

考察不同年龄阶段的学生理解时序概念的认知模式，以及两种空间引导图式是否会影响对时间先后顺序概念的理解。

（四）研究假设

假设两种空间图式被映射到时间理解任务中，引导性的空间图式将影响理解时间先后顺序概念的认知模式。

二　实验材料

以问卷形式呈现引导性的空间图式和模糊的时序概念问题，问卷的详细内容参见附件 2 和附件 3。图片形式的空间加工任务在第一部分，问卷的左边是图片，右边是根据图片设置的一些描述。要求被试根据图片判断这些描述的对错，目的是让被试对这些图片进行加工。图片分为 4 个自我在动或 4 个时间在动的空间情境。图片中运动的方向有朝左和朝右之分，各占一半，图片中表现图式的具体物体并不相同。右边描述图片的句子分为对错两种情况，各占一半。模糊的时序概念问题在第二部分，中间穿插设置了一些和本研究无关的心理学问题，目的是不让被试猜测到实验的目的。共计组成三种问卷，即自我在动的空间图式引导（附件 3）、时间在动的空间图式引导（附件 2）和无空间图式引导（附件 1）的问卷。

时序概念理解问题共有 7 个。为避免问题完全重复，选择“月份”、“星期”两种习俗时间组成有歧义的时间理解任务。

三　实验被试

经过预测，小学一年级的儿童尚不能完全理解图片和相关问题，他们在阅读和理解上均存在困难。实验一的被试选择能够理解问卷问题的小学（二年级及以上）、初中、高中的学生。由于小学高年级（四年级及以上）的儿童在认知模式上表现出的特点一致，因此选择报告小学二年级（7—8 岁）、小学三年级（8—10 岁）、小学五年级（11—13 岁）、初中二年级（14—15 岁）、高中二年级（16—18 岁）的实验结果。

表 1-2　各年级样本容量（人）

	二年级	三年级	五年级	初二	高二	合计
男	46	42	51	45	28	212
女	42	59	66	40	26	233
合计	88	101	117	85	54	445

四　实验程序

所有被试都是在没有时间限制的条件下完成问卷。利用自习课或中午休息时间，由教师或主试组织学生在教室里完成。每个班级均按照人数分为三组，分别完成三种问卷。在开始做问卷之前，由主试通过指导语说明这是一个和心理学有关的问卷调查，而不说明问卷的真实目的是什么。

实验一指导语：

同学们，大家好！我是上海师范大学心理系的研究生。今天来这里是想请大家帮助我们进行一项心理学的研究。我们将先给大家进行分组，然后发给大家一份问卷，请同学们回答问卷中的问题。我们不要求同学一定填写姓名，各位同学对问卷的回答内容也只限于本研究的参考，不会提供给他人或做其他用途。请同学们看清问卷中的图片和问题后根据自己的理解做出回答，不需要做过多的思考。由于每组同学完成的问卷内容是不一样的，所以请大家不要互相参考。问卷完成之后，我们将统一收回问卷。谢谢大家！

五　结果与分析

在问卷中“原先安排在星期三的会议被往前移了两天，那么会议将在哪天举行呢？”这类问题是一个模糊问题。如前所述，认为“会议将在星期一举行”的被试应属于“时间在动”的认知模式，认为“会议将在星期五举行”的被试则属于“自我在动”的认知模式。而对“原定于星期三的迎新晚会被往后移了两天，晚会将在哪天举行呢？”的理解，不应出现歧义，因为在汉语中“后”仅仅指相对较迟发生的时间。因此在本研究中，被试属于何种加工方式主要依据其对“前”这一时间概念的认知模式，对“后”这一时间概念的理解仅作为判断加工方式的参考。

值得注意的是，二年级被试中有3人（占所有被试的2.5%）认为“原定于星期三的迎新晚会被往后移了两天，晚会将在哪天举行呢？”的回答是“星期一”，对“原先安排在星期三的会议被往前挪了两天，会议将在哪天举行呢？”的回答是“星期五”。并且认为“10月应在8月的前面”是正确的，“现在是10月，12月在后面”是错误的。我们暂时将该类型被试称为“完全自我在动”型，以区别于“自我在动”认知模式的被试。小学三年级中“完全自我在动”型2人，小学五年级“完全自我在动”型4人。初中二年级和高中二年级学生中没有该类型的被试。

表1-3 各年级两种认知模式被试的人数（百分比）

	认知模式	组别		
		控制组	自我动图式引导	时间动图式引导
二年级	自我动	9（44%）	25（70%）	12（39%）
	时间动	12（56%）	11（30%）	19（61%）
三年级	自我动	16（38%）	12（38%）	4（14%）
	时间动	26（62%）	20（62%）	24（86%）
五年级	自我动	5（12%）	4（13%）	1（2%）
	时间动	38（88%）	28（87%）	42（98%）
初二	自我动	1（8%）	3（12%）	1（4%）
	时间动	25（92%）	22（88%）	24（96%）
高二	自我动	0（0%）	2（8%）	0（0%）
	时间动	15（100%）	23（92%）	13（100%）

表1-4 各年龄阶段中两种认知模式的被试人数差异检验（χ^2）

	控制组	自我动图式引导	时间动图式引导
二年级	0.429	5.444*	1.581
三年级	2.381	2.000	14.286***
五年级	25.326***	18.000***	39.093***
初二	22.154***	14.440***	21.160***
高二	15.000***	17.640***	13.000***

注：*P<0.05，**P<0.01，***P<0.001，以下同。

（一）无空间图式引导组（控制组）

从表 1–3 和表 1–4 可以看出，随着年龄的增加，控制组中以时间在动的认知模式回答问题的被试所占百分比逐渐增加。小学二年级和小学三年级中时间在动认知模式的被试和自我在动认知模式的被试，二者在人数上没有显著差异（$P>0.05$）。小学五年级、初二和高二的被试中大多是时间在动认知模式的被试，与自我在动认知模式的被试人数差异显著（$P<0.001$）。也就是说，小学高年级以及更高年龄阶段的学生以时间在动认知模式的被试占多数。

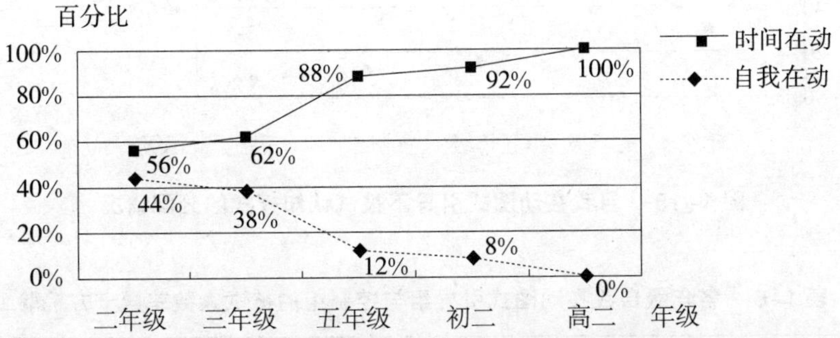

图 1–17　控制组中被试认知模式的分配情况

表 1–5　各年级控制组中两种认知模式的被试人数差异检验（χ^2）

	二年级	三年级	五年级	初二
三年级	0.133			
五年级	8.052**	8.001**		
初二	10.555**	5.671*	1.236	
高二	8.571**	7.944**	1.909	0.591

比较各年龄阶段的被试类型差异，结果见表 1–5。小学二年级和三年级学生中两种认知类型的被试分配与小学五年级差异显著（$P<0.01$），与初中、高中差异显著（$P<0.01$）。小学五年级学生与初中二年级、高中二年级的学生差异不显著。

（二）自我在动的空间图式引导组

由图 1–18 可以看到，经过自我在动的空间图式引导后，并没有改变各年龄阶段被试认知模式分配的发展趋势。随着年龄的增加，自我在动认知模式的被试所占比例逐渐减少，时间在动认知模式的被试所占比例逐渐增加。

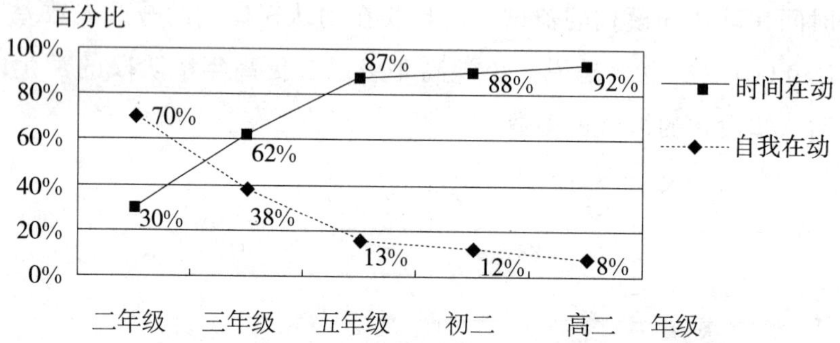

图 1–18　自我在动图式引导下被试认知模式的分配情况

表 1–6　各年级自我在动图式引导组与控制组的被试人数差异卡方检验

	二年级	三年级	五年级	初二	高二
χ^2	3.895*	0.003	0.013	1.172	1.263

图 1–18 和表 1–6 的结果表明，小学二年级儿童在自我在动的空间图式引导条件下，以自我在动图式理解时间问题的人数显著多于时间在动认知模式的被试（P<0.05），且与控制组的差异显著（P<0.05）。说明自我在动的空间图式对小学二年级被试的认知模式产生了影响。小学三年级儿童经过自我在动的图式引导后，两种认知模式的被试人数没有差异，且与控制组的差异也不显著（P>0.05）。小学五年级的被试即使预先给予了自我在动的图式引导，仍以时间在动认知类型的被试占主导（P<0.001），与控制组的差异不显著。因此，在自我在动空间图式引导条件下，小学二年级儿童的认知模式出现与引导图式一致的倾向，即自我在动的空间引导图式对二年级儿童的认知模式产生了影响。但该空间图式对更高年龄阶段的儿童（三年级及以上儿童）没有产生影响。

（三）时间在动的空间图式引导组

由图 1–19 可以看到，时间在动的空间引导图式也没有改变儿童认知模式的发展趋势。自我在动认知模式的被试所占比例逐渐降低，时间在动认知模式的被试所占比例逐渐增加。

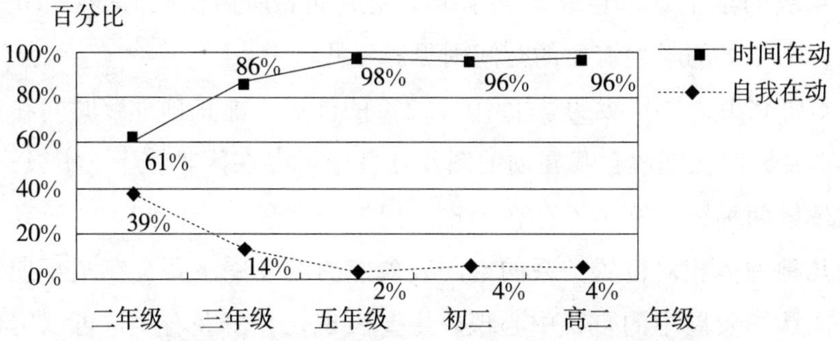

图 1–19　时间在动图式引导下被试认知模式的分配情况

表 1–7　各年级时间在动图式引导组与控制组的人数差异卡方检验

	二年级	三年级	五年级	初二	高二
χ^2	0.089	4.667*	2.867	0.001	0.0003

图 1–19 和表 1–7 的结果表明，二年级的儿童完成时间在动图式加工任务后，两种认知模式的被试人数没有差异，与控制组也没有差异。三年级的儿童经该图式引导后，时间在动认知模式的被试人数显著多于自我在动认知模式的被试人数（$P<.001$），与控制组的差异也显著（$P<.05$），这说明三年级学生受时间在动的空间引导影响显著。五年级、初二、高二的学生中仍以时间在动认知模式的被试占主导（$P<.001$），与控制组之间没有差异。时间在动的空间图式影响学生理解时序概念的认知模式也存在阶段性的特点。二年级的被试没有受到时间在动引导图式的影响，但该空间图式对三年级被试产生了影响，对五年级及更高年级的影响作用消失。

六　讨论

在完成问卷过程中，有些学生认为问卷的题目有些重复和简单，但各年龄阶段的被试在做问卷时都没有意识到问卷的真实目的是什么。小学低年级的学生（二年级、三年级）完成问卷所需要的时间在10分钟左右，高年级的学生需要的时间则更短一些。

本研究中，二年级的学生中有22%的被试不能正确理解时间在动类型的图片，但在理解自我在动的图片任务中不存在困难。从三年级开始，被试理解两种图片基本不存在困难。根据李文馥等（1989）的研究，儿童对几种物体相对位置关系的空间表象能力的发展主要是在童年期，并且空间认知发展中的自我中心现象主要表现在8岁左右。这可以解释，为什么该年龄阶段的儿童容易理解自我在动空间引导的图片，而对时间在动的图片理解的错误率较高。

（一）认知模式发展的阶段性

控制组的结果表明，小学低年级儿童（二、三年级，7—10岁）在理解和时间先后顺序概念有关的模糊问题时，存在自我在动认知模式的被试和时间在动认知模式的被试。小学高年级（五年级，11—13岁）至更高年龄阶段中，以时间在动认知模式理解时间先后顺序概念的被试占大多数。与时间关系推理能力的相关研究表明，小学儿童对日常生活事件时间关系的推理成绩有随着年龄发展的趋势，从7岁到9岁发展迅速。本研究中尽管对时间任务的理解表现出发展性的特点，但是没有7岁到9岁的迅速发展阶段，这可能与研究方法和实验材料的不同有关。

此外，本研究是针对母语为汉语的被试进行的研究，实验材料也是汉语形式，在没有空间图式引导时，小学低年级儿童存在自我在动和时间在动两种认知模式，发展到以时间在动这一种认知模式为主。最近对以母语为英语的被试研究（Boroditsky 2000）结果表明，母语为英语的成人（大学生）对类似模糊时间理解任务进行加工时存在两种认知模式。而我们的研究表明，母语为汉语的人对模糊问题的理解以时间在动的认知模式为主。有研究认为，说汉语的人更喜欢时间在动的隐喻，而说英语的人更喜欢自我在动的隐喻。（杨艳 2001）该结论是基于两种隐喻系统的表达式的数量对比上，本研究从加工模式的倾向性上证明了这一点。对于英汉两种语言背景下被试加工模式差异的原因可能有二：（1）英语中用于表达空间方位的“前/后”和表达时间次序的“前/后”，要由不同的词来承担，英语中有 fore、front、ahead、back、behind、rear；before、ago、after、later 等，汉语中时间和空间公用了一套词汇“前/后”。（2）由于在英语中，“星期”和“月份”等时间系统是使用独立的单词（如：Monday、January 等）来表示的，与数字没有直接的联系；而在汉语中，“星期”和“月份”等是用数字加上汉字来表示的，而且数字是主要的部分。这样，对时间的表达语汇不同可能会产生对时间的认知加工特点的不同。

（二）空间图式对认知模式的影响

“自我在动”的空间图式对二年级被试（7—8 岁）的认知模式产生显著影响，而“时间在动”的空间图式没有对其产生影响。对空间认知的相关研究表明：7—8 岁儿童对空间认知的思维仍具有以自我为中心的特征，而自我在动的空间图式是以自我作为主体的，因此符合儿童思维特征的自我在动空间图式能够影响他们理解时间的认知模式。（李文馥、徐凡等 1989）时间在动空间图式在一些研究文献中被称为“客体移动”的空间图式，实现这个图式的映射过程，需要理解并保留客体间的内在逻辑关系。由于该年龄阶段被试的思维仍以自我为中心，因此无法实现时间在动的图式映射。

时间在动的空间引导图式对三年级（8—10 岁）被试产生了影响。随着年龄的增长，儿童对时间的认知模式逐渐接近于成人，即以时间在动的认知模式加工时序概念。可能正是由于时间在动的空间图式符合儿童认知模式的发展趋势，才能产生显著的影响作用。相反，不符合该发展趋势的自我在动空间图式则不能产生影响作用。

小学低年级的被试被引导性空间图式影响了理解时序概念任务的认

知模式，说明确实出现了从空间域向时间域的系统映射，该系统映射是通过图式映射得以实现的。具体来说，在经过空间任务的加工后，该空间位移关系的一维、定向和动态的结构属性被保留下来，并从空间域映射到时间概念的加工任务中。本研究中，儿童受到自我在动空间图式和时间在动空间图式的显著影响的结果表明：时间概念和空间概念之间不局限于语言学意义的相似，而是确实存在着深层次的结构上的相似。

（三）完全自我在动型被试

本研究中小学低年级和高年级儿童均出现少数“完全自我在动”型的被试。由于本研究被试人数的局限，尚不能对此类型的被试做出更为详细的探究和解释。我们推测可能是由于成人往往教年幼的儿童去背诵星期和月份等时间系统，这种形式可能为儿童提供一种储存时间信息的有效途径，所以这一部分被试的习俗时间表征是以“词表目录（verbal - list）”（Friedman 1983）的形式储存在认知结构中的。初中和高中的被试中没有发现该类型的被试，说明由于反复地学习和使用，对“后”这一时间先后顺序概念的认知已经没有歧义了。

第三节　实验二　空间图式对加工时间的影响研究

一　预实验

预实验的目的是确定实验语料。预测材料是实验一中无空间图式引导（控制组）的问卷。预测被试是上海师范大学的45名各专业的研究生。问卷调查的结果表明：98.5%的被试均认为“同一年之中，10月在8月的前面”是正确的，并认为“现在是7月，5月在前面”也是正确的，对“后”的理解一致认为是指较迟发生的时间。只有1名被试以自我在动模式理解时间问题。因此我们认为大多数的成人都是以时间在动的认知模式来理解这两种时间句的，这与实验一的研究结果一致。实验二中将使用这两种形式的句子作为时序概念理解任务。

二　研究设计

（一）研究目的

使用混合映射实验范式，考察在即时加工任务中，两种空间图式是否能够影响被试对时间先后顺序概念的加工时间，从而为空间—时间隐喻的系统映射是否存在心理现实性提供证据。

（二）研究设计

引导性空间加工任务分为两种："自我在动"的空间加工任务和"时间在动"的空间加工任务。目标理解任务只有一种：时间在动句（如"同一年之中，9月在7月的后面"或"现在是5月，7月在前面"）。空间加工任务和时间理解任务形成两种组合关系：即属于同一种隐喻系统的一致条件（空间加工任务为自我在动隐喻系统，时间理解任务为时间在动隐喻系统）和属于两种不同的隐喻系统的不一致条件（空间加工任务为自我在动隐喻系统，时间理解任务为时间在动隐喻系统）。考察认知模式相对稳定的被试在进行即时加工时，引导性空间加工任务和目标性时间理解任务的隐喻系统在一致条件和不一致条件下，回答目标性时间问题时所需要的加工时间是否存在差异。

（三）研究假设

从引导性空间加工任务向目标性的时间理解任务迁移时，被试在一致条件下加工时间句的反应时将短于不一致条件下所需要的时间。也就是说，在本研究组成的混合映射条件下，存在系统映射的一致性效应。本实验为单变量被试内实验设计。

三　实验材料

为了组成一致和不一致的两种迁移条件，我们使用8×2个引导性的空间加工任务，8个目标性的时间理解任务（见附件4）。

引导性的空间加工任务：每个空间加工任务由一个图片和一个描述图片的陈述句组成，要求被试依据图片判断陈述句的对错。图片中自我在动图式和时间在动图式各占一半。描述图片的句子中使用“前”、“后”的方位词也各占一半。句子的对错各一半。

自我在动的空间图式

图 1-20　H 在我的前面

时间在动的空间图式

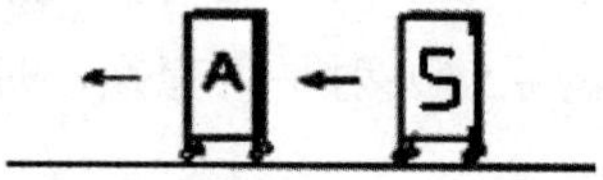

图 1-21　S 在 A 的后面

目标性的时间理解任务：时间理解任务是和月份有关的时序概念陈述句，要求被试判断对错。时间理解陈述句中“现在是 7 月，5 月在前面”句型和“同一年之中，3 月在 5 月的后面”句型各占一半。经过预实验，被试对这两种句子都采用时间在动的认知模式，使用两种不同的句型是为了避免测试语料的过于相似。陈述句中正确和错误两种情况各占一半。同样，陈述句中“前”、“后”的使用也各占一半。

正式的实验材料分为 8 组，每组 3 个（2 个引导性的空间加工任务，1 个目标性的时间理解任务），共计 24 个问题。

四　实验被试

随机选择 57 名上海师范大学各系的研究生。删除了 1 名以自我在动认知模式理解时间问题的被试数据和 3 名没有认真完成实验的被试数据（对空间问题和时间问题判断结果的累计正确率低于 75%），共计获得 53 名被试的有效数据。其中男生 22 人，女生 31 人，平均年龄为 25.6 岁，标准差为 2.71 岁。

五　实验程序

用 VB 语言编写实验程序，在台式电脑的屏幕上呈现。每名被试都是在电脑上单独完成实验。实验开始前通过指导语告知被试这是一个关于回答空间和时间先后顺序的实验。引导性空间加工任务要求被试根据屏幕上方的图片判断关于2个物体的描述句是否正确，并通过键盘上相应的字母键做出回答。要求被试右手食指置于键盘“J”键（否定键）上，左手食指置于键盘“F”键（肯定键）上。被试回答完2个空间加工任务后即进入时间陈述句的理解，每名被试需要完成8组，共计24个问题。在正式实验开始之前为被试提供4组练习，让被试熟悉实验程序和肯定键“F”、否定键“J”的使用方法。每名被试对正式实验部分的判断结果和反应时间都会被记录下来。

实验二指导语1：

这是一个关于先后顺序的理解实验。实验中将为您呈现图片理解任务和句子理解任务，请您根据自己的判断按下相应的反应按钮。如果您认为是正确的，请按“F”键；如果您认为是错误的，请按“J”键。

在正式开始测验之前，将为您提供一些练习，以便您熟悉操作方法。练习部分的反应结果不会被记录下来。

如果您理解了实验任务，请按“确定”键进入练习部分。

实验二指导语2：

您已经熟悉操作方法了吧？

下面将进入正式测验部分，共计24个问题。您的回答结果和反应时间将被记录下来。

如果对实验任务没有其他疑问，请按“确定”键进入正式实验部分。

六　结果与分析

经过整理，参加分析的数据来自于认真回答问题的53名被试。进行数据统计分析的软件为SPSS11.5版本。这些被试的反应时均在3个标准差以内。

（一）反应时的比较

时间理解任务和空间加工任务属于同一映射系统（一致条件）和不属于同一映射系统（不一致条件）时，被试对时间陈述句做出判断所需要的反应时是否存在差异呢？

表 1-8　空间加工任务和时间理解任务在一致—不一致条件下的反应时差异（ms）

	M	*SD*	*n*	*t*
一致条件	3674.56	1850.47	53	3.241**
不一致条件	4280.03	2664.74	53	

由表 1-8 可以看到，在空间加工任务和时间理解任务不一致的条件下，被试完成时间理解任务的平均反应时是 4280.03ms，在二者一致条件下所需要的平均反应时是 3674.56ms。经检验，被试在不一致条件下完成判断任务的反应时间要显著长于一致条件下所需要的时间（$P<0.01$）。

本研究中为避免时间理解任务所用语料的单一，使用了“现在是 5 月，3 月在前面”和“同一年之中，5 月在 3 月的后面”两种形式的陈述句。实验结果见表 1-9。

表 1-9　回答两种句型时间理解任务的反应时差异（ms）

	M	*SD*	*n*	*t*
“同一年之中”	3977.30	2190.91	53	2.291**
“现在是”	3564.32	1622.69	53	

由表 1-9 可以看到，被试对“同一年之中”句型的平均反应时为 3977.30ms，对“现在是”句型的平均反应时为 3564.32ms。经检验，被试判断“现在是 5 月，3 月在前面”这一形式的问句所需要的时间要显著短于另一种（$P<0.01$）。

（二）正确率的比较

本研究中同时分析了被试在空间加工任务和时间理解任务一致—不

一致条件下回答的正确率差异，以及回答两种句型时间理解任务的正确率差异。

表 1–10　空间加工任务和时间理解任务在一致—不一致条件下的正确率比较

	错误次数	正确率	*df*	χ^2
一致条件	37	83%	1	0.205
不一致条件	41	81%		

表 1–10 表明，在两种空间加工任务引导条件下，被试回答时间理解任务的正确率没有显著差异（$P>0.05$）。

表 1–11　被试回答两种句型时间理解任务的正确率比较

	错误次数	正确率	*df*	χ^2
"同一年之中"	37	83%	1	0.502
"现在是"	43	80%		

表 1–11 表明，被试回答两种陈述类型时间理解任务的正确率没有显著差异（$P>0.05$）。

七　讨论

（一）空间图式对理解时序概念反应时的影响

如果时间先后顺序概念来源于部分空间方位概念，那么通过空间加工任务引发的空间认知图式应该能够被映射到时间概念的加工任务中，并对时间概念的理解产生影响。通过实验一问卷形式的研究，我们发现只有小学低年级的儿童受到了空间图式的影响，而小学五年级及更高年级被试的认知模式并没有随着预先的空间图式的改变而改变。这是由于随着年龄的增长，被试的认知模式已经相对稳定。

实验二是通过即时加工任务考察空间图式对时间任务理解的影响情况。我们假设，尽管成人的认知模式相对稳定，使用混合映射的实验范式应当产生图式映射的一致性效应。实验二的反应时结果表明，当引导性的空间加工任务和目标性的时间理解任务同属于一个映射系统（时间在动—时间在动）时，被试完成时间理解任务所需要的反应时间要显著短于二者不属于一个系统（自我在动—时间在动）条件下的反应时。这说明在即时加工任务中，空间图式对被试理解时间概念的反应时间产生了影响，即存在系统映射的一致性效应。根据映射的一致性效应理论，当先前的图式与随后加工任务的隐喻系统一致时，可以促进被试对目标性加工任务的理解；反之，当预先的图式与随后加工任务的隐喻系统不一致时，被试需要克服预先的图式并进行再映射（remapping）。因此，在即时加工任务中，不一致条件下被试所需的反应时间更长。

（二）两种形式时间句子的反应时差异

与"现在是5月，3月在前面"形式的句子相比，被试对"同一年之中，3月在5月的前面"句子的判断所需的时间更长一些。Gentner使用"多重心理模型"解释英语中为什么对自我在动隐喻系统的加工要比时间在动隐喻系统更容易一些。笔者认为该理论模型中的"独立概念点"可以解释汉语中这两种句型所需要的时间差异。被试在进行即时加工时，作为一个典型观察者的位置处于"现在"，这是由"现在是……"的句型决定的。而在理解"同一年之中，……"句型的判断任务时，作为典型观察者位置是处于两个时间点之间。

过去………3月………5月………未来

典型观察者

该形式的陈述句只涉及两个独立概念点。由于"现在是3月"的表述，典型观察者的位置被设定了，与"3月"重合。

过去………3月……，典型观察者……5月……未来

该形式的陈述句涉及三个独立概念点。因为没有特别指定的时间参照点，在比较两个时间点的先后顺序时，典型观察者的位置被置于"3月"和"5月"两个时间点之间。

正是由于两种表述句型中涉及的概念点的数目不同，造成了被试在理解两种句子时所需要的加工时间有差异。

第四节 小结

一 结论

1. 儿童理解时序概念的发展性特点

在理解时间先后顺序概念时，以汉语为母语的学生在认知模式上表现出发展性的特点。小学低年级阶段不仅存在时间在动认知模式的儿童，也存在自我在动认知模式的儿童，两种认知模式的人数无显著差异。随着年龄的增加，时间在动认知模式的儿童所占的比例逐渐增加。小学高年级学生中以时间在动认知模式的儿童为主，与成人没有显著差异。

2. 空间图式影响儿童理解时序概念的认知模式

空间图式能够改变小学低年级儿童理解时间先后顺序概念的认知模式。小学高年级儿童和成人的认知模式相对稳定，不受空间图式的影响。

3. 空间图式影响大学生理解时序概念的加工时间

空间图式影响了大学生理解时间先后顺序概念时的反应时间，即出现了图式映射的一致性效应。时间先后顺序表述句与空间加工任务不属于同一映射系统时，对表述句的加工时间显著长于属于同一映射系统条件下的反应时。

通过本研究，我们认为：空间图式能够影响时间先后顺序概念的理解，说明汉语语言体系中，时间概念和空间概念之间确实存在着更深层次的结构上的相似性，而不仅是语言学意义上的相似。两种系统映射可以在适当的隐喻加工任务中表现出来，说明以时空隐喻为基础的时间认知存在心理现实性。

二 本研究的不足

本研究使用问卷考查了小学、初中和高中学生理解时序概念的认知模式，以及引导性空间图式对认知模式的影响。此外，通过即时加工的反应时实验探讨认知模式相对稳定的大学生是否会受到空间图式的影响，为系统映射的心理操作存在的现实性提供实证研究的证据。

本研究也存在明显的不足之处。本研究中的实验材料较为单一，由于汉语中自我在动的语料极少，在反应时实验中没有涉及自我在动的时间理解任务。空间任务和时间任务组成一致—不一致条件中，仅有两种空间任务和一种时间任务的组合。倘若找到汉语体系中“自我在动”的时间句，与两种空间加工任务形成完整的四种组合方式，那么依据混合映射实验范式的理论，研究结果将更具有说服力。

三　教学启示

通过本研究，我们发现空间图式影响了小学低年级儿童对时序概念的认知模式，这对我们的儿童语言教学尤其是词汇教学具有启发意义。通常情况下，儿童往往是单独学习时间概念或空间概念。时间概念本身所具有的抽象、无法直接感知等特点使得儿童在最初学习这些概念时相对困难。因此，在教学活动中结合空间概念和空间图式对时序概念进行讲解和演示，应当能够促进儿童对时序概念的理解。

本研究在一定程度上证实了汉语语言体系中存在从空间向时间的隐喻映射的心理操作过程，这与对英语语言的研究结果一致。在对外汉语教学过程中，使用类似的空间图式表现形式，并结合具体情境讲解汉语时序概念，将有助于汉语学习者掌握时间概念，同时理解和区分英汉两种语言的具体差异性。

四　今后研究展望

隐喻作为一种语言现象在语言学界已经引起了广泛的探讨。从最初的语言、修辞、哲学等角度的思辨性探究，到现在认知心理学界借用科学手段为其提供心理现实性的证据，尚需要更多的认知心理学方面的实证性研究，对汉语语言中的隐喻进行更深层次的探讨。

Núñez， Motz & Teuscher （2006）提出了依据自我参照点和时间参照点来重新划分空间—时间隐喻系统的新理论。事实上，对汉语的隐喻系统划分还存在诸多争议。尽管该理论仍值得商榷，但是理论的发展和创新将为我们的研究提供新的思路和角度。

纵观近年来认知心理学验证心理现实性的相关研究，沿用混合映射实验范式和启动影响范式的研究不断有新的发现，在研究角度上也在逐渐拓宽。但是，我们不能否认在研究方法上过于单一的现象。通过本研究，我们发现与新奇隐喻相比，对汉语中隐喻性概念的研究存在语料设计等困难。我们期待对隐喻研究方法，尤其是概念隐喻实证研究方法的改进，会给该项目研究带来新的突破。

附件 1　控制组（无空间图式引导）

问卷调查

亲爱的同学：

您好！

心理学和我们的学习、生活息息相关。下面是一些和心理学有关的问题，请您根据自己的情况做出回答。请在后面您最认可的选项上打“√”，您的选择没有对错之分。

这份问卷将作为我们研究的参考，不会提供给其他人员，包括您的老师和学校。

非常感谢您的配合。

【个人信息】

姓名：_____（不愿意填可以不写）

学校：____________________

班级：_____ 年级 ______ 班

性别：□男　□女

出生：_____ 年 _____ 月

（1）在同一年里，10 月在 8 月的前面。

A 对　　B 错

（2）我觉得别人很快就能和我熟悉起来。

A 很符合　B 有点符合　C 不太符合　D 完全不符合

（3）我总是精力很旺盛，我是个充满活力的人。

A 很符合　B 有点符合　C 不太符合　D 完全不符合

（4）原先安排在星期三的会议被往前挪了两天，那么会议将在哪天举行呢？

A 星期一　B 星期五

（5）如果我有好的歌喉，有好的机会，我也会去参加像“超级女声”那样的比赛。

A 很符合　B 有点符合　C 不太符合　D 完全不符合

（6）老师把我们“该做什么，怎么做”都讲得很清楚，我觉得这样很好。

A 完全赞同　B 有点赞同　C 不太赞同　D 完全不赞同

（7）原定于星期三的迎新晚会被往后移了两天，晚会将在哪天举行呢？

A 星期五　B 星期一

（8）我经常因为学习的压力而感到心烦意乱。

A 很符合　B 有点符合　C 不太符合　D 完全不符合

（9）我在看书时，通常更喜欢先看图片，再读文字。

A 很像我　B 有点像我　C 不太像我　D 根本不像我

（10）现在是 7 月，5 月在前面。

A 对　　B 错

（11）学习进步或得到老师的表扬，都能给我很大的鼓励和学习的动力。

A 很像我　B 有点像我　C 不太像我　D 根本不像我

（12）对于数字显示的钟（

）和钟面显示的钟（），我更喜欢通过前者看时间。

A 是　　B 不是

（13）在同一年里，4 月在 6 月的后面。

A 错　　B 对

（14）我并不介意是否能按时完成学习任务。

A 很符合　B 有点符合　C 不太符合　D 完全不符合

（15）我觉得和别的同学进行比较很重要，因为这样可以鉴别出谁更优秀。

A 完全赞同　B 有点赞同　C 不太赞同　D 完全不赞同

（16）原定在星期三的迎新生晚会被往前移了两天，晚会将在哪天举行呢？

A 星期五　B 星期一

（17）我一般不会很快就和别人熟悉起来，而是要通过一段时间的接触。

A 很像我　B 有点像我　C 不太像我　D 根本不像我

（18）现在是 10 月，12 月在后面。

A 错　　B 对

祝您学习进步！

如果您对本调查有什么意见或想法，请写在这里：

____

附件 2　时间在动的空间图式引导

问卷调查

（问卷指导语同附件 1）

第一部分：下面是一些图片，图中的箭头*表示物体运动的方向*，请您*根据物体运动方向*判断*两个物体的前后位置*，并回答右边句子的对错。

（1）

深色的车子在前面，浅色的车子在后面。

A 对　　B 错

（2）

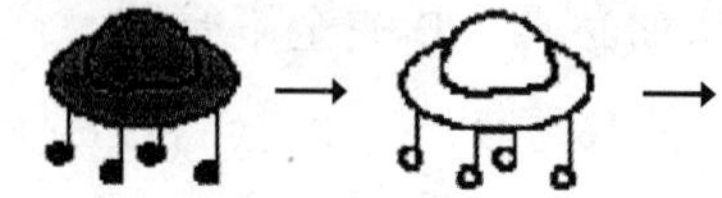

白色的飞碟在后面，黑色的飞碟在前面。

A 对　　B 错

（3）

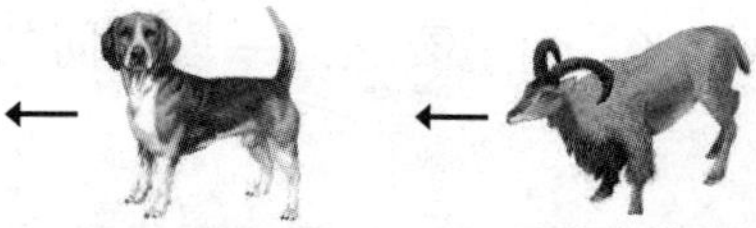

山羊在前面，小狗在后面。

A 对　　B 错

（4）

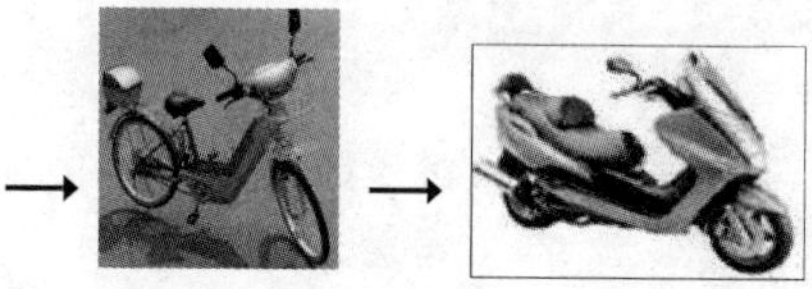

自行车在后面，摩托车在前面。

A 对　　B 错

第二部分：下面是一些问题，需要您根据自身情况和理解做出回答。在您认为适合的选项上打“√”。

（1）在同一年里，10 月在 8 月的前面。

A 对　　B 错

（2）我觉得别人很快就能和我熟悉起来。

A 很符合　　B 有点符合　　C 不太符合　　D 完全不符合

（3）我总是精力很旺盛，我是个充满活力的人。

A 很符合　　B 有点符合　　C 不太符合　　D 完全不符合

（4）原先安排在星期三的会议被往前挪了两天，那么会议将在哪天举行呢？

A 星期一　　B 星期五

（5）如果我有好的歌喉，有好的机会，我也会去参加像“超级女声”那样的比赛。

A 很符合　　B 有点符合　　C 不太符合　　D 完全不符合

（6）老师把我们“该做什么，怎么做”都讲得很清楚，我觉得这样很好。

A 完全赞同　　B 有点赞同　　C 不太赞同　　D 完全不赞同

（7）原定于星期三的迎新晚会被往后移了两天，晚会将在哪天举行呢？

A 星期五　　B 星期一

（8）我经常因为学习的压力而感到心烦意乱。

A 很符合　　B 有点符合　　C 不太符合　　D 完全不符合

（9）我在看书时，通常更喜欢先看图片，再读文字。

A 很像我　　B 有点像我　　C 不太像我　　D 根本不像我

（10）现在是 7 月，5 月在前面。

A 对　　B 错

（11）学习进步或得到老师的表扬，都能给我很大的鼓励和学习的动力。

A 很像我　　B 有点像我　　C 不太像我　　D 根本不像我

（12）对于数字显示的钟（

）和钟面显示的钟（），我更喜欢通过前者看时间。

A 是　　B 不是

（13）在同一年里，4 月在 6 月的后面。

A 错　　B 对

（14）我并不介意是否能按时完成学习任务。

A 很符合　　B 有点符合　　C 不太符合　　D 完全不符合

（15）我觉得和别的同学进行比较很重要，因为这样可以鉴别出谁更优秀。

A 完全赞同　　B 有点赞同　　C 不太赞同　　D 完全不赞同

（16）原定在星期三的迎新生晚会被往前移了两天，晚会将在哪天举行呢？

A 星期五　　B 星期一

（17）我一般不会很快就和别人熟悉起来，而是要通过一段时间的接触。

A 很像我　　B 有点像我　　C 不太像我　　D 根本不像我

（18）现在是 10 月，12 月在后面。

A 错　　B 对

（问卷结束语同附件 1）

附件 3　自我在动的空间图式引导

问卷调查

（问卷指导语同附件 1）

第一部分：下面是一些图片，图片里的箭头表示的是*人运动的方向*，请您*根据人运动的方向*判断图中*两个物体相对于人的位置*，并回答右边句子的对错。

（1）

杯子在我的后面，鲜花在我的前面。

A 对　　B 错

（2）

花在我的前面，罐子在我的后面。

A 对　　B 错

（3）

白罐子在我的前面，黑罐子在我的后面。

A 对　　B 错

（4）

瓶子在我的后面，猫在我的前面。

A 对　　B 错

第二部分：下面是一些问题，需要您根据自身情况和理解做出回答。在您认为适合的选项上打“√”。

（1）在同一年里，10 月在 8 月的前面。

A 对　　B 错

（2）我觉得别人很快就能和我熟悉起来。

A 很符合　　B 有点符合　　C 不太符合　　D 完全不符合

（3）我总是精力很旺盛，我是个充满活力的人。

A 很符合　　B 有点符合　　C 不太符合　　D 完全不符合

（4）原先安排在星期三的会议被往前挪了两天，那么会议将在哪天举行呢？

A 星期一　　B 星期五

（5）如果我有好的歌喉，有好的机会，我也会去参加像“超级女声”那样的比赛。

A 很符合　　B 有点符合　　C 不太符合　　D 完全不符合

（6）老师把我们“该做什么，怎么做”都讲得很清楚，我觉得这样很好。

A 完全赞同　B 有点赞同　　C 不太赞同　　D 完全不赞同

（7）原定于星期三的迎新晚会被往后移了两天，晚会将在哪天举行呢？

A 星期五　　B 星期一

（8）我经常因为学习的压力而感到心烦意乱。

A 很符合　B 有点符合　C 不太符合　D 完全不符合

（9）我在看书时，通常更喜欢先看图片，再读文字。

A 很像我　B 有点像我　C 不太像我　D 根本不像我

（10）现在是 7 月，5 月在前面。

A 对　B 错

（11）学习进步或得到老师的表扬，都能给我很大的鼓励和学习的动力。

A 很像我　B 有点像我　C 不太像我　D 根本不像我

（12）对于数字显示的钟（

）和钟面显示的钟（），我更喜欢通过前者看时间。

A 是　B 不是

（13）在同一年里，4 月在 6 月的后面。

A 错　B 对

（14）我并不介意是否能按时完成学习任务。

A 很符合　B 有点符合　C 不太符合　D 完全不符合

（15）我觉得和别的同学进行比较很重要，因为这样可以鉴别出谁更优秀。

A 完全赞同　B 有点赞同　C 不太赞同　D 完全不赞同

（16）原定在星期三的迎新生晚会被往前移了两天，晚会将在哪天举行呢？

A 星期五　B 星期一

（17）我一般不会很快就和别人熟悉起来，而是要通过一段时间的接触。

A 很像我　B 有点像我　C 不太像我　D 根本不像我

（18）现在是 10 月，12 月在后面。

A 错　B 对

（问卷结束语同附件 1）

附件 4 反应时实验的材料

（1）

T 在我的前面

I 在我的后面

同一年之中，9 月在 7 月的前面。

（2）

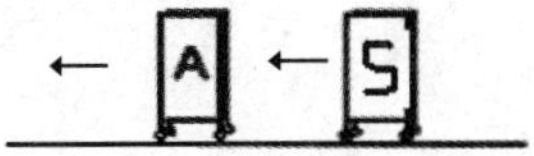

A 在 S 的前面

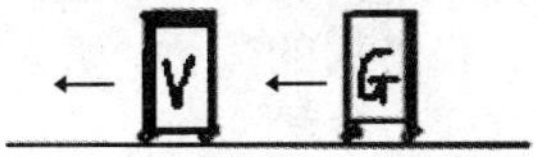

G 在 V 的后面

现在是 4 月，6 月在后面。

（3）

V 在我的后面

I 在我的前面

现在是 8 月，10 月在后面。

（4）

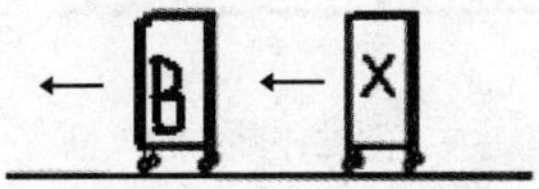

X 在 B 的前面

M 在 O 的后面

同一年之中，3 月在 5 月的后面。

（5）

N 在我的前面

T 在我的后面

同一年之中，6 月在 8 月的前面。

（6）

U 在 M 的前面

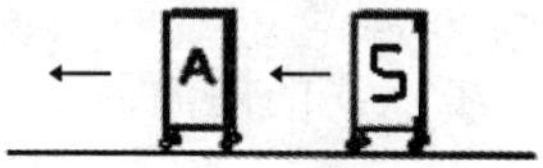

S 在 A 的后面

现在是 3 月，1 月在后面。

（7）

A 在我的后面

J 在我的前面

现在是 7 月，5 月在前面。

（8）

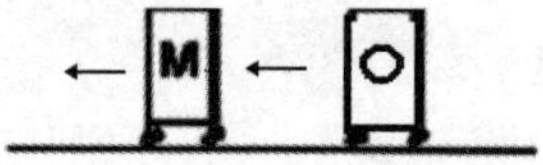

O 在 M 的后面

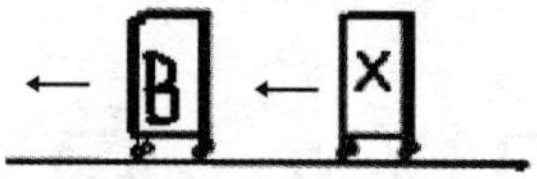

X 在 B 的前面

同一年之中，4 月在 2 月的后面。

实验报告三　空间图式在时空隐喻理解中的作用

第一节　实验一　空间加工任务对时间加工任务的影响

一　实验目的

时间的空间隐喻映射的心理机制是什么，目前有三个观点：

第一种观点是跨域映射。这种理论认为，空间概念是时间概念表征的源头，抽象的时间概念需要用具体的、更具有经验性的概念来表征，人们利用空间来思考时间，时空隐喻是从空间概念向时间概念映射的结果。

第二种观点是词义固化。这种观点认为时空隐喻中已经不存在从空间域向时间域的映射，用来表述时间的空间词汇本身已经具有时间义。例如“前”，具有空间词汇的意思，“与后相对，表示正面”；又有时间词汇的意思，“在时间上表达先于……”。对人们来说，这两个词义并没有孰轻孰重之分。如果这个观点成立，时空隐喻句中就不存在从空间域向时间域的映射。

第三种观点是结构相似观点。这种观点由 Murphy（1996）提出，他认为在隐喻中，两个认知域之间的结构相似，但是两者之间的性质并不相似。源域的结构并没有影响目标域的结构。同样，在时空隐喻中，空间和时间两个认知域中具有相似的结构：一维性、方向性和运动性，这两个系统相互关联，但却相互独立，谁也不是谁的起源，谁也不依赖谁来建构，两者是平行的关系，它们只是使用了同一个意象图式，这个图式是独立于两个认知域的，既不属于空间域，也不属于时间域。这个图式既可以用在空间中组织概念，又可以用在时间中组织概念，具有一般性和普遍性。

在实验一中，我们想要证明第一种观点，排除其他两种观点——认为人们需要借助空间思考时间，空间加工任务对时间认知加工是否存在影响作用。从而，为时空隐喻系统映射的心理现实性提供证据。

二 实验假设

在人们理解时空隐喻时，如果存在空间向时间的映射，那么空间思维对时间加工具有影响作用。本研究将物体动和自我动空间图式作为引导任务，考察其是否对紧跟其后的时空隐喻句（包括时间动时空隐喻句和自我动时间隐喻句）理解产生影响。如果被试加工与空间图式一致的时空隐喻句的反应时较短，则证明空间对时间具有引导作用，空间概念能够影响时间概念；反之，如果空间图片与时空隐喻句无论在一致或不一致情况下，被试的加工反应时都无显著差异，那么证明空间与时间并没有深层次上的联系，两者之间仅仅是语言表达相同。

三 实验设计

本实验为 2（空间引导任务类型）×2（时间目标任务类型）的被试内设计，自变量为空间引导任务类型和时间目标任务类型。

空间引导任务类型分为两个水平：物体在动空间引导题目和自我在动的空间引导题目。

时间目标句也分为两个水平：时间动时空隐喻句，如“同一年中，1 月在 2 月前面到来”；自我动时空隐喻句，如“现在是 1 月，2 月就在眼前”。

这样，空间引导任务类型两种水平和时间目标任务类型的两种水平交叉组成四种处理水平，这四种处理水平中，物体移动引导任务＋时间移动目标任务，自我移动引导任务＋自我移动目标任务，是一致性的处理；而另两组：自我移动引导任务＋自我移动目标任务，物体移动引导＋时间移动目标任务是不一致的实验处理条件（表 1–12）。实验因变量为被试对时间目标任务判断反应时以及正确率。

表 1–12　实验一中四种实验处理水平

处理水平	处理条件	空间引导任务（A 因素）	时间目标任务（B 因素）
1（A1B1）	一致	物体移动（A1）	时间移动（B1）
2（A2B2）	一致	自我移动（A2）	自我移动（B2）
3（A2B1）	不一致	自我移动（A2）	自我移动（B1）
4（A1B2）	不一致	物体移动（A1）	时间移动（B2）

四　实验被试

随机选取 72 名上海师范大学心理系本科生和研究生。剔除 4 名被试的数据，其中 2 名被试的结果错误率超过 25%，其余 2 名被试结果中有异常数据（同类研究中将大于 6 秒的数据视为异常数据）。最终有效被试为 68 名，其中女生 37 名，男生 31 名，平均年龄为 22.3 岁。所有被试视力（或矫正视力）正常，无阅读障碍。

五　实验材料

空间引导任务分为两类：物体移动和自我移动任务。引导任务由一幅图片和描述图片的句子组成，要求被试根据图片判断该描述的正误。描述句中一半句子使用“前”，一半句子使用“后”，一半的描述是正确的，一半的描述是错误的。

在时间目标任务中，时间动的句子“前”和“后”各占一半。在自我动句式中，只有用“前”描述的句子，没有用“后”描述的句子。为了减少实验误差，目标句中 2 个时间点的时距都定为 1 个月，如 7 月和 6 月搭配，9 月和 10 月搭配。

在正式实验前，我们在网上随机调查了 25 名被试，判断时间动的 3 个句式“现在是 × 月，× 月在前面”，“在同一年里，× 月在 × 月前面”，“同一年里，× 月在 × 月前面到来”以及自我动句式“现在是 × 月，× 月就在眼前”是否存在歧义。结果发现，分别有 20% 和 28% 的被试对前 2 个句式产生了歧义，没有被试对第 3 个和第 4 个句式产生歧义。

因此我们采用第 3 和第 4 种句式作为时间动和自我动的实验句式。我们做了语料检索，这些句式都是常用句。

整个实验程序中共有 34 组题目，每组题目由 3 道题目组成，2 道引导题目和 1 道目标题目。34 组题目中，有 2 组题目为练习题，因此正式测试题目有 32 组。实验共有 4 种处理水平，每种处理水平各有 8 组题目。除了 2 组练习题，正式测试题目随机呈现。下面是 1 组题目完整示例：

第一个空间引导任务（物体动）

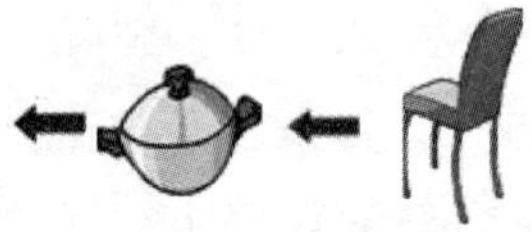

椅子在锅前面。

F（对）　J（错）

第二个空间引导任务（物体动）

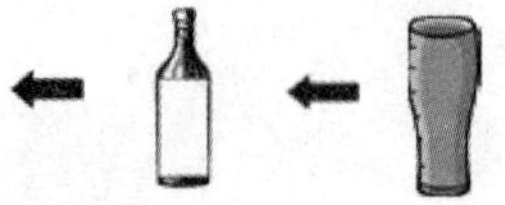

水杯在酒瓶后面。

F（对）　J（错）

目标任务（时间动）：同一年里，7 月在 8 月前面到来。

六　实验程序

正式实验使用 VB 编写的实验程序。在台式电脑的屏幕上呈现实验题目。所有被试都是在电脑前单独完成实验。在实验前，确保每台计算机都能正常运行。主试向被试宣布测试纪律：独立地、不间断地完成测验，并告知被试有小礼品赠送。

实验正式开始前，请被试认真阅读指导语 1。

实验一指导语 1：

各位朋友，大家好！

这是一个关于前后顺序的理解实验。实验中将为您呈现图片和语句理解任务。图片理解任务中的箭头代表物体或人的运动方向。

请您根据自己的判断按下相应的反应按钮。如果您认为是正确的，请按“F”键；如果您认为是错误的，请按“J”键。

在正式开始测验之前，我们将为您提供一些练习，以便您熟悉操作方法。练习部分的反应结果不会被记录下来。请按“确定”键进入练习部分。

主试确定被试已经明白指导语的内容后，请被试按“确定”键进入练习部分。练习结束后出现指导语 2。

实验一指导语 2：

您已经熟悉操作方法了吧？

下面将进入正式测验部分，请您根据自己的判断，又快又好地完成这些题目。

请注意，当您认为是正确时，按“F”键；认为是错误时，按“J”键。

我们将记录您的回答结果和反应时间。请按“确定”键进入正式测试部分。

由于题目数量多，当实验进行至一半时，程序会自动提示被试不离开答题区休息几分钟，然后按“确定”键继续答题。被试答题结束后提交测试结果，主试赠予礼品。

七　结果分析

有效被试 68 人，每种条件每人反应 16 次，各获得 1088 人次数据。

（一）正确率的比较

1. 在一致—不一致条件下的正确率比较

在一致—不一致条件下，被试答案的正确率会有差别吗？会因为引导条件的不同影响回答问题的正确率吗？表 1-13 是两种情况下被试答案的正确率，以及两者的卡方检验结果。

表 1-13　在一致—不一致条件下的正确率比较

	正确率（%）	χ^2	P
一致	93.66	0.018	0.895
不一致	94.21		

从上表中我们可以看出，在一致条件和不一致条件下，被试回答问题出正确率并没有显著差异，在两种条件下被试答案的正确率都在94%左右。因此，引导条件的不同并不能影响被试回答问题的正确率。

2. 时间动和自我动两种时间句式的正确率比较

时间动和自我动是时空隐喻的两类系统，在这两类句式中，被试答案的正确率是否有显著差异？卡方检验结果见表1-14：

表 1-14　被试回答两种目标任务的正确率比较

	正确率（%）	χ^2	P
时间动	93.47	0.049	0.825
自我动	94.39		

如表中结果所示，被试对两类句式答案的正确率都在90%以上，两者并没有显著差异。

（二）反应时结果

表1-15列出了所有被试在四种实验处理条件下的反应时，它们分别是2408.88ms、2262.32ms、2374.31ms和2799.93ms。

表 1-15　被试在不同实验条件下的反应时（ms）

	实验条件	n	M	SD
处理1（A1B1）	一致	68	2408.88	545.46
处理2（A2B2）	一致	68	2262.32	609.30
处理3（A1B2）	不一致	68	2374.31	633.58
处理4（A2B1）	不一致	68	2799.93	616.73

从下图1-22看出，被试在一致条件下比不一致条件下的反应时慢，这种差异是否达到显著性水平呢？经过重复测量方差分析，结果

表明，空间加工任务引导主效应达到显著性水平，$F_{(1,\ 67)} = 12.031$，$P<0.001$，这表明空间加工任务对时间加工任务引导作用显著，被试在一致条件下的反应时（$M = 2335.6$ms）显著快于不一致条件下的反应时（$M = 2587.12$ms）。

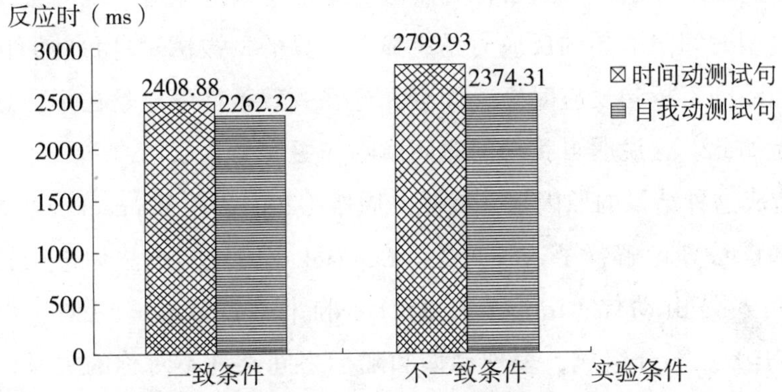

图 1-22　在一致—不一致条件下被试的平均反应时比较

其次，经过重复测量方差分析发现两种类型时间隐喻句的主效应也十分显著，$F_{(1,\ 67)} = 50.575$，$P<0.001$。究竟是哪种类型的反应时短呢？从图 1-23 中看出，在一致和不一致实验条件下，被试对自我动的时间句反应时比时间动的时间句短。经过 t 检验，我们发现，时间动时间目标句（$M = 2604.40$）和自我动时间目标句（$M=2318.31$）在一致条件下的反应时显著短于在不一致条件下的反应时，$t=3.82$，$P<0.001$。

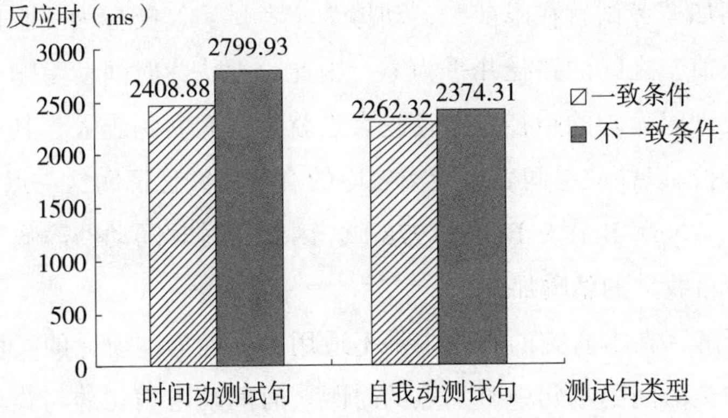

图 1-23　被试对两种时空隐喻句的反应时间比较

八　讨论

（一）两种时空隐喻句反应时差异

研究结果显示，时间目标句隐喻类型的主效应显著，说明被试对于两种类型时间隐喻句的反应时是有显著差异的，被试对自我动的目标句比时间动的目标句反应时短，而且无论在一致条件下还是在不一致条件下都是如此。这说明自我动的时间隐喻句更容易驾驭。

造成这种结果的原因是什么呢？周榕（2001）用 Langacker（1987）的认知语法理论解释了这种现象。Langacker 的认知语法理论中提到，意象图式是由动体（trajector，TR）、陆标（landmark，LM）和路径（PATH）三部分组成，表现动体和陆标之间某种不对称的关系。三者中动体为主体。陆标为参照物，为确定主体方位提供参照。动体所经过的路程为路径。意象图式中动体与陆标的关系可以是静态的也可以是动态的，当两者为静态关系时，路径为零。时空隐喻中，在水平方向上用“前”、“后”表示时间，可以视为一种空间意象图式，反映了动体在时间轴上的运动轨迹或所处的特定位置。在她的试验中，引导句和目标句都是时间句子，在句子中出现两个事件。例如，时间动的句子为“生日在放假前”，第一个事件“生日”是动体，第二个事件“放假”是陆标，两个事件之间的时间间隔，即路径大于零（见图 1-24）。而自我动的句子中，例如“考试就在眼前”，动体为“考试”，陆标为“眼前”，考试和“眼前”之间的路径几乎为零。因此，她认为时间动隐喻句的路径大于自我动隐喻句的路径。路径越大也就是空间间隔越大，其心理表象的时间越长。以往的空间表象距离效应的有关研究也证明这一点（Kosslyn 1975；Kosslyn，Ball & Reiser1978）。因此，对时间动的隐喻句加工自然会慢于自我动的隐喻加工。

这个解释在本研究的实验中是不适用的，因为本研究的实验中严格控制了两类时间隐喻句中时间点的时距。时间动隐喻句的句式为“同一年中，× 月在 × 月的前面到来”。两个事件时距为一个月，如5月和6月。

自我动隐喻句的句式为“现在是 × 月，× 月就在眼前”。两个事件的时距也为一个月。也就是说两类句型的路径是相等的，但是被试对两类句型的反应时仍然有差异，时间动隐喻句的反应时显著长于自我动隐喻句的反应时。因此周榕所用的理论不能解释本试验中的现象。

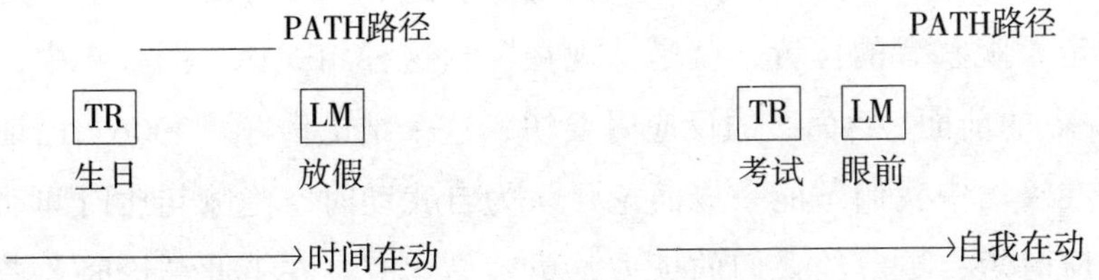

图 1-24　两类时间目标句的路径比较

我们认为造成两种句式间反应时差异的原因是两种时间隐喻句的时间判断点不同。自我移动时间隐喻需要的时间判断点少，在这类隐喻中，表达的是时间点和观察者的时间关系，例如“现在是 5 月，6 月在我们眼前”这句话中虽然描述了“5 月”、“6 月”和“我”（也就是观察者）三者的关系，实际上只表达了两个时间点“5 月”和“6 月”的关系，因为“我”的位置是“现在”，“现在”是“5 月”，观察者和其中一个时间点的位置是重合的，因此在时间线上只有两个时间点，大大减少了人们加工句子的精力，缩短了加工时间。

——— 过去 ——— *观察者* 现在/5月 ——— 6月 ——— 未来 ———→

而在时间移动的句子中表达了从时间观察者角度看两个时间点的关系，例如“同一年中，5 月在 6 月前面到来”，虽然这个句子中只出现了两个时间点，实际上却有三个时间点：“5 月”、“6 月”和观察者（“我”）所处的时间点。观察者在这句话中的所处时间位置是不确定的，可以在时间线索上的任何一点，因此可以派生出三个时间线索模型：

——— 过去 ——— *观察者* ——— 5月 ——— 6月 ——— 未来 ———→

——— 过去 ——— 5月 ——— *观察者* ——— 6月 ——— 未来 ———→

——— 过去 ——— 5月 ——— 6月 ——— *观察者* ——— 未来 ———→

观察者可以站在时间线索中的任意一点，因此，被试在加工时间动的句子时会增加加工时间的消耗，先确定观察者的位置后，再比较其他两个时间点的关系。这就是两种时空隐喻句式加工时间不同的原因。

在汉语中有一种时间动的句式是“现在是××（时间点），××（时间点）在前面/后面”，如“现在是6月，5月在前面”，这个句式中也确定了观察者的位置，就是“现在”，这种句式比“同一年中，××在××的前面/后面”的反应时要快，这个结论钱萍（2006）已证实。所以在汉语中我们不能一概而论，认为自我动时空隐喻句比时间动隐喻句反应时短，更节约人们的精力，更容易驾驭，在下此结论时要考虑在句子中体现了几个时间点的关系。

（二）为什么两种时空隐喻句反应时存在显著差异

根据 Gentner & Boronat（1992）实验研究发现，只有相对新奇的隐喻才会发生认知域之间的映射。他们在实验中使用了人们非常熟悉的隐喻，例如“get this topic across（我们绕开这个话题吧）”，结果并没有发现混合隐喻效应，即当引导句和目标句不属于同一概念系统，没有出现被试的反应时延长的现象。Glucksberg，Brown & McGlone（1993）的实验中也使用了常规隐喻做语料，结果和 Gentner 的一致。

而我们的实验结果却与他们的结论相反。虽然时空隐喻是常规隐喻，但其隐喻性映射机制存在心理现实性。按照 Gentner 等人的实验结果，时空隐喻是一个常规隐喻，不具有新奇性，是不应该存在系统映射的，系统映射只会在新奇隐喻中出现，而时空隐喻这个人们非常熟悉的隐喻中为什么会存在系统映射，本人认为有以下几种原因：

首先，空间域和时间域的确存在相似的结构。人们最初认识有形的、具体的事物，随着认知能力的不断提高，人类利用已获得的具体概念和直接经验，来认识未知的、无形的、难以界定的概念。于是就产生了两个认知域之间的映射。映射是从具体的物理概念（源域）到抽象概念（目标域）的隐喻投射。空间概念是人类最基本的概念，它被投射到其他抽象的概念结构中去，使得其他本无空间内容的概念也被赋予了一种空间结构。人类通过空间领域的经验来认知其他认知域的概念，形成某种态度，进而对其指称、量化和逻辑推理。可以说空间概念构成了其他概念的基础，是其他抽象概念的空间和物理世界基础上的延伸。时间的空间隐喻便是如此，时间是一个抽象概念，看不见，摸不着，它借助空间这个具体概念来表征时间。两者之间具有相似的结构——一维性、运动性和顺序性。

其次，时空隐喻的感知经验基础是人们的身体经验，虽然时空隐喻是常规隐喻，但是在推算几个时间点的时序问题时，需要借助头脑中的“数轴”进行推理。日常生活中用空间轴来推算时间的例子很多，例如日晷、钟表、日历等。在日常生活中推理某两个时间点的早晚时，人们脑海中也还需要借助一个数轴。

（三）跨域映射和平行结构理论之争

我们在前面提出了三个假设，描述空间域和时间域的关系——跨域映射、词义固化说、平行结构说。实验一的结果发现空间加工任务能够影响人们认知时间概念，即发生了从空间向时间的映射，时间和空间存在相似的概念结构，而不仅仅在语言上具有相似性。因此我们可以排除第二个假设——词义固化理论，因为该理论认为描述时间的空间词已经产生了时间义，不存在从空间域向时间域的映射。

如果我们仅仅根据实验一的结果就认为人们根据空间思考和建构时间，是远远不够的。实验一中我们证明了空间图式能够用来组织时间，影响时间加工任务，仅仅检验了空间思维对思考时间具有影响作用。这个实验结果与以往的实验结果一致。解释实验一结果除了跨域映射理论之外，还有平行结构理论（见图 1–25），认为时间和空间可能使用了同一个意象图式，这个图式是独立于两个认知域的，既不属于空间域，也不属于时间域。这个图式既可以用在空间中组织概念，又可以用在时间中组织概念，具有一般性和普遍性。空间和时间两个认知域是独立被表征的，并独立拥有自己的结构。它们所共有的结构——实验中以空间引导任务的形式出现，既可以影响时间任务的加工，又可以影响空间任务的加工。

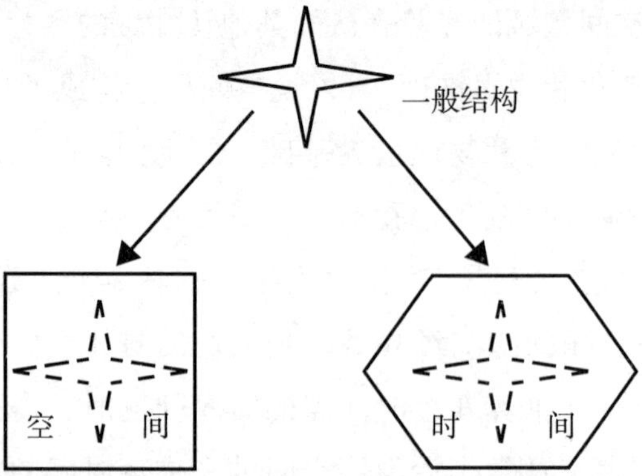

图 1-25 平行结构理论示意图

实验一使用空间任务引导了时间认知任务，如果实验颠倒过来还会发生引导效应吗？人们思考时间的特定方式会影响他们思考空间吗？于是我们设计了实验二，验证时间加工任务能否对空间认知产生引导作用，从而证明人们是否必须借助空间来思考时间。

第二节 实验二 时空隐喻句对空间认知加工任务的影响

一 实验目的

根据实验一我们只能回答本实验目标中的第一个问题：时间和空间概念存在关联性。但是我们还不能确认这种关联性是什么性质——是因果性的还是相关性的。因此实验二我们要回答另外两个问题：人们是否需要借助空间思考时间，是否必须借助空间来思考时间。

二 实验假设

本研究将时间动和自我动时空隐喻句作为引导任务，考察其是否对紧跟其后的空间加工任务产生影响。如果被试加工与时空隐喻句一致的空间图片的反应时较短，则证明时间对空间具有引导作用，时间概念能够影响空间概念；反之，如果被试在时间句与空间图片一致—不一致情况下的反应时并无显著差异，那么证明时间并不能影响空间概念，时间要借助空间来表述，但是并不是必须要借助空间。

三　实验设计

实验二为2(时间引导任务类型)×2(空间目标任务类型)实验设计。引导任务是请被试判断时间句的正误。时间句有两种类型：时间动和自我动。在目标任务中，先给被试呈现空间图片，再要求被试判断空间图片描述句的正误。空间图片及描述句也有两种类型：物体动和自我动。这样组合成四种实验条件：时间动时间引导任务＋物体动空间目标任务，自我动时间引导任务＋自我动空间目标任务，自我动时间引导任务＋自我动空间目标任务，时间动时间引导任务＋物体动空间目标任务。其中前两者为一致性实验条件，后两者为不一致实验条件。

表1-16　四种实验处理水平

	时间引导任务（A因素）	空间目标任务（B因素）	处理条件
1（A1B1）	时间移动（A1）	物体移动（B1）	一致
2（A2B2）	自我移动（A2）	自我移动（B2）	一致
3（A2B1）	自我移动（A2）	自我移动（B1）	不一致
4（A1B2）	时间移动（A1）	物体移动（B2）	不一致

四　实验被试

随机选取46名上海师范大学本科生，其中有5名被试的答案正确率都低于75%，剔除他们的数据，有效被试为41名。其中男生19名，女生22名，平均年龄24.6岁。所有被试视力（或矫正视力）正常，无阅读和读图障碍。

五　实验材料

实验中的引导题目为时间句，分别是时间动和自我动时空隐喻句。句式和实验一的目标句一样。时间动句式为“同一年里，× 月在 × 月前面 / 后面到来”，或者“同一周里，周 × 在周 × 前面 / 后面到来”，以及“在同一天里，早上 / 晚上 × 点在 × 点之前 / 后”。“前”和“后”描述各占一半。在自我动句式中，只有用“前”描述的句子，没有“后”描述的句子。自我动的句式为“现在是 × 月，× 月就在眼前”，或者“现在是周 ×，周 × 就在眼前”，以及“现在是早上 / 晚上 × 点，× 点就在眼前”。自我动的时空隐喻句只有“前”的描述，没有“后”的描述。为了减少实验误差我们将同一个目标句的两个时间点的时距都定为一个月，如 6 月和 7 月搭配，9 月和 10 月搭配；或者时距为一天，如，周一和周二搭配，周五和周六搭配，或者是一个小时，如 1 点和 2 点搭配。

实验的目标任务是要求被试判断描述空间图片的语句。图片分为两类：物体移动图片和自我移动图片。物体动图片描述句为“× × 在 × × 前面 / 后面”，自我动图片描述句为“× × 在我前面 / 后面”。

整个实验程序中共有 102 道题目，3 道题目为一组，2 道引导题目和 1 道目标题目，共计 34 组题目。其中 2 组题目为练习题，其结果不做记录。正式题目有 32 组，每 8 组为一种类型的题目。除了两道练习题，其余所有题目随机出现。下面是一组实验二题目的演示：

第 1 道时间引导任务（时间动）：同一周中，周三在周四后面到来。

F（对）　　J（错）

第 2 道时间引导任务（时间动）：同一年中，12 月在 11 月前面到来。

F（对）　　J（错）

空间动目标任务（自我动）：

水桶在我的前面。

F（对）　　J（错）

六　实验程序

同实验一。

七　结果与分析

有效被试为 41 名，我们首先分析正确率，再分析反应时结果。

（一）正确率的比较

1. 在一致—不一致条件下的正确率比较

在一致条件和不一致条件下，被试答案的正确率会有差别吗？会因为引导条件的不同影响回答问题的正确率吗？表 1–17 是两种情况下被试答案的正确率，以及两者的卡方检验结果。

表 1–17　一致—不一致条件下的正确率比较

	正确率（%）	χ^2	P
一致	91.77	1.017	0.313
不一致	90.09		

从上表中我们可以看出，在一致条件和不一致条件下，被试回答问题的正确率并没有显著差异，都在 90%以上。

2. 物体动和自我动两种空间描述句的正确率比较

我们的目标任务是要求被试判断描述物体动和自我动空间图片句子的正误，被试对这两类空间句的判断的正确率是否存在差异？我们进行了卡方检验，结果见下表：

表 1–18　被试回答两种空间句的正确率比较

	正确率（%）	χ^2	P
物体在动	89.79	1.89	0.169
自我动	92.24		

从表 1-18 中我们可以看出被试对不同空间句式回答的正确率没有差异，被试对这两类句式的回答正确率都接近 90%。

（二）反应时结果

表 1-19 列出了所有被试在实验二中四种实验处理条件下的反应时。在四种不同处理水平下，被试的平均反应时分别为 3044.86ms，2309.98ms，2303.13ms 和 3099.29ms，在一致条件下的平均反应时为 2677.42ms，在不一致条件下的平均反应时为 2701.21ms。

表 1-19　被试在不同实验条件下的反应时（ms）

	实验条件	*n*	*M*	*SD*
处理 1（A1B1）	一致	41	3044.86	636.63
处理 2（A2B2）	一致	41	2309.98	578.03
处理 3（A1B2）	不一致	41	2303.13	526.34
处理 4（A2B1）	不一致	41	3099.29	676.24

经过重复测量方差分析，结果表明，空间加工任务引导主效应未达到显著性水平，$F_{(1,\ 40)} = 0.43$，$P = 0.516>0.05$，这表明时间加工任务对空间加工任务没有引导作用。被试在一致条件下的反应时和不一致条件下的反应时并没有显著性差异。

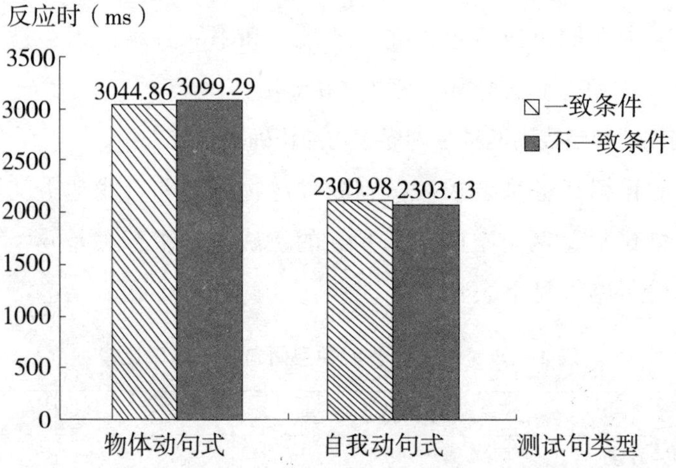

图 1-26　在一致—不一致条件下被试的平均反应时比较

其次，经过重复测量方差分析，我们可以看出两种类型时间目标句的主效应十分显著，$F = 265.45$，$P<0.001$。从下图中我们可以看出两者的差异。

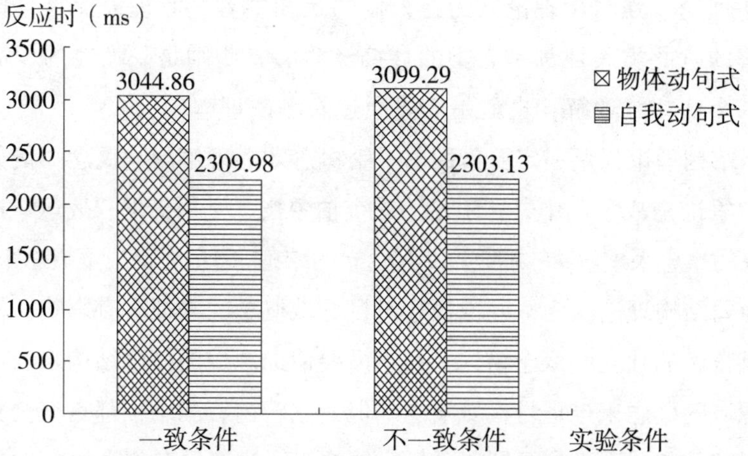

图 1-27 被试对两种空间句式的平均反应时比较

图 1-27 结果显示，被试对自我移动空间图片反应时短于物体移动空间图片的反应时，两者平均反应时为 3072.08ms 和 2306.56ms。通过 t 检验，两者之间差异显著，$t = 8.12$，$P<0.001$。这说明自我动空间图片更容易判断。

八 讨论

（一）跨域映射与结构相似理论

有两种理论能够解释实验一的结果——跨域映射理论和结构相似性理论。跨域映射理论认为在时空隐喻中，空间概念将自己的结构映射到时间概念中去，这种映射是单向的。而结构相似性理论则认为空间和时间存在相似性的结构，但是这个结构并不属于任何一个认知域，是两者共有的，它既可以影响时间域，又可以影响空间域。我们设计了实验二，以时间句为引导任务，空间图片为目标任务，结果并没有发现时间对空间的引导作用，因此我们可以否定结构相似理论，支持跨域映射理论。也就是说，我们的确是借助空间来思考时间，而不是借助时间来思考空间。

（二）我们是否必须借助空间思考时间

在隐喻表征理论中有两种隐喻模型，一种是强结构理论，另一种是弱结构理论。强结构理论认为在人们的认知中有些心理表征是直接可以被理解的，此类表征都是人类的直接经验。有些则是隐喻性的，需要参考另一个认知域理解，也就是需要通过隐喻来理解。

强结构理论强调一定要借助另一个概念才能理解隐喻概念。例如，在隐喻“争论是战争”中，“争论”这个抽象概念必须借助“战争”这个具体形象的概念来理解，它本身并没有独立的结构，完全凭借战争概念来表征。

而弱结构理论认为，源域概念对目标域概念的表征会有影响，但是源域拥有自己的独立的概念结构，并不需要借助源域的概念结构来表征。它会用源域的概念来推理目标域概念，但是它的内容和结构都是完全独立化的。强理论和弱理论的区别在于目标域的表征是否具有独立性。

在时空隐喻中，强理论认为，时间概念总是需要通过对空间图式的即时启动才能获得，空间图式对于思考时间是必要的，组织时间所必需的相关信息都是从空间域中引入的，而不是直接储存在时间域中。因此，在思考时间时，一定会借助空间图式。

而弱理论认为，用空间图式思考时间并不是必需的，随着人们对时空隐喻使用频率的增加，用以组织时间的空间信息被独立储存在时间域内，理解时间时并不需要从空间域向时间域的映射。这个结构没有空间域的结构那么丰富，只是保留了空间域的一些元素，因此这个图式对于思考时间来说是有用的，但是对于思考空间来说却是不够的。

在实验一中我们看到了空间图式对时间句具有引导作用，也就是说在空间图式的引导下，时空隐喻句中的图式也被激活了。而在实验二中，我们以时空隐喻句为引导任务，它并没有对空间加工任务产生影响。这说明在没有空间图式的引导下，时空隐喻句中的图式并没有被激活，人们直接使用命题形式思考它。综合实验一和实验二，我们可以得出结论，人们虽然会借助空间来思考时间，但是人们并不是必须借助空间来思考时间。这与弱理论的观点是一致的。因此，我们可以回答实验目的中提出的第三个问题，人们并不是必须借助空间图式理解时间概念。

（三）两种类型空间描述句反应时差异

实验二中的目标任务为两种类型，一种为物体动空间图片描述句，另外一种为自我动空间图片描述句。被试对自我动空间描述句的反应时显著短于物体动空间描述句的反应时。造成这个结果的原因我们依然可以用观察点的多少来解释。在自我动的空间描述句中，观察者的位置是固定的，只有一个，人们只需判断“我”和被判断物体之间的空间关系，如下图：

——— 物体1 ——— *观察者* ——— 物体2 ———→

后　　　　　　　　　　　　　　　　　　　前

而在物体动描述句中，观察者的位置是不固定的，“我”的位置可能存在于三个地方。如下图所示：

——— *观察者* ——— 物体1 ——— 物体2 ———→

后　　　　　　　　　　　　　　　　　　　前

——— 物体1 ——— *观察者* ——— 物体2 ———→

后　　　　　　　　　　　　　　　　　　　前

——— 物体1 ——— 物体2 ——— *观察者* ———→

后　　　　　　　　　　　　　　　　　　　前

人们在读到这类句子时首先要判断“我”，即观察者的位置在哪里，会多耗费精力，因此在判断此类句式时反应时要稍长一些。在实验一中，我们发现在时空隐喻中，自我动句式比时间动句式的反应时要短，这个结果和实验二的结果是一致的。这进一步说明空间域和时间域有相同的结构，人们思考空间问题和时间问题的方式是一致的。不同的是在时空隐喻中，将物体替换为时间点。人们在思考自我动时间句式和空间句式时，观察者与时间点或物体之间只有一种空间关系。而在时间动或物体动的句式中，观察者与时间点或物体之间有三种空间关系，人们在对这种句式做判断时反应时慢，这是因为要花费更多的精力。

第三节 总讨论

一 映射的单向性

从本质上说隐喻不是语言现象，而是认知工具，隐喻由源域和目标域构成，就内在结构而言，隐喻是一种跨域映射，这种映射是单向的，是从源域向目标域映射，而不是相反，这种映射也不是随意的，而是植根于我们的身体构造、日常生活经验和知识，并且受制于恒定原则，大多数的常规隐喻里抽象认知域是通过具体认知域表述的，比如，我们用空间表述时间，用食物表述思想。我们的实验结果也支持这个观点。我们的实验验证的是“时间是空间”这个隐喻的心理现实性。在这个隐喻中空间是源域，时间是目标域，隐喻映射的方向是从空间投向时间，而不是从时间域向空间域投射。

我们的实验结果也确实如此。在实验一中我们以空间问题为引导任务，以时空隐喻句为目标任务，发现空间加工任务能够影响人们对时间的认知，即时空隐喻句中存在从空间域向时间域的映射。但是当实验二将实验程序颠倒过来，使用时空隐喻句作为引导任务，空间图片作为目标任务，结果没有发现时间加工任务对空间加工任务有引导作用。从两个实验结果中我们可以得出结论，映射具有单向性。因为源域是具体的概念，而目标域是抽象、模糊的概念，源域的概念比目标域更丰富，目标域的结构、内容较为简单，不足以建构源域的概念。

有人从语用的角度来解释映射的方向性，认为人们可以根据旅行表达爱，如：“爱是旅行”，人们不用爱表达旅行，是因为“和旅行相比，人们更希望谈论爱”（Murphy 1996）。尽管这种分析对于“爱”和“旅行”这两个认知域来说是合适的，但是，用在“思想是食物”这一概念隐喻中是行不通的，因为家庭主妇们显然都更愿意讨论食物，而不是思想。在时空隐喻中也是，没有人能肯定地说人们更愿意谈论时间，而不是空间。

二　隐喻的意象性

关于隐喻意象性的最强有力的证据来自于尼采和维柯。尼采（Nietzsche, F 1979）在《哲学和真理》一书中发表了自己的看法，他认为语言包含两个隐喻，一个是从外界刺激转化为意象，另一个是从意象转化为声音符号。语言最初是充满意象的隐喻，只是意象内容随着语言的发展而慢慢固定下来。他说:“当我们说树、颜色、雪和花时，我们自以为知道有关事物本身的某些事情，而实际上我们所拥有的只是关于事物的隐喻——与原始实体相去十万八千里的隐喻。”他认为，人类的认知过程就是对充满意象的语言进行加工的过程。

在我们的实验中也证明了此观点。时空隐喻虽然已经是人们普遍接受的表达方式，但是空间加工任务仍然会影响人们对时间认知任务的加工。时空隐喻中仍然存在从空间域向时间域的映射过程，但是空间并不是思考时间的必需条件。空间意象图式已经储存为抽象的命题形式。

第四节　小结

一　结论

本研究通过两个实验得出以下结论:

（1）空间图式能够影响人们的时间认知加工，说明时间概念和空间概念的确存在概念上的相似性;

（2）人们会借助空间图式思考时间，而不会借助时间来思考空间;

（3）人们虽然会借助空间图式思考时间，但是这种作用并不是必需的。

二　本研究的不足

（1）实验中为了控制实验误差，统一了目标句的句式，并且控制了每个句子中时间点的距离，这样会造成实验语料较为单一，虽然适合于实验，但是可能会影响实验结果的生态效度。

（2）实验的因变量是反应时，这是一种非常灵敏的指标。实验中是通过被试敲击键盘记录反应时的，由于计算机键盘的差异，不可避免地会造成实验结果的误差。

三　今后研究展望

（1）“时间是空间”这个隐喻被证实在多种语言中存在，在汉语研究领域，游顺钊、於宁、戴浩一等海外学者对时空隐喻的多种系统做了探讨，但是都不能完全解释汉语的时空隐喻系统。吴念阳（2008）、徐凝婷等（2008）总结前人研究结果，划分出五种时空隐喻系统，包括两种运动方式——自我动和时间动；两种运动方向——水平方向和垂直运动方向。

国内外的研究都集中在水平运动方向，但是对垂直运动方向的隐喻研究甚少。Boroditsky（2001）的研究发现，汉语使用者和英语使用者对时间的意象图式不同，英语使用者倾向于将时间认知为水平方向的，而汉语使用者倾向于将时间认知为垂直方向的，即使是从儿童时期熟练使用英语的华裔，也倾向于将时间认知为垂直方向的。在这方面汉语的研究尚不多见。此外，据笔者掌握的文献来看，还未发现对第五种时空隐喻系统——时间是有界的空间的实证研究。

（2）本文研究结果是成人的时间概念会受空间影响，但是空间影响时间的必要条件是：已经具备了时间概念。那么对于时间概念正在形成的儿童来说，时间和空间的关系又是如何呢？在今后研究中，可以进一步探讨儿童时空隐喻的发展。

（3）总结前人的研究，笔者发现，几乎所有的研究者都使用“再映射假说”，通过不同实验条件下反应时的差别来判断空间和时间的映射关系，方法较为单一。期待今后的实证研究能够拓展新颖、精准的研究方法。

附件 1　实验一测试材料

（1）

香烟在圆规前面。

手套在茄子后面。

同一年里，10 月在 11 月前面到来。

（2）

箱子在花盆前面。

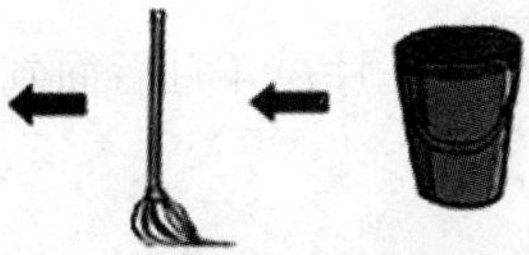

拖把在水桶前面。

同一年里，2 月在 3 月前面到来。

（3）

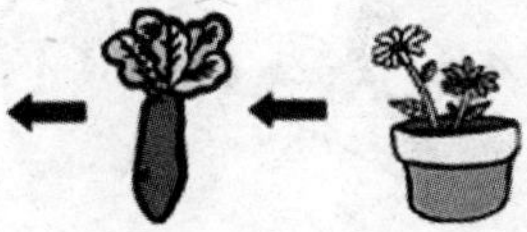

花盆在萝卜后面。

酒瓶在狗的后面。

同一年里，8 月在 7 月前面到来。

（4）

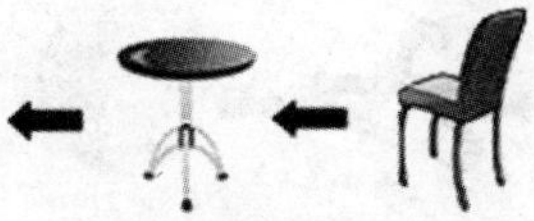

桌子在椅子后面。

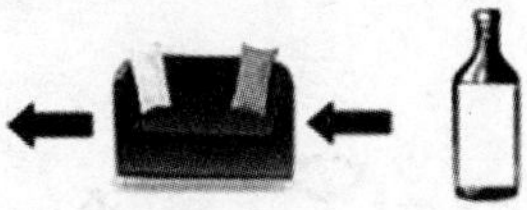

沙发在酒瓶前面。

同一年里，4 月在 3 月前面到来。

（5）

书架在水桶前面。

蛋糕在帽子后面。

同一年里，5 月在 4 月后面到来。

（6）

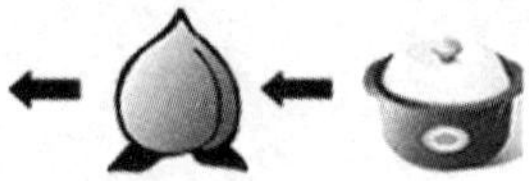

桃子在锅后面。

圆规在茶前面。

同一年里，7 月在 6 月后面到来。

（7）

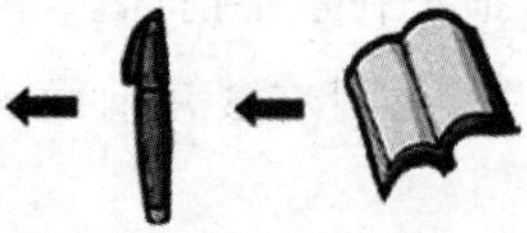

书本在钢笔后面。

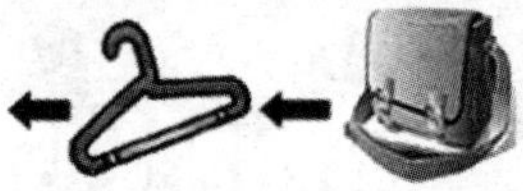

书包在衣架前面。

同一年里，1 月在 2 月后面到来。

（8）

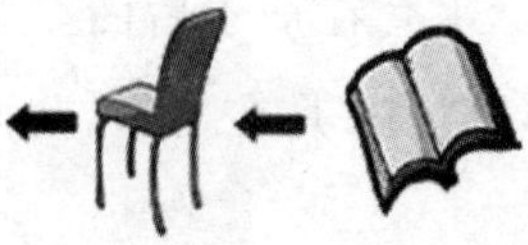

书本在椅子前面。

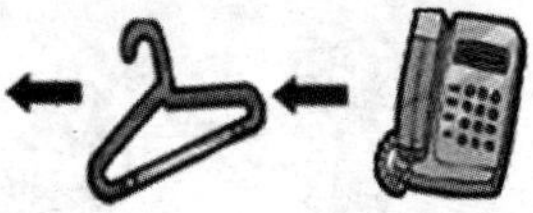

电话在衣架后面。

同一年里，9 月在 10 月后面到来。

（9）

苹果在我前面。

（10）

葡萄在我后面。

眼镜在我后面。

现在是 2 月，3 月就在眼前。

苹果在我前面。

现在是 5 月，6 月就在眼前。

（11）

香蕉在我后面。

水壶在我前面。

现在是 9 月，10 月就在眼前。

（12）

萝卜在我后面。

梨子在我前面。

现在是 11 月，12 月就在眼前。

（13）

篮子在我前面。

（14）

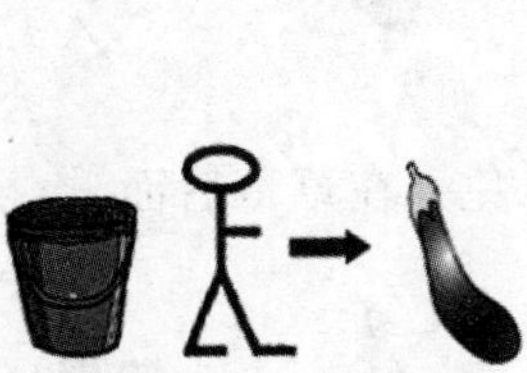

水桶在我前面。

南瓜在我后面。

现在是8月，7月就在眼前。

台灯在我后面。

现在是4月，3月就在眼前。

（15）

苹果在我前面。

钢笔在我后面。

现在是5月，4月就在眼前。

（16）

菠萝在我前面。

箱子在我后面。

现在是7月，6月就在眼前。

（17）

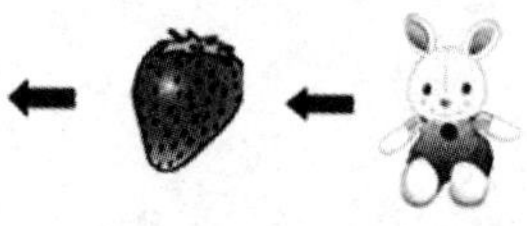

兔子在草莓后面。

梳子在酒瓶前面。

现在是2月，3月就在眼前。

（18）

书本在花朵后面。

眼镜在盒子前面。

现在是5月，6月就在眼前。

（19）

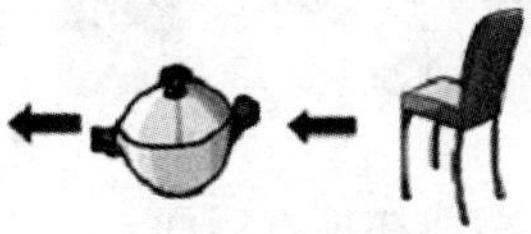

椅子在锅的前面。

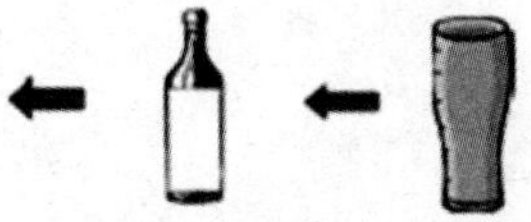

水杯在酒瓶后面。

现在是 9 月，10 月就在眼前。

（20）

草莓在葡萄前面。

锅在篮子后面。

现在是 11 月，12 月就在眼前。

（21）

扫帚在拖把前面。

花盆在帽子后面。

现在是 8 月，7 月就在眼前。

（22）

桃子在香蕉后面。

篮子在花盆前面。

现在是 4 月，3 月就在眼前。

（23）

箱子在椅子前面。

（24）

盒子在香蕉前面。

书本在钢笔后面。

现在是 5 月，4 月就在眼前。

书架在拖把后面。

现在是 7 月，6 月就在眼前。

（25）

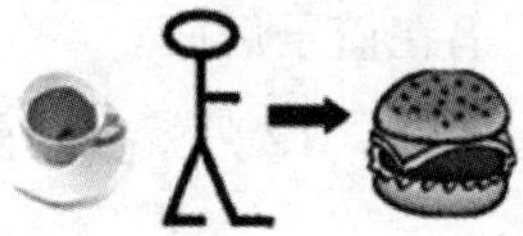

茶在我前面。

剪刀在我后面。

同一年里,10月在11月前面到来。

（26）

花朵在我后面。

衣架在我前面。

同一年里，2 月在 3 月前面到来。

（27）

书本在我后面。

（28）

椅子在我前面。

桌子在我前面。

同一年里，8月在7月前面到来。

梳子在我后面。

同一年里，4月在3月前面到来。

（29）

草莓在我前面。

台灯在我后面。

同一年里，5月在4月后面到来。

（30）

书架在我后面。

汉堡在我前面。

同一年里，7月在6月后面到来。

（31）

水壶在我前面。

（32）

灯笼在我前面。

纸盒在我后面。

同一年里，1月在2月后面到来。

橘子在我后面。

同一年里，9月在10月后面到来。

附件2　实验二测试材料

（1）

同一年里，3月在4月的前面到来。

同一周里，周二在周一的后面到来。

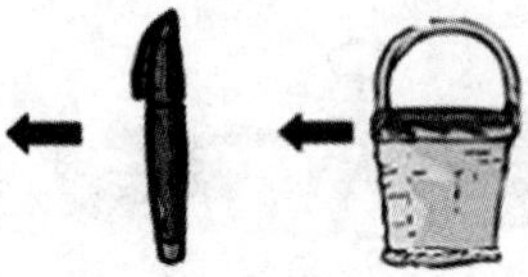

钢笔在篮子前面。

（2）

同一周里，周四在周三的前面到来。

同一年里，5月在4月的后面到来。

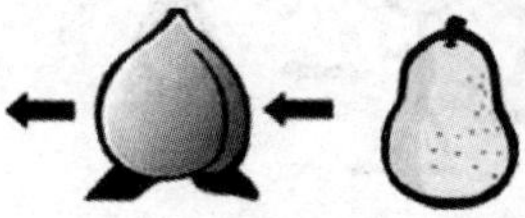

桃子在梨子前面。

（3）

同一周里，周六在周日的后面到来。

同一年里，6月在5月的前面到来。

纸盒在苹果前面。

（4）

同一年里，7月在8月的后面到来。

同一周里，周三在周四的前面到来。

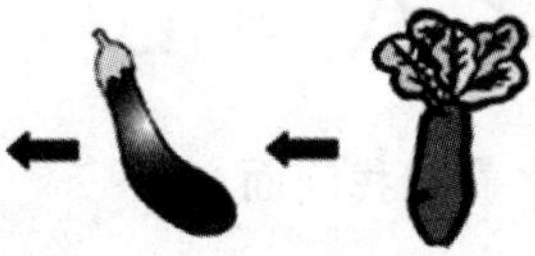

萝卜在茄子前面。

（5）

同一周里，周六在周五的前面到来。

同一年里，10月在11月的后面到来。

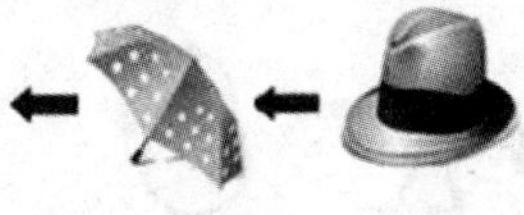

雨伞在帽子前面。

（6）

同一周里，周一在周二的前面到来。

同一年里，11月在10月的前面到来。

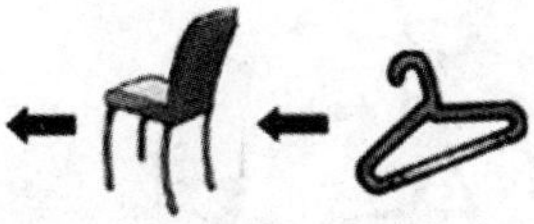

椅子在衣架前面。

（7）

同一年里，7月在8月的前面到来。

同一周里，周六在周五的后面到来。

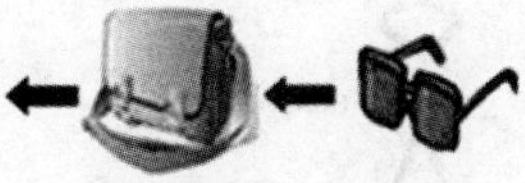

书包在眼镜后面。

（8）

同一周里，周三在周二的后面到来。

同一年里，11月在10月的前面到来。

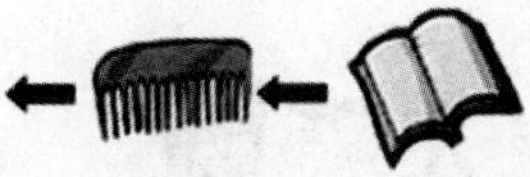

梳子在书本后面。

（9）

现在是4月，5月就在眼前。

现在是周六，周五就在眼前。

香蕉在我前面。

（10）

现在是6月，7月就在眼前。

现在是周一，周二就在眼前。

酒瓶在我前面。

（11）

现在是 7 月，8 月就在眼前。

现在是周日，周六就在眼前。

水壶在我后面。

（12）

现在是 11 月，12 月就在眼前。

现在是周四，周三就在眼前。

帽子在我后面。

（13）

现在是 2 月，1 月就在眼前。

现在是周四，周五就在眼前。

水桶在我后面。

（14）

现在是 6 月，5 月就在眼前。

现在是周二，周三就在眼前。

眼镜在我前面。

（15）

现在是 9 月，8 月就在眼前。

现在是周五，周六就在眼前。

电话在我后面。

（16）

现在是 12 月，1 月就在眼前。

现在是周三，周二就在眼前。

橘子在我前面。

（17）

同一年里，1月在2月的前面到来。

同一周里，周二在周一的前面到来。

香蕉在我前面。

（18）

同一周里，周四在周三的后面到来。

同一年里，6月在5月的后面到来。

酒瓶在我前面。

（19）

同一年里，8月在9月的前面到来。

同一周里，周日在周六的后面到来。

水壶在我后面。

（20）

同一周里，周二在周三的前面到来。

同一年里，3月在2月的后面到来。

帽子在我后面。

（21）

同一年里，4月在5月的后面到来。

同一周里，周五在周四的前面到来。

水桶在我后面。

（22）

同一年里，7月在6月的前面到来。

同一周里，周二在周三的后面来。

眼镜在我前面。

（23）

同一年里，9月在10月的后面到来。
同一周里，周五在周六的前面到来。

电话在我后面。

（24）

同一年里，12月在11月的前面到来。
同一周里，周五在周六的后面到来。

橘子在我前面。

（25）

现在是1月，2月就在眼前。
现在是周二，周一就在眼前。

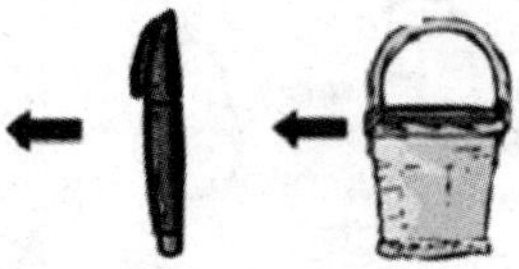

钢笔在篮子前面。

（26）

现在是3月，4月就在眼前。
现在是周一，周日就在眼前。

桃子在梨子前面。

（27）

现在是6月，7月就在眼前。
现在是周五，周四就在眼前。

纸盒在苹果前面。

（28）

现在是8月，9月就在眼前。
现在是周三，周二就在眼前。

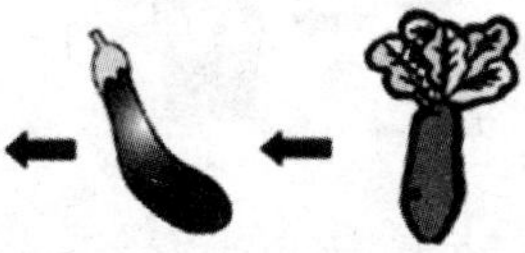

萝卜在茄子前面。

（29）

现在是 3 月，2 月就在眼前。
现在是周五，周六就在眼前。

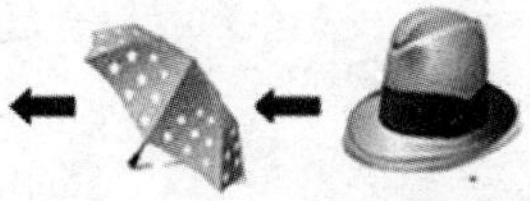

帽子在雨伞后面。

（30）

现在是 11 月，10 月就在眼前。
现在是周三，周四就在眼前。

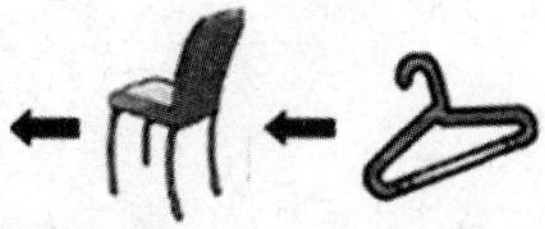

衣架在椅子后面。

（31）

现在是 6 月，5 月就在眼前。
现在是周三，周四就在眼前。

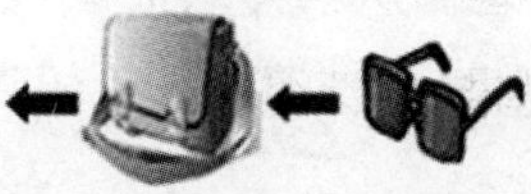

书包在眼镜后面。

（32）

现在是 10 月，9 月就在眼前。
现在是周二，周三就在眼前。

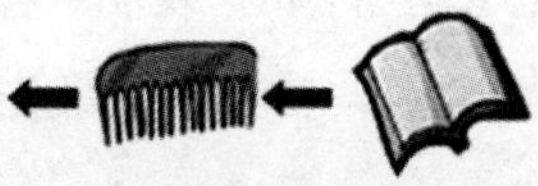

梳子在书本后面。

第二章

方位隐喻

第一节　空间隐喻的内涵

一　空间概念是最基本的概念

儿童心理学的研究表明：个体思维的发展遵循从具体到抽象、从个别到一般的原则，个体总是最先理解和掌握那些与自身经验有关的具体、形象的概念。

空间经验是个体成长过程中较早获得的基本经验，因此空间概念便是儿童首先产生并最为熟悉的概念。人无时无刻不身处于一定的空间，首先能够对空间进行感知，进而形成与具体的、个别的事物（如太阳、山川、人体等）直接联系的、模糊的方位经验；然后通过对这些经验的初步分类概括并内化，形成空间方位意象，在此基础上，经过不断的抽象思维，获得空间的概念，空间认知的经验、意象或观念通过语言表达出来，形成上—下、前—后、内—外、深—浅、中心—边缘等空间方位词，它们是人按最基本方式生成的概念。

在对空间关系认知的基础上，我们获得意象图式，并通过意象图式映射构建抽象概念。可以说，空间组织在人类的认知中占据着中心地位，空间概念对于人类所有概念的形成都起着至关重要的作用。

空间概念是许多抽象概念的始源域，是人类认识世界、进行思维的基础。Lakoff 等人认为，在所有隐喻中，空间隐喻对人类的概念形成具有特别重要的意义（Lakoff & Turner 1989），它对于我们的概念形成过程和范畴化过程是不可或缺的。

二　意象图式

意象图式（image schemes）最早由 Johnson（1987）在《心中之身》（*The Body in the Mind*）中提出。他把意象图式描述为“在人们与外界交互作用的过程中，反复出现的、赋予我们经验一致性结构的动态性模式”。随后，Lakoff（1987）也对意象图式做了相似的陈述，将意象图式定义为“相对简单的、在我们的日常身体体验中反复出现的结构，如容器、路径、连接、动力、平衡，或某种空间方位或关系：上—下、前—后、部分—整体、中心—边缘”。作为空间隐喻的心理基础，意象图式是“空间关系和空间位移的动态类比表征”（dynamic analog representation）。

意象图式有很多种，其中得到关注最多的是上—下意象图式。

蓝纯（2005）总结出六种上—下意象图式：

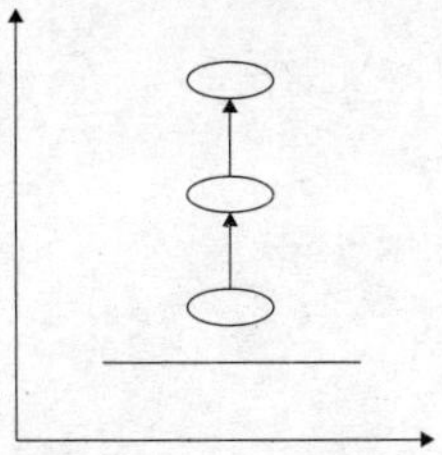

图 2-1　动态的上

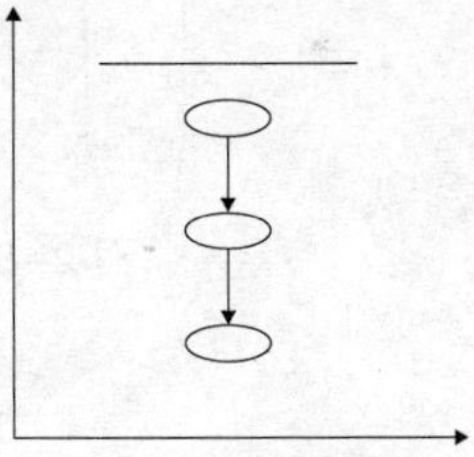

图 2-2　动态的下

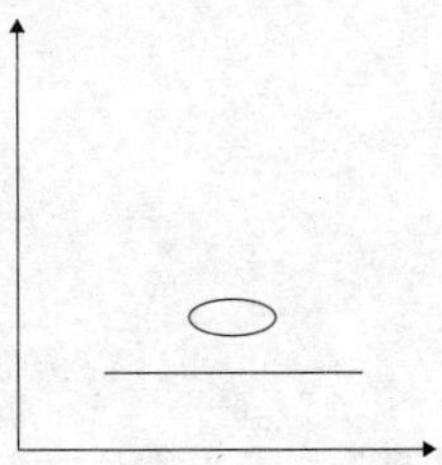

图 2-3　静态的上

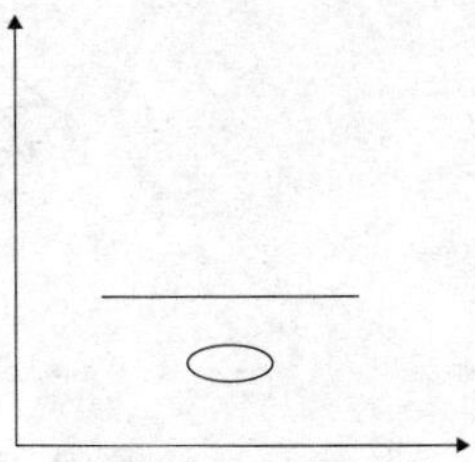

图 2-4　静态的下

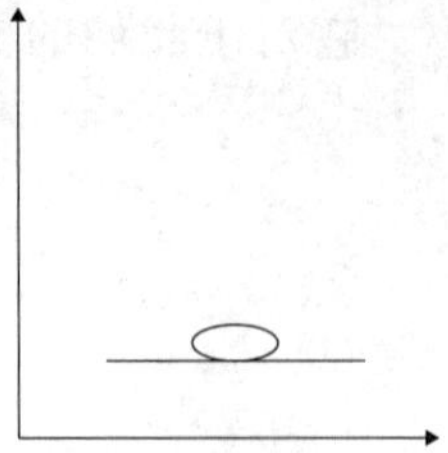

图 2-5　静态接触的上

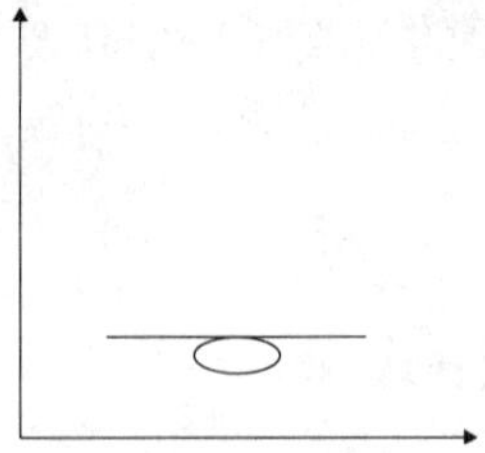

图 2-6　静态接触的下

吴念阳（2008）总结出四种泛方向的上—下意象图式。用这几个意象图式可以解释现代汉语中表结合义时用“上”，表分离义时用“下”，表容器内时用“下”，表进入时用“下”。

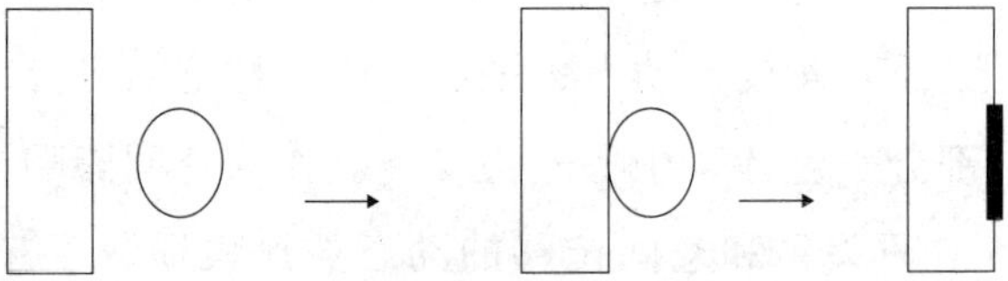

图 2-7　表结合义的“上”

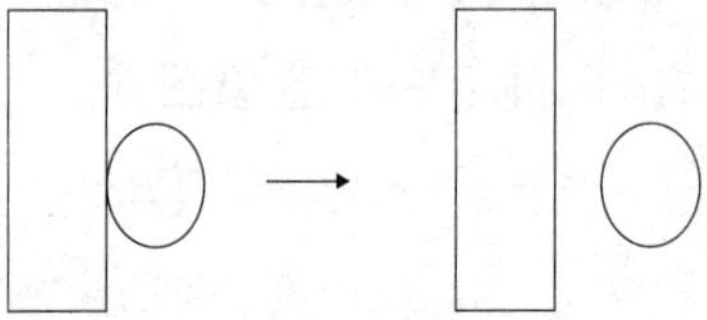

图 2-8　表分离义的“下”

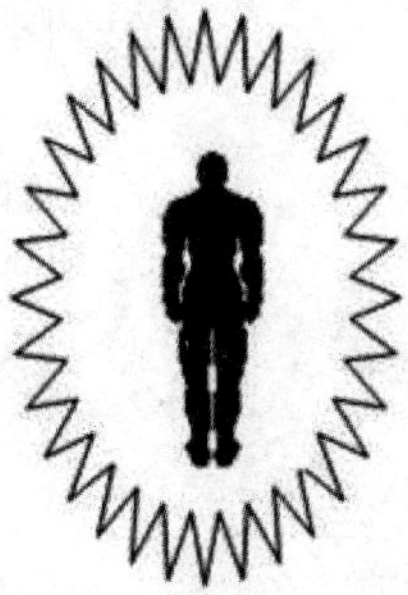

图 2-9　表容器内的“下”

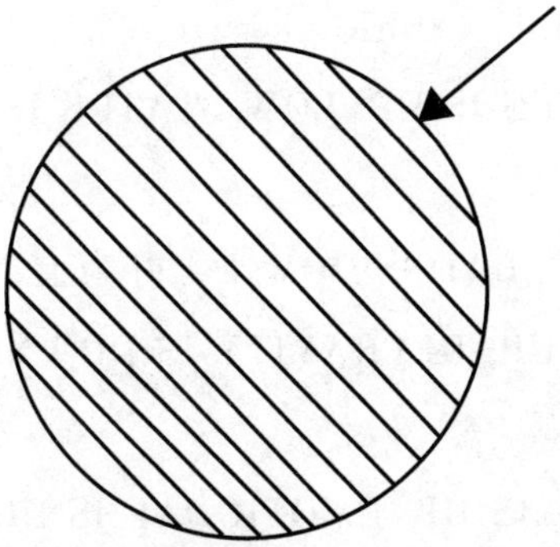

图 2-10　表进入的“下”

三　空间隐喻

空间隐喻（Spatial Metaphor）是以空间概念为始源域，向其他认知域或目标域进行映射进而获得引申和抽象意义的认知过程（Lakoff & Johnson 1980）。从空间域向非空间域映射而形成的抽象概念在日常语言中广泛表达出来，经过无数次的反复使用，其隐喻意义已经成为日常语言的固有意义了。

Lakoff 等人特别详细地总结了英语中由“上 / 下”这种最基本的空间关系引申出来的复杂抽象概念。英语中，在表达和理解时借助或部分借助于空间词汇“up”和“down”的抽象领域众多，列举如下：

（1）HAPPY IS UP; SAD IS DOWN.（快乐为上；悲伤为下。）

（2）CONSCIOUS IS UP; UNCONSCIOUS IS DOWN.（有知觉为上；无知觉为下。）

（3）HEALTH AND LIFE IS UP; SICKNESS AND DEATH IS DOWN.（健康和生命为上；生病和死亡为下。）

（4）HAVING CONTROL OR FORCE IS UP; BEING SUBJECT TO CONTROL OR FORCE IS DOWN.（有控制或有力量为上；被控制或力量弱为下。）

（5）MORE IS UP; LESS IS DOWN.（多为上；少为下。）

（6）FORESEEABLE FUTURE EVENTS ARE UP (and AHEAD).

（可预测的未来事件在上、在前。）

（7）HIGH STATUS IS UP; LOW STATUS IS DOWN.（位高为上；位低为下。）

（8）GOOD IS UP; BAD IS DOWN.（好为上；坏为下。）

（9）VIRTUE IS UP; DEPRAVITY IS DOWN.（有美德为上；道德败坏为下。）

（10）RATIONAL IS UP; EMOTIONAL IS DOWN.（理智为上；感情为下。）

吴念阳（2009）系统地研究了现代汉语方位词"上/下"的非空间义，总结出现代汉语的借助空间词汇表达的抽象域概念。

（1）"上"是动态，"下"是静态。

（2）"上"是社会地位高，"下"是社会地位低。

（3）"上"是好，"下"是劣。

（4）"上"是公开，"下"是隐蔽。

（5）"上"是量多，"下"是量少。

除了汉语和英语文化中存在上—下图式向上述各抽象领域的映射规律，Bickel（1997）在分析 Belhare 语的空间方位词时发现，这一模式也存在于喜马拉雅地区的藏缅文化中。他注意到，在该文化中空间关系以带 TU（上）的词汇来构建，广泛反映在从礼仪活动到建筑程序、从情感表达到梦的解析的各种文化现象中。比如，根据当地社区里的长者所述，每个家庭的炉膛都应该放置在屋子的 TU 方（即上方），因为炉膛被视为家庭礼仪活动的中心，是最纯洁、最受保护的地方。对于一些梦境的解释也是如此：如果你梦见自己掉了一颗牙齿，意味着你的家族中有个人将要死去；如果你梦见自己掉的是一颗上牙，意味着有个比你年长的人要死了；如果是一颗下牙，意味着有个比你年轻的人要死了。

四　空间隐喻水平随年龄发展

吴念阳（2009）对 130 万字的中小学学生随堂作文中的"上/下"

各义项的出现时间和频率进行了统计和归类分析，考察儿童对空间词汇隐喻义的认知发展。她发现“上/下”的“时间”、“工作/休息”是较早出现的义域，而“公开性”、“社会地位”和“数量”等义域是较晚出现的；此外，在频率上，“时间”、“工作/休息”频率较高，而“主观评价”、“公开性”、“社会等级”和“数量”义域使用频率偏低。总体而言，随着年龄的增长和认知能力的提高，儿童对于空间词汇的使用日趋丰富和复杂化，不再停留在本义运用层面，而是渐渐出现了空间词汇隐喻义的运用。而且儿童“上/下”各义项的习得年龄及使用频率与各义域的抽象程度存在某种程度的相关。这些结果反映儿童的空间上下方位概念是一个逐步向其他抽象概念域映射的过程，说明了认知能力的深化与词义范畴扩展的关系，也从认知发展的角度印证了上—下意象图式作为概念基础的性质。

第二节　上—下方位隐喻的心理实证研究

为回答隐喻是语言层次的还是认知加工层次的心理过程，西方心理学家们做了大量的心理实验研究。

Meier & Robinson（2004）采用空间 Stroop 范式，同时呈现两个因素（词汇属性和方位）的复合刺激，试图证明对词汇的主观评价隐含上下方位信息。

在这个研究中，积极和消极词汇随机分配到电脑屏幕的顶部或底部，被试的任务是尽可能快地评价词汇的属性（积极/消极）。因为词汇被随机分配到屏幕的顶部或底部，因此空间位置对词汇的属性而言是一个不相关的线索。可是，如果词汇属性和垂直位置间存在的联系是固有的，那么当积极词出现在高的垂直位置是会比出现在低的位置反应时快，反之亦然。

实验结果表明，当积极词在屏幕顶部时比在底部的反应时快，消极词在屏幕底部时比在顶部的反应时快。

Meier & Robinson（2006）还采用了连续启动范式（a continuous

priming paradigm/a sequential priming paradigm)，进行了另外两个实验。

实验一首先让被试评价呈现在电脑屏幕中心的词汇的属性，然后让被试对屏幕上方或下方位置上出现的目标（字母 p 或 q）进行辨别。当被试做完积极评价后，他们对上方位置的目标辨别快于下方位置。相反，当被试做完消极评价后，则是对下方位置的目标辨别快于上方位置。这个结果说明，做出了积极或消极的评价后，将激活相应的视觉空间范围。在未呈现复合刺激的情况下产生激活效应，这对于空间隐喻的心理现实性是相当有力的证据。

实验二则检验了词汇属性和空间位置联系的不对称性，其操作与前述实验正好相反。电脑屏幕上先呈现一个空间启动（＋＋＋），被试口头报告该启动符号是“up”还是“down”。之后屏幕中间呈现一个单词，要求被试做出积极 / 消极评价。Meier 和 Robinson 认为，空间启动应该既不会有利于、也不会干扰对目标词汇的评价。结果表明，虽然被试评价积极词比评价消极词快，上方空间启动条件下的词汇评价比下方空间启动条件下的反应时快，但的确没有产生如前一个实验中的交互效应，即对积极词的评价并未因上、下空间启动的不同而不同，同样对消极词的评价也未在两种启动条件下发现差异。

从上述实验可以看到，对词汇属性的评价可以激活空间信息，但反过来，对空间信息的加工并未影响词汇评价。Meier 和 Robinson 认为这表明词汇属性和空间位置的联系是不对称的，符合 Lakoff & Johnson（1999）的论点：知觉—概念的联系是不对称的。概念性思维建立在感觉经验的基础上，但感觉经验并不建立在概念性思维的基础上。

Richardson，Spivey，Barsalou & McRae（2003）在动词实验中开发了一种实验范式，要求被试对一系列具体和抽象动词（如“推、举、尊敬”等）与斜线做配对，借此确定动词具有水平性或垂直性。通过对动词的即时（online）和非即时（offline）加工来考察的意象图式，发现对动词的理解也存在垂直或水平的空间表征，表明空间的意象图式对动词的理解也起了作用。

Schubert（2005）以此方法为基础，研究了人们对英语 power（力量；

权力）概念认知的垂直空间感知基础，研究结果证明："powerful"（有力量的）被隐喻化为空间方位"上"，"powerless"（相对无力量的）被隐喻化为空间方位"下"。

Meier，Sellbom & Wygant（2007）选择了5个具有道德含义的词汇（caring, charity，nurture，truthful，trustworthy）和5个具有不道德含义的词汇（adultery, corrupt，dishonest，evil，molest），实施内隐联想测验（IAT），发现道德词汇与上下空间词汇在人们的内隐记忆中存在联结关系，即"道德在上；不道德在下"。

Meier，Hauser，Robinson，Friesen & Schjeldahl（2007）的研究验证了宗教神魔概念也与空间垂直维度感知相互影响。无论在基督教还是其他宗教，一直用垂直的空间隐喻来描述神。例如，上帝被认为是"最高的"或者是居住在地球之上的高高的"天堂"。与高相反的垂直位置（例如下或低）也在隐喻中用来描述魔鬼。一方面，基于信仰的精神信念是完全独立于感知世界的；但是另一方面，上帝和魔鬼不能直接被感知，只能通过知觉性的隐喻来构成该领域的概念。因此探讨宗教神魔概念表征的垂直空间性是个很有意思的主题。

Meier 等人用多个实验探究了在涉及上帝和魔鬼的情境中，空间垂直维度起作用的程度。实验分别采用了内隐联想测验（IAT）、空间Stroop、再认测验等实验范式，以及词和图片等实验材料，试图从多个角度来验证其假设。结果表明：在人们的心理表征上，"上帝"和"上"联系在一起，"魔鬼"和"下"联系在一起。

Langston（2002）通过文本阅读的反应时实验考察"多为上；少为下"这样一个方位隐喻，认为读者阅读违反此类方位隐喻文本的反应时会减慢。实验要求被试阅读16段文本，内容为两事物上下位置排列的简单情境。每段文本有2句话。第1句用most或least描述要放置的事物一，第2句描述要将事物二放置在与事物一形成under或over关系的位置。所有文本可分为符合或不符合上—下意象图式两种情况。在阅读每段文本之后，还对被试进行理解测验。结果表明，当文本描述的情境与"多为上；少为下"空间图式一致的情况下，被试对文本的阅读明显快于对不一致文本的阅读，理解也更准确，表现出上—下意象图式的映射现象。

不难看出，上述文献资料为英语空间隐喻的心理现实性提供了丰富有力的实验证据，本篇用认知心理学的研究手段对现代汉语的空间隐喻心理过程进行了实验研究，试图论证：在即时认知加工中，人们的抽象概念加工具有垂直方位属性。

附：本章实验部分

实验报告一　上—下意象图式影响垂直性空间隐喻表达式理解的实验研究

第一节　总述

一　问题的提出

从我们对汉语及英语材料的实验结果分析对比可以发现，上—下空间概念向各抽象目标域的映射有一个共同的特征：较为理想的、符合社会及人们利益的为上，不太理想、违背社会及人们利益的则为下。即“上”被映射到其他经验的积极领域，“下”被映射到其他消极领域，使这些经验具有了上—下结构。

虽然汉英语言记录分析得出的结论是汉语与英语在借助上—下意象图式表达抽象概念上存在相似的映射规律，但目前尚缺乏对汉语垂直性空间隐喻意象图式映射的心理现实性的考察，众多结论仍建立在内省和思辨的基础上，而且这些表达最初都是在种族语言形成的过程中形成的，对后代而言只是习得这样一些概念和词汇，那么上—下意象图式及其映射规律仅仅是一种词汇水平上的表达，还是作为一种思维和认知方式存在于我们的概念系统，使我们必然要以思考空间的方式去思考这些抽象概念？国内外对这方面的实验研究还很欠缺。本研究将在过往研究的基础上试图证明上—下意象图式在某些抽象概念理解中的作用。具体来说，通过语言记录分析出来的我们日常语言中借用上—下空间词进行表达的数量、社会等级、时间和状态等抽象概念是仅仅在语言上借用了空间词汇，还是概念的形成和理解上也同时借助了空间推理和空间经验？

二　研究范式

近年来部分心理学家着力于借助空间隐喻中前—后意象图式映射来建构时间概念的心理现实性的研究。心理学家们（Gentner & Imai 1992；Gentner 2001；Gentner，Imai & Borodisky 2002；Boroditsky & Ramscar 2002；McGlone & Harding 1998；周榕 2001；刘丽虹、张积家等 2005）对空间到时间的映射系统的存在进行了验证。其实验手段是考察在实验室条件下（通过计算机测量反应时），或借助于图片、词语、真实空间场景（排队买午餐、乘飞机、乘火车），甚至虚拟运动（fictive motion）如 The road runs along the coast （Matlock 2004；Matlock et al.，2003、2005）而形成的空间表征对随后出现的时间先后顺序的影响，空间表征与时间表达分为一致的映射和不一致的映射两种组合。这种研究方法来自 Gentner & Boronat（1992）设计的混合映射范式（mixed mapping paradigm）。本研究也将借用该范式。其理论基础是混合隐喻的加工时间显著长于一致性隐喻，混合隐喻是背景句与目标句的隐喻系统不一致，因而其加工时间长于一致性隐喻，使被试的阅读速度减慢。其方法是建立一个隐喻性映射，然后根据被试在相同隐喻系统和不同隐喻系统下加工句子的反应时差异来进行说明，如果被试使用系统域映射的方法加工句子，在遇到不一致的隐喻系统时加工就会慢一些。Gentner 将这种现象称为“隐喻一致性效应”（metaphor consistency effect）并将其作为概念隐喻存在的证据。具体说来如果以隐喻为基础的图式所提供的结构能够通过映射来帮助人们组织抽象概念，那么它们对于这些概念的理解会产生影响；如果概念系统中的确存在这些认知结构（隐喻性映射），在阅读和理解过程中它们就会被激活从而参与对这些概念的理解。

三　实验假设

意象图式映射随思维发展而产生和发展，因此本次研究选取了思维发展处于不同阶段的被试，一是为了考察上—下意象图式在思维发展的哪个阶段会存在于概念系统中，同时如果各个阶段儿童的实验过程均表现出隐喻一致性效应，也表明垂直性空间隐喻作为一种思维方式是认知和理解抽象概念所必需的。

考虑到被试的阅读能力，整个研究分为两个实验。实验一的反应时实验中，我们将给被试一个方位线索，预期能激发被试的上—下图式，从而建立起一个和该图式一致的心理模型。如果目标句和图式一致，理解就会很顺畅；如果不一致，被试就需要建立新的结构，理解就会受阻，那么被试阅读与上—下图式一致的句子就会比阅读与上—下图式不一致的句子反应时短，垂直性空间隐喻的“隐喻一致性效应”就可以得到证实。这样我们就可通过考察垂直性空间隐喻的上—下图式映射在阅读理解中的作用来间接证明从上—下图式映射到各抽象领域的心理现实性。

实验二是行为实验，模拟生活情境，如果被试存在意象图式映射，他们会将积极属性物品摆在上方，消极属性物品摆在下方。

四　实验设计

实验一是借助于文字表达进行的反应时实验。被试为 8—10 岁的小学三年级学生（具体形象思维向抽象思维过渡的阶段）、13—14 岁的初中一年级学生（抽象思维发展阶段）和 14—16 岁（进入辩证思维阶段）思维水平接近成人的高中一年级学生。在实验中引入上 / 下方位线索并进行成对物品属性的比较后，给出一个描述物体上 / 下摆放位置的描述句，然后是针对该句内容的表述，要求被试判断是否与描述句的表达一致。描述反应时、判断句的判断反应时和判断结果为考察对象。

实验二则通过模拟真实生活情境来进行。被试为 4—6 岁的学前期儿童（感知动作思维阶段），让被试进行两个成对物品的上 / 下位置摆放，并陈述摆放理由。

第二节 实验一 含上/下方位的陈述句的反应时实验

一 实验被试

本研究在上海市抽取普通小学三年级、初中一年级、高中一年级共计 168 名学生。为平衡句式，分 4 个程序进行实验（下文有详细描述），删除数据明显异常以及正确率低于 75% 的被试数据，有效被试 141 人，其中，小学三年级 40 人，初中一年级 38 人，高中一年级 63 人。

二 实验工具及材料

三个年级被试都在电脑上完成实验。实验材料涉及数量、社会地位、时间和状态 4 个抽象领域，具体说来，涵盖了使用频率、流行程度、可爱程度、畅销度、内容丰富性、珍贵程度、强烈程度、重要性、鲜艳程度、可口性、时间早晚、紧迫性、荣誉大小、地位高低等 14 个方面。每道题有 4 个句子，其中第 1 句为背景句，介绍段落情境；第 2 句为物体摆放的上下位置介绍，积极属性物体先放和后放的顺序各 4 道，消极属性物体先放和后放的顺序也是各 4 道。第 1 句和第 2 句的目的在于给被试设定一个空间表征，如果长时记忆中的确存在上—下图式，那么我们预期它将被激活；第 3 句为同时包括物品属性对比和上下摆放位置的描述句，内容涉及两个物品在抽象属性上的比较以及两个物体的上下摆放位置；第 4 句为判断句，表述方式为“X 在 Y 的上面”或“X 在 Y 的下面”，要求被试根据第 3 句的内容判断该表述是否正确。根据我们考察的内容，实验材料中提到的物体摆放情况分为 4 种，这 4 种摆放情况中，先摆放积极属性物品和先摆放消极属性物品各 2 次，物体摆放位置符合上—下图式与不符合上—下图式各 2 次。下面用实验中出现的一个段落作为例子，具体说明物体摆放及其与上—下图式一致性的情况：

表 2-1　实验一测试材料样例

	例　句
一致，积极	她先放盐因为用盐的频率更高。 妈妈认为糖比盐的使用频率低，因此她把糖放在盐的下面。
一致，消极	她先放糖因为用糖的频率更低。 妈妈认为盐比糖的使用频率高，因此她把盐放在糖的上面。
不一致，积极	她先放盐因为用盐的频率更高。 妈妈认为糖比盐的使用频率低，因此她把糖放在盐的上面。
不一致，消极	她先放糖因为用糖的频率更低。 妈妈认为盐比糖的使用频率高，因此她把盐放在糖的下面。

背景句：妈妈正在将调味品按照使用频率放到食品架上。

测试材料由 16 道题组成，每道题都有上述 4 种排列，因此共 48 个句子，将它们拆成 4 个在形式上完全一样的程序，每个程序里都包括这 16 道题，编制 4 个程序的目的只是为了平衡句式，控制各种无关变量，程序间无本质差异。16 个描述句的字数长短无显著差异（M_{min}=26，M_{max}=34，χ^2=4.23，$P > 0.05$），16 个判断句的字数长短也无显著差异（M_{min} =6，M_{max} =13，χ^2=5.92，$P > 0.05$），字数的差异主要来自物品名称的长短，因为理解和记忆的加工方式是以组块进行的，所以我们认为不会对反应时造成影响。每个程序中答案为“正确”和“错误”的各 8 道，4 种排列情况的句式各 4 道。我们假设被试对各段落中出现的物品并无偏好，并同时考虑到汉语句子理解的心理表征项目互换效应（item exchanging）（张金桥 2004），因此每个程序中的判断句为“X（消极属性物品）在 Y（积极属性物品）的上面”、“X（消极属性物品）在 Y（积极属性物品）的下面”、“Y（积极属性物品）在 X（消极属性物品）的上面”和“Y（积极属性物品）在 X（消极属性物品）的下面”各 4 句。以上各描述句和判断句中涉及的顺序因素在 4 个程序中出现的情况完全一致，各题都以随机方式呈现。

三 实验程序

实验在各学校机房内进行。在测试前，确保每台计算机都能正常运行。被试视力（或矫正视力）正常。班主任向被试宣布测试纪律：要求独立地、不间断地完成测验（并提出完成情况好的学生计算机成绩加5分）。

接着，经过培训的主试引导被试统一进入测试系统，依照程序的设定，依次键入自己的姓名、学号、年龄、性别，然后按空格键进入下一页面，开始阅读指导语。

实验一指导语：

这是一个理解上下方位的测试。请先阅读屏幕上出现的短文，再根据段落回答问题。每篇段落有三个句子，屏幕上每次只显示一个句子，读完一句后，按空格键阅读下一个句子。

每篇短文结束后，会出现一句话，描述刚才短文中所提到的物体的摆放位置，请根据短文内容判断该描述是否正确。

如果判断为正确，按“F”键；判断为错误，按“J”键。请仔细而迅速地阅读每一个句子，然后又快又准确地做出判断反应。

在正式测试前是一个练习，练习成绩不计入结果。

为了使被试明确实验过程并尽量减少实验误差，我们进一步强调了实验步骤的重点：（1）完整阅读短文中每一个句子；（2）又快又准地做出判断；（3）判断为正确，按“F”键；判断为错误，按“J”键。

在填写完个人信息后，主试指导被试将右手食指放在键盘上的字母键“J”键上，左手食指放在“F”键上，两只手的大拇指放在空格键上。题目的呈现方式为：句子呈现在屏幕正中，每次呈现一个句子，当被试阅读完一句后，按空格键呈现下一个句子。每道题4个句子，第4句为判断句，要求被试根据第3句话的描述进行判断，如果和第3句话中对物体摆放上下位置的描述一致，按“F”键，不一致则按“J”键。

一道题目完成后，出现黑屏，被试按空格键进入下一道题。计算机自动记录下被试的阅读反应时（从第3句呈现在屏幕上到被试按下空格键之间的时间）、判断反应时（从问题呈现在屏幕上到被试按键做出判断之间的时间）以及判断结果（正确、错误）。实验中被试阅读每句话的进度由被试自行控制。

在实验正式开始之前，有3道格式与实验材料相同的题目，作为被试熟悉按键和实验过程的练习。在实验中会穿插4道与实验材料类似的题目，但不针对成对物体摆放的上下位置，而是针对两个物体的属性提问，其目的在于防止被试在做题过程中并不完整阅读句子，而只根据第3句的后半句进行判断。练习和干扰题的数据不计入结果。当被试完成整个实验，其个人信息和实验结果将自动生成文本文件并保存在计算机中。

在实验过程中不反馈结果，在被试结束所有测试退出程序后，可让他们了解自己的实验结果。

四　结果与分析

实验结果使用SPSS11.5统计软件包进行数据处理。阅读反应时和判断反应时在3个标准差以外的数据用该名被试在16道题的此项反应时平均数代替。各年级被试4个程序的结果进行合并。

（一）高一被试描述句阅读反应时比较

表2-2　与图式一致—不一致条件下描述句阅读反应时的比较

	阅读时间（ms）			*df*	*t*
	n	*M*	*SD*		
一致	63	354.52	150.96	62	–3.82***
不一致	63	400.79	162.63		

上面的数据表明，在阅读过程中出现了隐喻一致性效应，$t=-3.82$，$P<0.001$，两种条件下被试的阅读反应时有显著差异。学生阅读物体摆放位置与上—下图式一致的描述句快于与上—下图式不一致的描述句。

（二）高一被试判断反应时比较

表 2–3　与图式一致—不一致条件下判断反应时的比较

	判断时间（ms）			*df*	*t*
	n	*M*	*SD*		
一致	63	212.46	55.77	62	–3.02***
不一致	63	229.77	57.68		

从上面的数据可以看出，被试在判断句表达与图式一致—不一致情况下进行判断时的反应时间有显著差异，$t=-3.02$，$P<0.001$。与图式一致情况下进行的判断速度快于与图式不一致情况下进行的判断。

（三）高一被试判断任务错误率比较

表 2–4　与图式一致—不一致条件下判断错误量总和的差异检验

	错误总数	*df*	χ^2
一致	52	1	0.15
不一致	56		

上面的数据表明，所有被试的错误总数为 108 个。判断句与图式一致情况下错误数为 52，与图式不一致情况下错误数为 56，两者没有显著差异，$\chi^2=0.15$，$P>0.05$。

（四）初一被试描述句阅读反应时比较

表 2–5　与图式一致—不一致条件下描述句阅读反应时的比较

	判断时间（ms）			*df*	*t*
	n	*M*	*SD*		
一致	38	442.64	198.83	37	–2.94**
不一致	38	483.81	197.92		

上面的数据表明，在阅读过程中出现了隐喻一致性效应，句子中对物体的摆放位置的描述与上—下图式一致时，被试的阅读时间更短，$t=-2.94$，$P<0.01$。

（五）初一被试判断反应时比较

表 2-6　与图式一致—不一致条件下判断反应时的比较

	判断时间（ms）			*df*	*t*
	n	*M*	*SD*		
一致	38	262.48	84.81	37	−3.01**
不一致	38	300.17	110.90		

上面的数据表明，被试在判断句表达与图式一致—不一致情况下进行判断时的反应时间有显著差异，$t=-3.01$，$P<0.01$。与图式一致情况下进行的判断快于与图式不一致情况下进行的判断。

（六）初一被试判断任务错误率比较

表 2-7　与图式一致—不一致条件下判断错误量总和的差异检验

	错误总数	*df*	χ^2
一致	40	1	2.98
不一致	57		

上面的数据表明，所有被试的错误总数为 97 个。判断句与图式一致情况下错误数为 40，与图式不一致情况下错误数为 57，两者没有显著差异，$\chi^2=2.98$，$P>0.05$。

（七）三年级被试描述句阅读反应时比较

表 2-8　与图式一致—不一致条件下描述句阅读反应时比较

	阅读时间（ms）			*df*	*t*
	n	*M*	*SD*		
一致	40	341.96	167.23	39	−3.62**
不一致	40	375.73	176.07		

上面的数据表明，在阅读过程中出现了隐喻一致性效应，$t=-3.62$，$P<0.01$，两种条件下被试的阅读反应时差异显著，句子中对物体的摆放位置的描述与上—下图式一致时，被试的阅读时间更短。

（八）三年级被试判断反应时比较

表 2-9　与图式一致—不一致条件下判断反应时的比较

	阅读时间（ms）			*df*	*t*
	n	*M*	*SD*		
一致	40	235.86	80.38	39	0.068
不一致	40	235.18	91.45		

从上面的数据看出，小学三年级被试在与图式一致—不一致两种条件下的判断反应时没有显著差异，t=0.068，P>0.05。

（九）三年级被试判断错误率比较

表 2-10　与图式一致—不一致条件下判断错误量总和的差异检验

	错误总数	*df*	χ^2
一致	60	1	1.8
不一致	57		

上面的数据表明，所有被试的错误总数为 117 个。其中与图式一致条件下的错误数为 60，与图式不一致条件下错误数为 57，两者没有显著差异，χ^2=1.8，P>0.05。

因为小学三年级被试在描述句反应时上表现出隐喻一致性效应，因而我们有理由相信他们的概念系统中已经存在上—下意象图式，那么是什么因素导致他们在判断反应时上没有表现出该效应？在对测试材料和实验程序做进一步分析后，我们将可能影响反应时的一个控制变量引入结果的处理，这个变量是问题与描述句是否一致（简称问题—描述一致性）。下面，我们对 3 个年级在此变量影响下的判断反应时进行考察。

（十）引入新变量后的判断反应时比较

表 2-11　高一被试四种处理上判断反应时的描述性统计

	n	*M*	*SD*
处理 1（A1B1）	63	198.73	60.94
处理 2（A1B2）	63	226.18	61.64
处理 3（A2B1）	63	226.39	67.86
处理 4（A2B2）	63	233.18	61.15

表 2-12　高一被试问题—图式一致性 * 问题—描述一致性判断反应时差异

	SS	*df*	*MS*	*F*
A	18920.84	1	18920.84	9.11**
B	18460.38	1	18460.38	12.68**
A*B	6718.19	1	6718.19	4.40*

* 问题与上—下图式一致性：A；

问题—物体摆放位置描述的一致性：B；

问题—图式一致，问题—描述一致：A1B1；

问题—图式一致，问题—描述不一致：A1B2；

问题—图式不一致，问题—描述一致：A2B1；

问题—图式不一致，问题—描述不一致：A2B2。（下同）

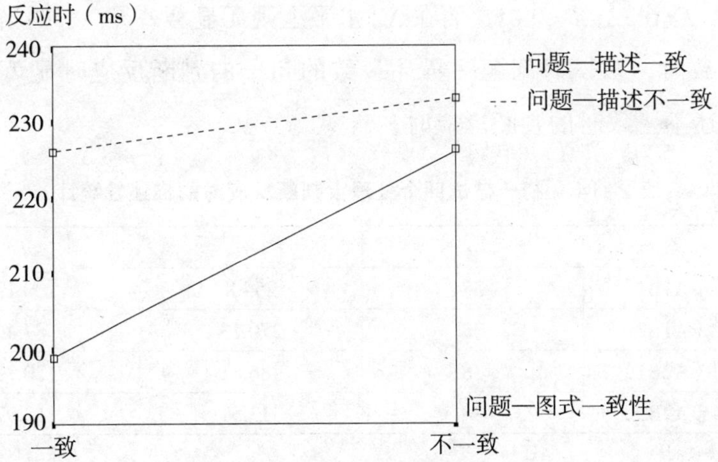

图 2-11　问题—图式一致性 * 问题—描述一致性交互作用

上面的数据表明，问题—图式一致性主效应（A）显著，$F=9.11$，$P<0.01$；问题—图式一致时的判断反应时显著低于问题—图式不一致时的判断反应时。问题—描述的一致性主效应（B）显著，$F=12.68$，$P<0.01$。问题—描述一致时的判断反应时要显著低于问题—描述不一致时的判断反应时；问题—图式一致性 * 问题—描述一致性有交互作用，$F=4.40$，$P<0.05$。因而接下来，我们将进一步检验 A1、A2 在 B 因素的哪个水平上差异显著，以及 B1、B2 在 A 因素的哪个水平上差异显著。

表 2-13　高一被试问题—图式一致性 * 问题—描述一致性的简单效应检验

	变异来源	*SS*	*df*	*MS*	*F*
A 因素	在 B1 水平	24093.98	1	24093.98	5.79*
	在 B2 水平	1545.04	1	1545.04	0.41
B 因素	在 A1 水平	23725.72	1	23725.72	6.32 *
	在 B2 水平	1452.85	1	1452.85	0.348

根据对上面数据进行分析可以看出，A 因素的 2 个水平在 B1 水平上差异显著，$F=5.79$，$P<0.05$；而在 B2 水平上则无显著差异。表明问题—描述一致时，被试对问题—图式一致的句子的判断反应时显著低于问题—图式不一致时的判断反应时。B 因素的 2 个水平在 A1 水平上差异显著，$F=6.32$，$P<0.05$；而在 A2 水平上则无显著差异。表明当问题—图式一致时，被试对问题—描述一致的句子的判断反应时显著低于问题—描述不一致时的判断反应时。

表 2-14　初一被试四个处理上判断反应时的描述性统计

	n	*M*	*SD*
处理 1（A1B1）	38	254.8	100.13
处理 2（A1B2）	38	270.13	87.46
处理 3（A2B1）	38	286.81	120.77
处理 4（A2B2）	38	313.51	112.97

表 2–15 初一被试问题—图式一致性 * 问题—描述一致性判断反应时差异

	SS	*df*	*MS*	*F*
A	53976.98	1	53976.98	9.613**
B	16768	1	16768.61	4.29*
A*B	1234.5	1	1234.51	0.58

表 2–16 初一被试判断句反应时在两个水平上的多重比较

	判断时间（ms）				
	n	*M*	*SD*	*df*	*t*
与图式一致	38	262.48	84.81	37	–3.01**
与图式不一致	38	300.17	110.90		
与描述一致	38	270.82	102.66	37	–2.07*
与描述不一致	38	291.83	90.00		

上面的数据表明，在问题与上—下图式一致性（A）的主效应达到显著性水平，在问题与对物体摆放位置描述的一致性（B）主效应也达到显著性水平。通过问题—图式一致性及问题—描述一致性变量的多重比较，我们可以看出，问题—图式一致时的判断反应时要显著低于问题—图式不一致时的判断反应时。以上数据表明问题—描述一致时的判断反应时要显著低于问题—描述不一致时的判断反应时。

表 2–17 三年级被试四个水平上判断反应时的描述性统计

	n	*M*	*SD*
处理 1（A1B1）	40	226.78	82.46
处理 2（A1B2）	40	244.96	93.75
处理 3（A2B1）	40	225.13	99.75
处理 4（A2B2）	40	245.21	96.99

表 2–18 三年级被试问题—图式一致性 * 问题—描述一致性判断反应时差异

	SS	*df*	*MS*	*F*
A	19.31	1	19.31	0.005
B	14651.44	1	14651.44	7.45**
A*B	35.81	1	35.81	0.011

上面的数据表明，问题—图式一致性的主效应未达显著性水平，$F=0.005$，$P>0.05$。在问题—描述的一致性主效应达到显著性水平，$F=7.45$，$P<0.01$。

表 2-19　三年级被试判断句问题—描述一致性效应的多重比较

	判断时间（ms）			*df*	*t*
	n	*M*	*SD*		
一致	40	225.95	84.82	39	−2.72**
不一致	40	245.03	81.49		

以上数据表明，问题—描述一致时的判断反应时要显著低于问题—描述不一致时的判断反应时，$t=-2.72$，$P<0.01$。

五　讨论

正如我们前面所假设的一样，如果概念系统中存在上—下意象图式，那么我们在理解通过此图式映射形成的概念时会受到其影响，从而在反应时上表现出来。从3个年级的测试结果可以看出，小学、初一、高一的学生在阅读物体摆放位置符合上—下图式的句子的阅读反应时（高一：$M=354.52$；初一：$M=442.64$；小学三年级：$M=341.96$）均显著低于物体摆放位置不符合上—下图式的句子（高一：$M=400.79$；初一：$M=483.81$；小学三年级：$M=375.73$）。这个结果可以证明我们提出的假设：当我们阅读材料中的概念的某些特性的理解依赖于垂直性空间隐喻的上—下图式时，如果根据此特性进行的物体位置摆放情况的描述符合上—下图式的映射规律，被试对这句话的阅读时间短于描述不符合上—下图式映射规律时的阅读时间。

在判断反应时上，3个年级的结果存在差异：高一及初一被试结果为问题—图式一致性效应显著，当问题与上—下图式一致时，被试的判断反应时低于问题与上—下图式不一致时的判断反应时；小学三年级被试在两种条件下判断反应时没有显著差异。

在判断结果上，3个年级的被试在两种条件下的错误数量都没有显著差异。

结合对描述反应时结果的分析，我们认为小学生概念系统中已经出现影响各抽象概念理解的上—下图式，但在判断反应时上未表现出来，可能是受到了某些无关变量的影响，因而在经过分析后，将一个控制变量——问题—描述一致性引入作为另一自变量，结果发现，在判断反应时上，高一被试结果为问题—图式一致性和问题—描述一致性两个主效应显著以及交互作用显著；初一被试 2 个主效应显著，而交互作用不明显；小学三年级被试问题—描述一致性主效应显著，而问题—图式一致性主效应不显著，交互作用不明显。因此高中生和初中生在判断问题正确性时同时受到了上—下图式和问题—描述一致性的影响；小学三年级学生在做出判断时更多地受到问题—描述一致性而不是问题—图式一致性的影响，当问题—描述一致时，他们的判断反应时显著低于问题—描述不一致时的判断反应时。

这个结果在一定程度上证明了我们的假设。也许是因为 3 个年级的被试都使用相同的测试材料，对于小学三年级学生来说描述句太长了，而他们缺乏执行记忆策略的足够的心理能量（Miller & Probert 1991），无法记住整个句子，由于近因效应，他们只记住了描述句的后半句，因而其判断时间没有受到图式一致性的影响。而初中生和高中生正好相反，他们执行记忆策略的能量比小学三年级学生少，于是把节余的能量用于对记忆项目进行深加工，但判断句子概念系统中已有图式的冲突，反而延长了判断时间。

上—下意象图式的“积极的在上，消极的在下”的“上—下”映射规律在即时理解任务中的确被激活，从而影响了被试对测试材料中涉及的抽象概念的理解。因而我们认为小学三年级学生概念系统中已经存在上—下意象图式，思维发展更高阶段的初一及高一学生同样也具有该图式。

测试结束后，我们对部分被试进行了访谈，询问他们在测试过程中的感受。很多被试都认为对试题内容不能理解，比如“为什么冰淇淋比棒棒糖好吃却要放在下面”、“为什么糖比盐使用频率低却要放上面”，对此，我们认为这恰好反映了上—下图式影响了对这些抽象概念的理解。

出现小学三年级被试的结果比初中生、高中生阅读及判断反应时低的情况，我们认为是在测试开始前，学校老师为了配合我们的工作对学生说“好好做，哪些同学做得又快又好就可以先出去玩”。虽然在阅读指导语时我们再三告知学生“既要速度快，也要保证正确”，但他们还是做得很快，以至于出现较多废卷。

第三节　实验二　不同属性物品的成对摆放实验

一　实验被试

被试来自上海市某幼儿园中班，共21名，其中男孩12名，女孩9名。年龄最大的为6岁3个月，年龄最小的4岁2个月，平均年龄为5岁2个月。根据王祥荣（2000）的研究，儿童从1岁8个月起能说出“上面”，然后随年龄增加，依次出现“上、下，底下、下面、上边、上头”，3岁6个月时说出“下边”。因此本次研究选取的被试已经具有上—下空间概念。

二　实验工具及材料

考虑到儿童思维发展的阶段处于感知运动思维和具体形象思维并存的阶段（4—7岁），这一时期的特点是儿童的心理表象与直接知觉到的事物的形象联系非常直接、密切（刘金花1997），同时因为阅读水平较低，因而我们借助于实物来表现上—下这对垂直空间词的具体空间方位。

由牙膏盒做成的一个包括上下两层的盒子代表我们将在实验材料中提到的存放各种物体的容器。进行属性比较并摆放上下位置的物体用彩色图片代替。这些物品包括食物、工具、运动鞋、花朵、奖状、卡通书、调味品以及名片上的个人身份的表达。

一共9道题目。实验全过程用型号为VY-H350的三星录音笔录音，且用型号为DX7440的柯达相机拍摄了部分儿童摆放物品的情况。

三　实验程序

实验过程为问答式的访谈。主试为经过培训的发展心理学专业研究生。实验的指导语如下：

> 小朋友，你们好！我们一起来做一个摆东西的游戏好吗？老师这里有一个两层的小纸盒，还有一些图片，我们一起来把这些图片摆放到盒子里去。

在儿童表示愿意后，开始实验。

我们预先设计向儿童说明各成对物品的属性，并要求儿童根据该属性判断成对物品的上下摆放位置。但在预测时，当我们向儿童说明成对物体属性比较的情况，要求儿童进行摆放，并进一步询问儿童的摆放理由时，儿童的回答与我们向儿童说明的物品属性无关，也就是说儿童摆放物品的理由虽然也受成对物品的属性的影响，但和我们设定的属性无关，而是他们自己心中想到的属性。

因此在正式实验中，我们采用了半开放式提问，在涉及荣誉和社会地位这两个抽象概念时我们采用规定属性。其余的我们首先向儿童介绍图片上的物品，确定儿童认识图片上的物品，再根据事先设定的情境要求儿童将两张图片分别摆放到盒子的上下两层，并询问理由。

如："星期天，你们全家进行大扫除，妈妈对你说：'×××，把你的两双运动鞋收拾到鞋架上去，一双放在上面，另一双放在下面。'请你摆放一下。"儿童摆放完毕以后，向儿童进行询问"你为什么会这样摆呢"，由儿童对其摆放理由进行说明。

当儿童出现无法回答理由的状况（如："我也不知道为什么这样"、"我平时就是这样摆的"）或回答理由与问题无关时（如："因为红色的鞋是女孩子穿，蓝色的鞋是男孩子穿"），我们再根据我们设计的物品属性向儿童提问。

四　结果与分析

21 名儿童对 9 对物品的空间位置摆放理由对应于以下这些属性：

表 2-20　物品摆放理由的对应属性

	物品属性	摆放理由的对应属性
两朵花	珍贵性	漂亮的、鲜艳的、喜欢的、大的、贵的、熟悉的
两种商品	畅销度	喜欢的、大的、长的、更甜的、好卖的
两双鞋	鲜艳度	喜欢的、漂亮的、鲜艳的、更小的
两种调味品	使用量	常用的、味道更香的、瓶子长的
两种零食	味　道	好吃的、更白的
两套卡通书	好看的	好看的、厉害的、人物漂亮的、图画鲜艳的、力气大的
两种工具	常用性	常用的、功能强大的、更重的、长的、数量多的
两张荣誉奖状	重要性	更重要的、更想获得的、更好的、更大的
名片上两个头衔（园长—老师）（总经理—工程师）*	地位高低	官更大的、管人更多的、更厉害的、喜欢的

* 对“名片上的头衔”一项设置了两对头衔，首先询问儿童对总经理和工程师的理解，如儿童说“不知道”，则换用园长—老师一对头衔。

从表 2-20 可以看出，被测儿童既有根据物体的具体属性来摆放物品在上—下空间中的位置，也有根据抽象属性来摆放的情况，但更多地是根据具体属性来摆放。

表 2-21　各题的回答符合与违背上—下意象图式的数量比较

	符合上—下图式（n）	违背上—下图式（n）
两朵花	17	4
两种商品	20	1
两双鞋	19	2
两种调味品	15	6
两种零食	20	1
两套卡通书	21	0
两种工具	19	2

续表

两张荣誉奖状	21	0
名片上的两个头衔	20	1
总　　数	172	17

从表 2-21 的结果可以看出，在 9 对物品的摆放上，大部分儿童将有积极属性的物品摆在上面，消极属性的物品摆在下面，这与上—下意象图式的映射一致。在调味品的摆放中，有 6 名儿童认为将常用的调味品放在下面，不常用的放上面，这可能符合人们日常生活习惯，因其与儿童日常在家庭中接触的事物有关（有儿童提到因为妈妈也这样摆），所以部分儿童是根据日常概念（日常知识）来回答该项问题，因此与意象图式无关。此外在两种工具的摆放上，虽然用图片代替实物，但儿童根据物理经验判断榔头比剪刀更重，因此认为较重的物体应该摆在较轻的物体上面，笔者认为儿童做出这样的回答也与意象图式无关。

表 2-22　回答符合与违背上—下意象图式的总数量比较

	总数量	*df*	χ^2
与图式一致	172	1	124.82***
与图式不一致	17		

表 2-22 的数据表明，21 名被试在 9 道题的回答上，符合上—下图式和违背上—下图式的总数量有显著差异，χ^2=124.82，P<0.01，9 道题的回答符合图式的总数量显著多于违背图式的数量。

接下来，我们进一步总结每名被试对 9 对物体的摆放符合上—下图式的摆放情况。

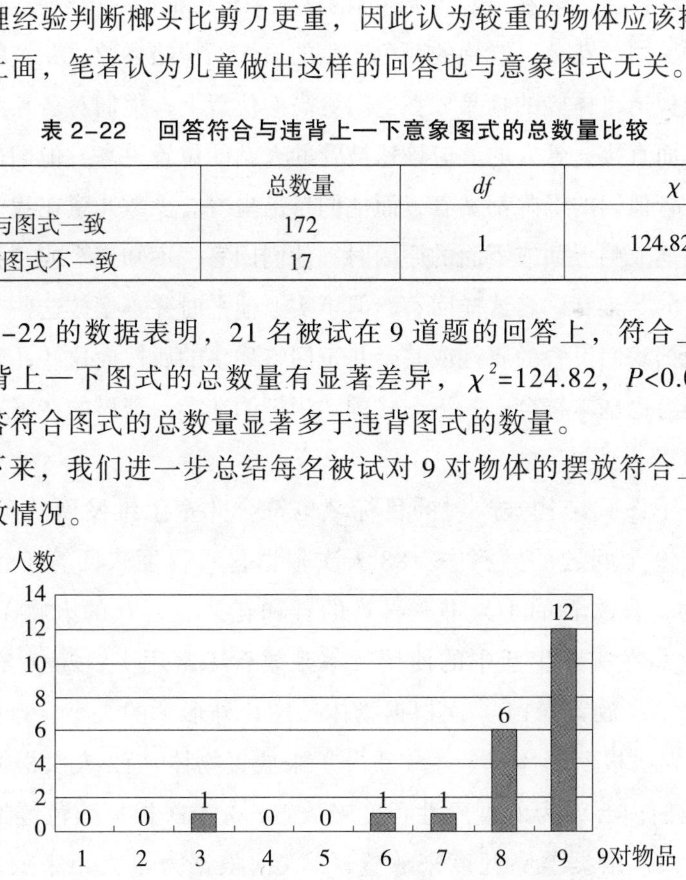

图 2-12　符合上—下意象图式摆放的被试人数

从图 2–12 的数据可以看出，在 21 名被试中，有 12 名的回答在 9 道题上完全和上—下图式一致，另外有 6 名被试的回答有 8 道题与图式一致，1 名被试有 7 道题、1 名被试有 6 道题与图式一致。只有 1 名被试仅有 3 道题回答与上—下图式一致，该被试的年龄为 4 岁 9 个月。

五　讨论

通过对 21 名平均年龄为 5 岁 2 个月的儿童进行 9 对物品上下位置摆放情况的调查及进一步访谈，我们发现他们概念系统中已经具有了上—下意象图式。

儿童对食物、花朵、鞋子等物品的喜好来自于他们对曾经吃过的食物、看到过的美丽的花朵、鲜艳的颜色产生的愉快的情绪体验，儿童将给他们带来更积极情绪体验的物品放在空间更高的位置上；他们对名片上的头衔理解简单而直接，管人的就应该比被管的人站的位置更高，他们最直接的体验就是管他们的老师都站着，而他们自己坐着。少数儿童在我们询问他们将物品摆放到上面或下面的原因时，他们回答“不知道”或“我平时就是这样摆的”（有一名这样回答，但事实上他平时并不摆放这些东西），主试再根据我们设置的属性或其余儿童回答最多的属性向这些儿童提问，他们的回答也基本符合上—下图式的“积极的在上、消极的在下”这样的映射规律。

上—下图式结构被映射的目标域也符合儿童思维发展状况。在 21 名被试对 9 个问题的回答中，88 人次根据喜欢程度来回答（包括喜欢吃的食物、喜欢看的小人书、喜欢的鞋和花朵、喜欢的人物）；25 人次根据物品在实际生活中的使用频率来放置（常用）；20 人次根据权威性的大小来放置；14 人次根据物体（图片外形）的大小、1 人次根据长短、2 人次根据物体质量（“重”）来放置物体，12 人次根据荣誉的大小及他们内心认为的重要性程度来放置；7 人次根据颜色鲜艳程度来放置；7 人次根据漂亮程度来放置；3 人次根据力量大小来放置；2 人次根据功能大小来放置。上—下图式所映射的目标域有具体概念如大—小、长—短、香—甜、轻—重，也有抽象概念如喜爱程度、使用频率、权威性、鲜艳和漂亮程度、力量大小、功能多少、重要性程度。虽然用以考察儿童的题目只有 9 项，但在儿童的概念系统中借助于上—下图式映射而进行理解的概念却如此之多，因而我们认为 4—6 岁儿童的概念系统中已经存在上—下图式，该图式在理解上面这些概念时是可用的。

由于被试的思维发展处于自我中心阶段，因此在大部分问题上不能依据我们设置的物体间抽象属性的比较进行摆放，加之他们主要借助于事物具体生动的表象进行具体形象思维，因而受直接知觉到的事物的显著特征所左右，在摆放物品时也就更多依据自己所感知的物体的外在物理属性进行摆放，这一点并不违背我们的假设。因为儿童虽然大部分依据可感知的物理属性进行比较，但他们大部分的回答是将具有积极物理属性的物品放上面，消极物理属性的物品放下面。这个结果不但表明意象图式映射的发展同思维发展之间的关系，还证明了隐喻性映射来源于身体经验的观点。

第四节　总讨论

一　两个实验的综合说明

将两个实验相结合，从被试的选取上看，思维发展处于不同水平的被试对这些抽象概念进行理解的认知模式都是一致的。不论处于辩证思维阶段的高一学生还是处于具体形象思维阶段的幼儿，在对实验中涉及的抽象概念的理解上都受到上—下图式影响。从实验具体方法上看，在即时阅读理解任务和模拟真实生活情境的实物摆放任务中，均表现出上—下意象图式映射的作用。

二　图式对概念理解的作用

图式是一种对知识的组织形式，是我们在对事物之间关系的认知基础上形成的，比如我们提到“办公室”这一概念时，相应地会想到办公室内通常会摆放的办公用品，这些用品和“办公室”这一概念形成了固定的联结。Bartlett（1932）提出人对事件的理解和记忆受到期望的影响，而这些期望是以图式的形式被心理表征的，因而图式的一个关键功能是“允许我们去形成各种期望”，因为记忆不仅受到所呈现的内容的影响，而且也受到以图式形式贮存的相关知识的影响。

Friedman（1979）的实验向被试呈现6种不同场景的具体的线条图（1个城市、1间厨房、1间卧室、1间办公室、1个幼儿园和1个农场），每幅图片都包含一些我们对这6个概念形成固定联结的事物和一些不属于这些概念的固定联结的事物，Friedman发现，第1次注视非固定联结事物的时间要比注视固定联结事物的时间长两倍，表明图式对加工后者起到了积极作用。

Glenberg & Langston（1992）提出人们在阅读空间隐喻表达式时会在心里出现一幅图画（picture）以形成抽象维度的心理模型（mental model），该图画是一个框架，它可以被用来作为心理模型的基础。框架是一种特殊的图式，它处理的是关于目标和位置特征方面的知识。从语言记录分析可以看出，上—下图式广泛映射到各抽象领域，其映射规律是“积极的为上，消极的为下”，使这些抽象属性具有了方位特征，并在大脑皮层相应部位建立起了神经联结。这些抽象概念已经成为日常用语的一部分，因而可以想象，用以形成该图式的心理意象是容易获取的，这些心理意象是具有方位线索的。根据我们的结果来推断，被试在实验过程中自动使用了这个容易获取的心理意象来形成表征，从而将其作为他们心理模型的基础，当阅读与心理模型不一致的句子时，就需要重新建立新的映射，因此理解过程被延长了。

垂直性空间隐喻表达式对于首创此隐喻的人而言，是通过垂直维度的空间隐喻的认知方式将上—下空间方位分别与抽象概念的积极属性和消极属性相对应而产生的新的关系，但对后人来说它们已经是固定用法，我们甚至已经注意不到它们的隐喻性了，因而在被试并不明确真正实验意图的情况下，通过让他们阅读这些同时涉及空间表征和抽象概念的句子，来检验空间意象图式是否会被激活从而影响对这些抽象概念的理解。结果表明上—下图式对我们考察的思维发展各阶段的被试均有明显影响，被试对符合上—下图式的信息加工所需的心理资源和时间更少，当信息与上—下图式不符时，被试要重构心理模型，就会需要更多心理资源和时间。这表明意象图式从长时记忆系统中被激活了，那么我们可以认定该意象图式是存在的。

三　垂直性空间隐喻建构了抽象概念

通过本次实验，我们也试图做出这样的推断，上—下图式不仅仅是对实验材料中抽象概念的理解自动起作用，而且在种族语言的获得过程中，抽象概念的建构是借助于“上—下”这对空间概念通过意象图式映射形成的。正如 Lakoff & Johnson（1980）在谈到空间隐喻的特征时所说的，很多情况下空间化已经成为一个概念的核心部分，以至于离开了空间隐喻我们很难想象通过其他的隐喻来建构该概念。

试想一下我们对“地位”这一概念的描述，除了用空间的“上—下”、“高—低”还能用别的什么方式去建构呢？就连“地位”这一概念本身也是一种隐喻的思维方式。我们借用空间方位词来表达的抽象概念，并不是前人约定俗成，而是通过空间经验产生的上—下意象图式必然地映射至抽象认知域而形成的。虽然对我们后人而言，这些只是习得的语言，但语言是思维的载体，语言表达也会反映出人们的思维状况。汉语会说“上午、上进、下达、下台、高攀、高兴、低就……”，英语会说“I'm feeling up（我感到高兴）、drop dead（死亡）、under the control（在控制下）……”，这些隐喻性表达在不同民族不同文化的语言中大量运用并具有相似性。人类学研究表明，原始人也能够在自己的生活与自然界之间建立起带有原始思维色彩的隐喻关系（史鑫 2002）。类似的隐喻性用法还表现在我们的手势中，比如在大多数民族的文化中，大拇指朝上表示“好”、朝下表示“不好”，表明这样的隐喻映射并不是一种偶然现象，这些抽象概念必然要借助于上—下意象图式的映射形成。

第五节　小结

一　结论

本研究分别采用了即时阅读理解和模拟生活情境 2 种实验方式，通过对思维发展处于 4 个水平的儿童的考察得出如下结论：

（1）上—下意象图式映射具有心理现实性，该意象图式的确存在于我们的概念系统中，并对数量、社会地位、时间、状态等抽象概念的理解起作用。

（2）上—下意象图式在 4—6 岁儿童概念中已经存在。

（3）意象图式映射受到物理经验和思维发展状况的影响。

（4）上—下意象图式映射对于组织和理解抽象概念是十分重要和基本的。可以这样说，我们在理解状态、数量、社会等级、时间等抽象概念的某些特性时，必然要借助于垂直性空间隐喻。

二　研究意义

人类的许多抽象概念都是通过空间隐喻来表达的，空间隐喻作为人类语言的普遍原则，渗透于人类语言与思维中，以其范畴化和概念化表现了人类认知世界、创造语言的过程。研究空间隐喻及其隐喻性映射规律有助于我们对抽象概念的性质、范畴归类等的深入认识。

长期以来，语言与思维的关系问题一直存在争议。对意象图式映射的心理现实性考察有助于探究语言究竟以什么样的方式参与思维过程，对认知思维方式同语言表达之间的本质联系做出更科学的分析。

空间概念和身体基础是人类原始思维的出发点，是我们形成若干抽象概念的主要基础。对隐喻性映射规律的掌握能促进孩子的概念学习，减少新信息同化到概念系统中所需心理资源，促进汉语词汇教学。汉语和英语有着相似的概念形成的基础和规律，对汉语空间意象图式映射规律的掌握也同样有利于英语学习。

三　本研究的不足

本次研究尚存在不足之处：第一，实验一的材料及程序设计上没有考虑记忆问题，虽然实验假定相同年龄阶段被试的记忆水平无显著差异，但实际上仍有可能因被试记忆水平的不同造成实验结果出现误差；第二，虽然在样本的选取上考虑到了少年儿童思维发展状况与空间隐喻的认知方式之间的关系，选取了四个年龄段的少年儿童，但我们也只能得出上—下意象图式已经存在于思维发展的几个阶段、通过该图式的隐喻性映射来理解数量、社会地位、时间和状态等抽象概念是必要的这样的结论，如果需要进一步了解这种空间隐喻的认知方式如何随思维的发展而发展，每个发展阶段的隐喻性映射有何差异，还需通过未来的研究进行考察；第三，实验二的被试人数和题目都较少，因而其结果可能不具有代表性，需要在更大样本和更多题目的情况下得出的结论作为支持。

本次研究意在考察上—下意象图式是否存在于概念系统中，以及在作者所能借助的手段范围内，考察已经存在该意象图式的最低年龄段的儿童。这一点已经通过两个实验得到了证明，但我们有必要通过其他方式进一步了解该意象图式的认知机制及其在概念理解中的作用。

四　今后研究展望

目前，对空间隐喻的研究已经成为认知心理学、心理语言学及认知语言学等领域里的研究热点。根据跨语言、跨文化的空间概念表达、空间隐喻研究分析表明，各种语言中都有借助于空间词来表达抽象概念的语言现象，我们认为这是由于人类有相同的认识世界的生理与物质基础，因而隐喻映射不是凭空产生的，而是基于身体经验的，是身体、大脑、心智及生活经验的产物，不具有任意性。既然基本的身体经验是人类共有的，那么不管使用哪类语言的人群，我们都有理由假定普遍性的空间隐喻概念系统的存在。但身体经验离不开特定的物理、社会和文化环境，所以空间概念的隐喻性映射在普遍性上会存在差异。如 Lakoff（1993）所说，有的可能是普遍的，有的是分布广泛的，还有的可能是某个文化特有的。但是目前尚未大规模地进行相应的实验研究，因而通过不同语种的心理实验或访谈来确立这一假设非常必要。科技的发展为我们从内隐水平上进行相关研究提供了现实基础，认知神经科学的加入不但可以通过脑成像等技术来扫描理解空间隐喻表达式时在大脑相关区域的神经活动，还可以弥补因实验手段的缺陷而无法探测到的意象图式随感知运动经验和思维发展而形成的不同年龄阶段。

人类智能、认知及心理研究为空间隐喻研究提供了强有力的科学证据，将会对人们的语言、心理、价值观的探讨起到极大的推动作用。

附件 1 实验一测试材料

程序 1

（1）妈妈正在将调味品按照使用频率放到食品架上。

她先放盐因为用盐的频率更高。

妈妈认为糖比盐的使用频率低，因此她把糖放在盐的下面。

问题：盐在糖的上面。

（2）张强正在将他的运动鞋按照流行程度放到鞋架上。

他先放双星因为双星的流行程度更低。

张强认为耐克比双星流行程度高，因此他把耐克放在双星上面。

问题：耐克在双星上面。

（3）丽丽正将她的小玩意按照可爱程度进行排列。

她先放加菲猫因为加菲猫更可爱。

丽丽认为米老鼠不如加菲猫可爱，因此她把米老鼠放在加菲猫上面。

问题：加菲猫在米老鼠上面。

（4）杂货店老板将他的货物按照受欢迎程度进行排列。

他先放牛肉干因为牛肉干受欢迎程度更低。

老板认为巧克力比牛肉干受欢迎，因此他将巧克力放在牛肉干下面。

问题：巧克力在牛肉干上面。

（5）爸爸将他的工具箱根据工具使用的通常性进行排列。

他先放剪刀因为剪刀使用次数多。

爸爸认为剪刀比榔头用的次数多，因此他把榔头放在剪刀的下面。

问题：剪刀在榔头下面。

（6）萍萍将她书架上的杂志按照内容多少进行重新排列。

她先放《时尚》因为《时尚》内容更少。

萍萍认为《读者》比《时尚》内容多，因此她把《读者》放在《时尚》上面。

问题：《读者》在《时尚》下面。

（7）园丁将温室里的花按照珍贵程度进行重新排列。

他先放兰花因为兰花更珍贵。

园丁认为菊花不如兰花珍贵，因此他把菊花放在兰花上面。

问题：兰花在菊花下面。

（8）汤姆正将他的碟片按照音乐的强烈程度进行排列。

他先放古典乐的碟片因为古典乐音乐更不强烈。

汤姆认为摇滚乐比古典乐更强烈，因此他把摇滚乐碟片放在古典乐下面。

问题：摇滚乐在古典乐下面。

（9）小陈正在纸上写一名男性所拥有的理想特征。

他先写智慧因为智慧更重要。

小陈认为富有不如智慧重要，因此他把富有写在智慧的下面。

问题：富有在智慧上面。

（10）娜娜正在考虑吃点美味的食物。

她先在碗里放入冰淇淋因为冰淇淋不太好吃。

娜娜认为比萨比冰淇淋好吃,因此她把比萨放在冰淇淋上面。

问题：冰淇淋在比萨上面。

（11）洁丽正在为自己的客厅的窗帘选择鲜艳的颜色。

她先挂上金色的窗帘因为金色更鲜艳。

洁丽认为白色不如金色鲜艳，因此她把白色窗帘放在金色的上面。

问题：白色窗帘在金色的上面。

（12）梅梅根据课程安排的时间顺序摆放教科书。

她先把政治书放在桌上因为后上政治课。

梅梅知道英语课比政治课的时间早，因此她把英语书放在政治书下面。

问题：政治书在英语书上面。

（13）芳芳正在为自己的色拉挑选可口的水果。

她先把香蕉放在碗里因为香蕉更可口。

芳芳认为苹果不如香蕉可口，因此她把苹果放在香蕉下面。

问题：苹果在香蕉下面。

（14）王鹏将他名片上的头衔按社会地位进行排列。

他先排经理因为经理的社会地位更低。

王鹏认为人大代表比经理的社会地位高，因此他把人大代表头衔放在经理上面。

问题：经理在人大代表下面。

（15）燕燕正在考虑她目前更紧迫的事。

她先准备期末考试因为期末考试更紧迫。

燕燕认为体育锻炼没有期末考试紧迫，因此她把体育锻炼放在期末考试上面。

问题：体育锻炼在准备期末考试下面。

（16）小红将她的奖状按重大性程度贴在墙上。

她先贴优秀组长因为优秀组长更不重大。

小红认为三好学生比优秀组长重大，因此她把三好学生贴在优秀组长下面。

问题：优秀组长在三好学生下面。

程序 2

（1）妈妈正在将调味品按照使用频率放到食品架上。

她先放糖因为用糖的频率更低。

妈妈认为盐比糖使用频率高，因此她把盐放在糖上面。

问题：盐在糖上面。

（2）张强正在将他的运动鞋按照流行程度放到鞋架上。

他先放耐克因为耐克流行程度更高。

张强认为双星比耐克流行程度低，因此他把双星放在耐克上面。

问题：耐克在双星上面。

（3）丽丽正将她的小玩意按照可爱程度进行排列。

她先放米老鼠因为米老鼠不太可爱。

丽丽认为加菲猫比米老鼠可爱，因此她把加菲猫放在米老鼠下面。

问题：加菲猫在米老鼠上面。

（4）杂货店老板将他的货物按照受欢迎程度进行排列。

他先放巧克力因为巧克力受欢迎程度最高。

老板认为牛肉干不如巧克力受欢迎，因此他把牛肉干放在巧克力下面。

问题：巧克力在牛肉干上面。

（5）爸爸将他的工具箱根据工具使用的通常性进行排列。

他先放榔头因为榔头使用次数更少。

爸爸认为剪刀比榔头使用次数多，因此他把剪刀放在榔头的上面。

问题：剪刀在榔头下面。

（6）萍萍将她书架上的杂志按照内容多少进行重新排列。

她先放《读者》因为《读者》信息量更大。

萍萍认为《时尚》比《读者》内容少，因此她把《时尚》放在《读者》上面。

问题：《读者》在《时尚》下面。

（7）园丁将温室里的花按照珍贵程度进行重新排列。

他先放菊花因为菊花不太珍贵。

园丁认为兰花比菊花珍贵，因此他把兰花放在菊花下面。

问题：兰花在菊花下面。

（8）汤姆正将他的碟片按照音乐的强烈程度进行排列。

他先放摇滚乐的碟片因为摇滚乐更强烈。

汤姆认为古典乐不如摇滚乐强烈，因此他把古典乐的碟片放在摇滚乐下方。

问题：摇滚乐在古典乐下面。

（9）小陈正在纸上写一名男性所拥有的理想特征。

他先写富有因为富有不太重要。

小陈认为智慧比富有重要，因此他把智慧写在富有的上面。

问题：富有在智慧上面。

（10）娜娜正考虑吃点美味的食物。

她先在碗里放入比萨因为比萨更好吃。

娜娜认为冰淇淋不如比萨好吃，因此她把冰淇淋放在比萨上面。

问题：冰淇淋在比萨上面。

（11）洁丽正在为自己的客厅的窗帘选择鲜艳的颜色。

她先挂上白色窗帘因为白色不鲜艳。

洁丽认为金色窗帘比白色窗帘更鲜艳，因此她把金色窗帘放在白色的下面。

问题：白色窗帘在金色的上面。

（12）梅梅根据课程安排的时间顺序摆放教科书。

她先把英语书放在桌上因为先上英语课。

梅梅知道政治课比英语课的时间晚，因此她把政治书放在英语书下面。

问题：政治书在英语书上面。

（13）芳芳正在为自己的色拉挑选可口的水果。

她先把苹果放在碗里因为苹果不太可口。

芳芳认为香蕉比苹果可口，因此她把香蕉放在苹果上面。

问题：苹果在香蕉下面。

（14）王鹏将他名片上的头衔按社会地位进行排列。

他先排人大代表因为人大代表的社会地位更高。

王鹏认为经理的社会地位比人大代表低，因此他把经理头衔放在人大代表上面。

问题：经理在人大代表下面。

（15）燕燕正在考虑她目前更紧迫的事。

她先进行体育锻炼因为体育锻炼更不紧迫。

燕燕认为期末考试比体育锻炼紧迫，因此她把期末考试放在体育锻炼下面。

问题：体育锻炼在准备期末考试下面。

（16）小红将她的奖状按重大性程度贴在墙上。

她先贴三好学生因为三好学生更重大。

小红认为优秀组长不如三好学生重大，因此她把优秀组长贴在三好学生下面。

问题：优秀组长在三好学生下面。

程序 3

（1）妈妈正在将调味品按照使用频率放到食品架上。

她先放盐因为用盐的频率更高。

妈妈认为糖比盐的使用频率低，因此她把糖放在盐上面。

问题：盐在糖上面。

（2）张强正在将他的运动鞋按照流行程度放到鞋架上。

他先放双星因为双星的流行程度更低。

张强认为耐克比双星流行程度高,因此他把耐克放在双星下面。

问题：耐克在双星上面。

（3）丽丽正将她的小玩意按照可爱程度进行排列。

她先放加菲猫因为加菲猫更可爱。

丽丽认为米老鼠不如加菲猫可爱，因此她把米老鼠放在加菲猫下面。

问题：加菲猫在米老鼠上面。

（4）杂货店老板将他的货物按照受欢迎程度进行排列。

他先放牛肉干因为牛肉干受欢迎程度更低。

老板认为巧克力比牛肉干受欢迎，因此他把巧克力放在牛肉干上面。

问题：巧克力在牛肉干上面。

（5）爸爸将他的工具箱根据工具使用的通常性进行排列。

他先放剪刀因为剪刀使用次数更多。

爸爸认为榔头比剪刀使用次数少，因此他把榔头放在剪刀的上面。

问题：剪刀在榔头下面。

（6）萍萍将她书架上的杂志按照内容多少进行重新排列。

她先放《时尚》因为《时尚》内容更少。

萍萍认为《读者》比《时尚》内容多，因此她把《读者》放在《时尚》下面。

问题：《读者》在《时尚》下面。

（7）园丁将温室里的花按照珍贵程度进行重新排列。

他先放兰花因为兰花更珍贵。

园丁认为菊花不如兰花珍贵，因此他把菊花放在兰花下面。

问题：兰花在菊花下面。

（8）汤姆正将他的碟片按照音乐的强烈程度进行排列。

他先放古典乐的碟片因为古典乐音乐不强烈。

汤姆认为摇滚乐比古典乐更强烈，因此他把摇滚乐碟片放在古典乐上面。

问题：摇滚乐在古典乐下面。

（9）小陈正在纸上写一名男性所拥有的理想特征。

他先写智慧因为智慧更重要。

小陈认为富有不如智慧重要，因此他把富有写在智慧的上面。

问题：富有在智慧上面。

（10）娜娜正在考虑吃点美味的食物。

她先在碗里放入冰淇淋因为冰淇淋不太好吃。

娜娜认为比萨比冰淇淋好吃，因此她把比萨放在冰淇淋下面。

问题：冰淇淋在比萨上面。

（11）洁丽正在为自己的客厅的窗帘选择鲜艳的颜色。

她先挂上金色的窗帘因为金色更鲜艳。

洁丽认为白色不如金色的鲜艳，因此她把白色窗帘放在金色的下面。

问题：白色窗帘在金色的上面。

（12）梅梅根据课程安排的时间顺序摆放教科书。

她先把政治书放在桌上因为后上政治课。

梅梅知道英语课比政治课的时间早，因此她把英语书放在政治书上面。

问题：政治书在英语书上面。

（13）芳芳正在为自己的色拉挑选可口的水果。

她先把香蕉放在碗里因为香蕉更可口。

芳芳认为苹果不如香蕉可口，因此她把苹果放在香蕉上面。

问题：苹果在香蕉下面。

（14）王鹏将他名片上的头衔按社会地位进行排列。

他先排经理因为经理的社会地位更低。

王鹏认为人大代表的社会地位比经理高，因此他把人大代表头衔放在经理下面。

问题：经理在人大代表下面。

（15）燕燕正在考虑她目前更紧迫的事。

她先准备期末考试因为期末考试更紧迫。

燕燕认为体育锻炼不如期末考试紧迫，因此她把体育锻炼放在期末考试下面。

问题：体育锻炼在准备期末考试下面。

（16）小红将她的奖状按重大性程度贴在墙上。

她先贴优秀组长因为优秀组长不太重大。

小红认为三好学生比优秀组长重大，因此她把三好学生贴在优秀组长上面。

问题：优秀组长在三好学生下面。

程序 4

（1）妈妈正在将调味品按照使用频率放到食品架上。

她先放糖因为用糖的频率更低。

妈妈认为盐比糖使用频率高，因此她把盐放在糖下面。

问题：盐在糖上面。

（2）张强正在将他的运动鞋按照流行程度放到鞋架上。

他先放耐克因为耐克流行程度更高。

张强认为双星比耐克流行程度低，因此他把双星放在耐克下面。

问题：耐克在双星上面。

（3）丽丽正将她的小玩意按照可爱程度进行排列。

她先放米老鼠因为米老鼠不太可爱。

丽丽认为加菲猫比米老鼠可爱，因此她把加菲猫放在米老鼠上面。

问题：加菲猫在米老鼠上面。

（4）杂货店老板将他的货物按照受欢迎程度进行排列。

他先放巧克力因为巧克力受欢迎程度更高。

老板认为牛肉干不如巧克力受欢迎，因此他将牛肉干放在巧克力上面。

问题：巧克力在牛肉干上面。

（5）爸爸将他的工具箱根据工具使用的通常性进行排列。

他先放榔头因为榔头使用次数更少。

爸爸认为剪刀比榔头使用次数多，因此他把剪刀放在榔头的下面。

问题：剪刀在榔头下面。

（6）萍萍将书架上的杂志按照内容多少进行重新排列。

她先放《读者》因为《读者》内容更多。

萍萍认为《时尚》比《读者》内容少，因此她把《时尚》放在《读者》下面。

问题：《读者》在《时尚》下面。

（7）园丁将温室里的花按照珍贵程度进行重新排列。

他先放菊花因为菊花不太珍贵。

园丁认为兰花比菊花更珍贵，因此他把兰花放在菊花上面。

问题：兰花在菊花下面。

（8）汤姆正将他的碟片按照音乐的强烈程度进行排列。

他先放摇滚乐的碟片因为摇滚乐更强烈。

汤姆认为古典乐不如摇滚乐强烈，因此他把古典乐的碟片放在摇滚乐上面。

问题：摇滚乐在古典乐下面。

（9）小陈正在纸上写一名男性所拥有的理想特征。

他先写富有因为富有不太重要。

小陈认为智慧比富有更重要，因此他把智慧写在富有的下面。

问题：富有在智慧上面。

（10）娜娜正在考虑吃点美味的食物。

她先在碗里放入比萨因为比萨更好吃。

娜娜认为冰淇淋不如比萨好吃，因此她把冰淇淋放在比萨下面。

问题：冰淇淋在比萨上面。

（11）洁丽正在为自己的客厅的窗帘选择鲜艳的颜色。

她先挂上白色窗帘因为白色不太鲜艳。

洁丽认为金色窗帘比白色窗帘更鲜艳，因此她把金色窗帘放在白色的上面。

问题：白色窗帘在金色的上面。

（12）梅梅根据课程安排的时间顺序摆放教科书。

她先把英语书放在桌上因为先上英语课。

梅梅知道政治课比英语课的时间晚，因此她把政治书放在英语书上面。

问题：政治书在英语书上面。

（13）芳芳正在为自己的色拉挑选可口的水果。

她先把苹果放在碗里因为苹果不太可口。

芳芳认为香蕉比苹果更可口，因此她把香蕉放在苹果下面。

问题：苹果在香蕉下面。

（14）王鹏将他名片上的头衔按社会地位进行排列。

他先排人大代表因为人大代表的社会地位更高。

王鹏认为经理的头衔比人大代表低，因此他把经理头衔放在人大代表下面。

问题：经理在人大代表下面。

（15）燕燕正在考虑她目前更紧迫的事。

她先进行体育锻炼因为体育锻炼不太紧迫。

燕燕认为期末考试比体育锻炼紧迫，因此她把期末考试放在体育锻炼上面。

问题：体育锻炼在准备期末考试下面。

（16）小红将她的奖状按重大性程度贴在墙上。

她先贴三好学生因为三好学生更重大。

小红认为优秀组长不如三好学生重大，因此她把优秀组长贴在三好学生上面。

问题：优秀组长在三好学生下面。

附件 2　实验二测试材料

实验工具：

实验材料：

（1）两种零食

（2）两种工具

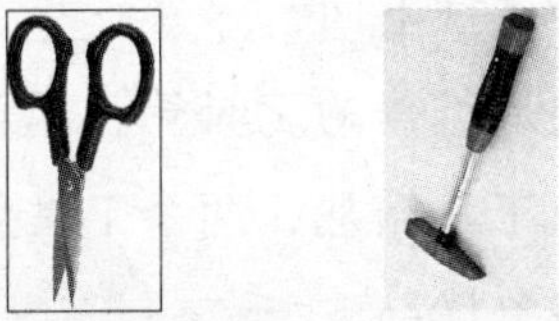

（3）两种调味品

（4）两双鞋

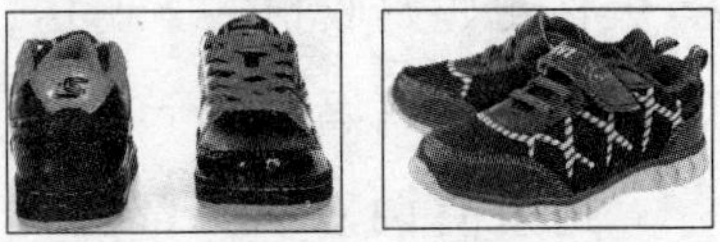

（5）两种货物

（6）两种卡通书

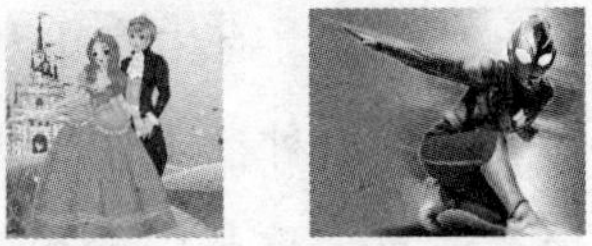

（7）两种荣誉证书

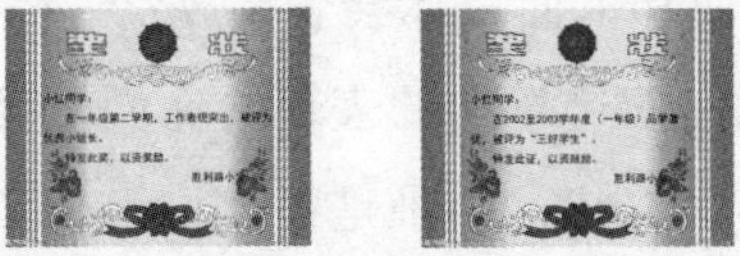

（8）两朵花

（9）两种社会地位

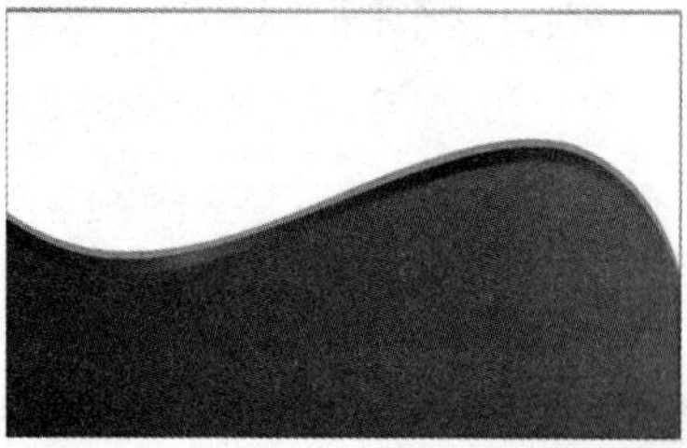

工程师 VS 总经理

语文老师 VS 幼儿园园长

设置的情境：

（1）×× 小朋友今天表现得很好，妈妈非常高兴，于是就给你买了一份冰淇淋和一份棒棒糖，但是妈妈说，不能一下都吃完了，要放起来慢慢吃，如果这是一个小冰箱的上下两格，你会怎么摆呢？把什么摆上面，什么摆下面？

这是爸爸的工具箱，里面有剪刀和榔头，爸爸说，××，帮爸爸收拾一下工具箱吧，两个工具分开摆，一个摆上面，一个摆下面。请你现在帮爸爸摆一下。

（2）这是做菜时常常会用到的两种调味品，一种是盐，一种是醋。今天你帮妈妈收拾一下厨房，把两种调味品分别摆在橱柜的上面和下面，请你现在帮妈妈摆一下。

这里有两双鞋，都是妈妈给你买的，今天家里大扫除，妈妈说，××，把你的鞋收到鞋架上去，一双放上面，一双放下面，你会怎么放？

（3）星期天你跟着妈妈去超市，看见工作人员正在把一些商品摆到货架上去，架子上有牛肉干和巧克力，如果让你帮他放一下这两种商品，一种摆上面，一种摆下面，你会怎么摆呢？

（4）你看，这是你的小书架，书架上摆着各种卡通书，有漂亮的小公主和小王子，还有圣斗士和奥特曼的打仗的书，妈妈让你把书架收拾一下，把这两种书分别放在架子的上面和下面，你会怎么放？

（5）一学期结束了，老师要根据你们这学期的表现给你们发奖状，你们班的小明同学一下子就得到了两张奖状，一张是优秀小组长，一张是好孩子，他非常高兴，回去就把奖状都贴到墙上。这两种荣誉你更想获得哪一种？你觉得哪种更好？现在请你来帮他贴一下，一张贴在上面，一张贴在下面，你会怎么贴？

（6）花匠在花园里把他种的花摆到花架上去，其中有两种花，一种是玫瑰，一种是菊花，请你帮他把这两盆花摆到架子上，一盆摆上面，一盆摆下面，你会怎么摆？现在你帮花匠摆一下。

（7）这里是一张名片（向儿童解释名片，并用一张真实的名片作为参照），有一个人，既是工程师，又是总经理［如儿童不理解，则换用“王老师”（儿童自己的老师）和“幼儿园园长”］，你觉得这两种哪一种的官更大(或管的人更多)？要把这两种名字写到名片上去，一张写上面，一张写下面，你会怎么写？

注：整个实验过程为了确保儿童对每种物品的理解，在出示图片时会询问儿童是否认识，并要求儿童说明其特征。当儿童摆放完毕后，主试进一步询问“你为什么要这样摆”？

实验报告二　褒贬义形容词的垂直方位表征

第一节　总述

一　研究意义

（一）理论意义

认知语言学家将隐喻上升到人类的认知高度来认识，建立了隐喻认知理论，以此来解释人类概念的形成和认知的发展，认为人们通过隐喻性映射机制在具体概念基础上构建抽象概念，形成概念体系。但是，这种认知的体验观亟需有力的实证研究支持，而不是仅仅停留在语言事实与思辨的层面。关于时空隐喻的深入研究已在一定程度上证明了这种运用意象图式的隐喻认知模式。然而，时间是一个非常基本的抽象概念，如果要为隐喻认知寻求更广泛、更坚实的心理学研究证据，必须将触角深入到内涵更为复杂、主观性更强的诸多抽象概念的形成机制上。

本研究重点在于探求上—下意象图式向主观评价概念域的投射，而主观评价是一个普遍性很强的抽象概念，它涉及人们生活的方方面面。当人们要对事物进行归类时，几乎都会同时进行一个赋值判断——好还是坏？有用还是没用？从而不自觉地进行褒贬取舍。因此，如能证明褒贬评价以上—下意象图式为其概念基础，将会更有效地证明上—下意象图式作为心理表征的广适性，对于把握人们的概念形成与发展机制有着重要的启发，对于隐喻认知理论亦是极好的支持与深化。

同时，对空间隐喻性映射规律的细化，对意象图式的性质研究，将有利于研究儿童认知发展，促进概念学习和语言教学。基于认知语言学中概念隐喻理论的跨域映射功能，根据内在联系逻辑将原本表面孤立的词汇、词义编织成一个概念系统，从而可开展对英汉词汇，特别是具有抽象意义的词汇的一词多义、词语搭配的系统教学，改良相应的词典编纂，探索一条词汇习得的新途径。

（二）研究目标

关于垂直性空间隐喻的语言学研究发现，“上”这一空间方位被映射至抽象经验的积极领域，“下”这一空间方位则被映射到消极领域。作为始源域的垂直方位概念与作为目标域的抽象概念域存在一定的关联，从而使这些抽象概念具有了上—下方位属性。

然而，这种关联是否仅是简单的语言形式的关联？语言中的上—下意象图式隐喻是文化传承，还是在个体水平上的认知图式？如果上—下意象图式这样的抽象认知结构确实存在，它是否一定需要借助垂直维度空间词汇来表达呢？如果在普遍语汇中能发现上—下意象图式的激活效应，那么空间隐喻的心理现实性就能得到更多的支持。

本实验欲从汉语词库中选择恰当的抽象形容词，以汉语使用者为被试，分别通过空间 stroop 范式与引导范式来探索在人们的概念表征体系中，是否存在“好在上，坏在下”这样一个空间方位与抽象的主观评价内涵相联结的认知图式，即人们对褒贬义的心理表征是否具有垂直空间属性。

因此，本研究的主要目的是探究这种“好在上，坏在下”隐喻的心理现实性，焦点集中在三点：其一，垂直维度空间词汇的抽象引申意义是否能启动被试头脑中的空间方位感；其二，褒贬概念所蕴含的上—下方位感在脱离空间词汇表达形式后是否还存在；其三，从上—下方位到褒贬评价的隐喻映射是否符合从具体域到抽象域的单向映射关系。

二　本研究的突破点

本研究将在隐喻理论上对一系列问题进行深化研究。以往对上—下意象图式的心理实验研究多是从各个抽象目标域的角度进行隐喻效应的检验，但是缺乏对垂直性空间概念到抽象概念的投射过程与机制进行总体上的理论探讨。本研究通过实验二与实验三的不同引导过程及结果，从心理认知角度对隐喻映射的两大原则（效价不变原则与单向映射原则）进行了更深入的检验和探究，对隐喻映射理论进行了深化。

本研究在研究对象的年龄分布上实现了突破。根据 Lakoff & Johnson

（1980）的研究，“好为上，坏为下”表示了所有积极经验的上方空间属性和所有消极经验的下方空间属性，与其他的垂直性空间隐喻（如“快乐为上”、“健康为上”、“有控制为上”等）在效价上显示了总体一致性。因此，上—下意象图式向主观评价领域的隐喻映射是最值得考察和关注的。一旦得到研究支持，那么，上—下意象图式的心理现实性就昭然若揭了。但是，关于主观评价的上—下意象图式研究，国外目前仅有 Meier & Robinson（2004）对积极/消极情绪以及 Meier，Sellbom & Wygant（2007）对道德概念等的垂直性方位隐喻的研究比较接近，但也未直接针对主观评价概念来进行上—下意象图式的检验。

本研究在实验任务上扩展了前人的成果。如果与 Meier & Robinson（2004）的实验任务类似，让汉语被试进行词汇的“积极/消极”评价，其普适性是值得考虑的一个问题。在英语文化中，积极和消极（positive vs. negative）是一个普遍的评价概念，但在汉语文化中并非如此。而且，现代汉语研究中倾向于按词频高低来定义词汇的“积极/消极”属性，那就偏离了我们要讨论的主观评价内涵。事实上，在汉语文化中，褒贬义的判断能更好地表达主观评价内涵（邹韶华 2001）。

Meier 等人的一系列研究均能在一定程度上证明上—下意象图式的心理现实性，具有相当的启发性。但是他们的实验主要采用了内隐联想测验范式①与空间 Stroop 范式②，这两种范式均在某种程度上将词汇

---

① 根据 Greenwald 等（1998）、蔡华俭（2003），内隐联想测验（Implicit Association Test，简称 IAT）是 Greenwald 等于 1998 年提出的一种通过测量概念词和属性词之间评价性联系从而对个体的内隐态度等内隐社会认知进行间接测量的新方法。它通过一种计算机化的分类任务来测量两类词（概念词与属性词）之间的自动化联系的紧密程度，继而对个体的内隐态度进行测量。基本过程是呈现一属性词，让被试尽快地进行辨别归类（即归于某一概念词）并按键反应，反应时被自动地记录下来。当概念词和属性词相容，即其关系与被试的内隐态度一致或二者联系较紧密时，此时的辨别归类在快速条件下更多的为自动化加工，相对容易，因而反应速度快，反应时短；当概念词和属性词不相容，即其关系与被试的内隐态度不一致或二者缺乏紧密联系时，往往会导致被试的认知冲突，此时的辨别归类需进行复杂的意识加工，相对较难，因而反应速度慢，反应时长；不相容条件下与相容条件下的反应时之差即为内隐态度的指标。Meier, Hauser, Robinson, Friesen & Schjeldahl（2007）首次采用内隐联想测验的范式来研究空间隐喻。

② 根据陈俊、刘海燕、张积家（2007），Stroop 效应早在 1935 年由美国心理学家 John Riddly Stroop 发现。当命名用红墨水写成的有意义刺激词（如“绿”）和无意义的刺激词的颜色时，会发现前者的颜色命名时间比后者长。这种同一刺激的颜色信息（红色）和词义信息（绿）相互发生干扰的

属性和空间位置予以直接结合，这有可能刺激了空间注意力的操作，人为加强了空间隐喻的效应，需要考虑进一步的验证方式。Boroditsky（2000, 2001）在有关时空隐喻的研究中，使用空间图式引导时间目标句，这种引导范式能够对隐喻映射过程和方向进行严谨地逻辑推理。本研究在经典的空间 Stroop 范式基础上，进一步借用该引导范式来进行上—下意象图式的研究。

第二节　实验一　用空间 STROOP 范式研究形容词的褒贬义判断

一　实验目的

根据认知语言学的观点，从空间域向非空间域映射而形成的抽象概念在日常语言中随处可见，经过无数次地反复使用，其隐喻意义已经成为日常语言的固有意义了，以至于我们在学习语言时，它们已经是正规的日常说法了，让人意识不到这是隐喻表达。这类语料数不胜数，如表示社会地位的"上级、下属、大官、小人物"；表示质量的"上品、下等货、高档、低劣"；表示数量的"高价、低压、厚礼、薄酬"；表示程度的"高度重视、大红大紫、资深、受益匪浅"；表示人品的"高尚、低劣、宽厚、心胸狭窄、大度、小气"。这些词汇中包含了方位词，但表达的却是超越空间本义的抽象意义。

长久以来盛行的语言自治观认为，一词多义、词义发展是没有任何理据的、偶然发生的现象，词汇的众多义项之间没有关联。然而相关的

现象就是著名的 Stroop 效应。后来陆续的研究使 Stroop 效应得以泛化，从广泛意义来说，已可以定义为一个刺激的两个不同维度发生相互干扰的现象。Dyer (1972) 较早地发现空间 Stroop 效应，在他的实验中 4 个词"上"、"下"、"左"、"右"首先出现在屏幕的中央，然后向上、下、左、右移动。在命名方向的反应时上促进和阻碍作用都出现了。在更典型的空间 Stroop 实验设计中（Macleod 1991，Lu & Proctor 1995），刺激使用的是空间命题，它和该词出现的屏幕位置或者匹配或者不匹配。许多研究都显示，当词的意义和位置不匹配时，其反应时会增加。这与常规 Stroop 任务中当颜色和词的意义不匹配时发生的阻碍效应是一样的。Meier & Robinson（2004） 首次在空间隐喻的实验研究中采用了空间 Stroop 范式。

研究发现，在人类语言产生和发展过程中，空间词汇的本义最先出现，随着历史的演变，逐渐发展出众多其他义项。儿童对空间词汇的理解也遵循着类似的过程，最早理解和使用空间义，然后，随着思维发展，逐渐理解了空间词汇的引申意义。但是，显然我们还缺乏最直接有力的心理实验证据，来证明空间词汇的抽象意义与空间本义之间的关联，从而能反驳语言自治观，并能对语言背后的思维现象进行深入探讨。

实验一采用空间 Stroop 范式，考察对空间垂直维度的感知是否会影响被试对含有“上/下”和“高/低”方位词语素的抽象形容词的褒贬判别。我们很容易能理解，对方位词的空间本义的理解可以直接影响对相应实际空间信息的加工。但是，方位词的引申意义（抽象意义）已经与其本义脱离了联系，比如对于“高兴”，人们几乎不会意识到其中的“高”字与表示位置高低的“高”字在含义上有类似之处；《现代汉语词典》对“高”字的释义也是将本义（“从下向上距离大”）与其他引申义分而列之，似乎是无关联的若干义项的集合。而实验一想证明的是，即使当方位词用于表示抽象意义，人们头脑中对其表征仍然脱离不了空间概念，因此，一致或不一致的空间信息会干扰对这个抽象意义的加工。

二　实验假设

本实验的假设是：对于含有“上/下”和“高/低”方位词语素的抽象形容词，其褒贬判别会受到词汇本身在垂直空间维度上的位置的影响。根据“好在上，坏在下”的上—下意象图式隐喻，褒义形容词出现在上方时比出现在下方时的判别反应时要短，而贬义词则相反，出现在下方时比出现在上方时的判别反应时短。

三　实验被试

随机选取 31 名来自上海师范大学心理学、教育学、对外汉语专业的本科生。所有被试视力或矫正视力正常，母语为汉语，无任何阅读障碍。

四　实验材料

根据吴念阳（2008）对方位词“上/下”和“高/低”的隐喻域分析，从体现“主观评价”抽象概念的语料中共筛选了14个包含方位词语素“上/下”、“高/低”的形容词：

上乘、上进、高贵、高雅、高明、高超、高尚

下贱、下流、低贱、低俗、低劣、低级、低廉

另选取20个词语作为练习材料：

蒸蒸日上、积极向上、上等货、上策、上品、高贵、高档、高级、高效、崇高

下三滥、下脚料、卑下、下策、低声下气、低人一等、低贱、低级、低档、低调

五　实验设计

这是一个2×3的被试内实验设计。自变量一是形容词属性，两个水平：含有方位词“上/高”的抽象褒义形容词（如“上进”、“高尚”）或含有方位词“下/低”（如“下贱”、“低劣”）的抽象贬义形容词。自变量二是形容词的呈现方位，三个水平：屏幕的上方、中央、下方位置。从而组成6种实验处理条件：褒义词在上、褒义词在下、褒义词在中央、贬义词在上、贬义词在下、贬义词在中央。即在整个实验过程中每个形容词都会呈现3次：上方呈现1次、中央位置呈现1次、下方呈现1次。实验的因变量是被试对形容词的褒贬判别的反应时。

本实验主要考察的是上方与下方呈现的褒贬形容词之间的差异，之所以加入中央位置，主要是想设置一个对照条件。如果空间隐喻效应假设成立的话，意象图式中的上方与褒扬意义一致，下方与贬抑意义一致。中央位置由于处于垂直维度中点，其效价为零，所对应的抽象评价内涵应是中性评价。当实验材料非褒即贬，具有非正即负的效价时，我们预

期中央位置对本实验中所用材料的褒贬评价是没有影响的。而中央位置从视野空间来讲是视野中心，在没有任何干扰效应的前提下，对中央位置呈现的词汇反应必然是最快的。如果实验结果并非如此，那么就有必要对实验设计进行反思，考虑是否存在其他效应了。

六　实验程序

正式实验使用VB编写的实验程序，所有题目均在电脑屏幕上呈现。每个被试都是在电脑前单独完成整个测试。褒义和贬义形容词被随机分配到电脑屏幕的上方或下方位置。被试的任务是尽快对形容词的褒贬义做出判别。屏幕上每次呈现一个形容词，被试按键做出反应：若判断为“褒义”，按“F”键；若判断为“贬义”，按“J”键。实验结束后，实验程序自动生成文件，记录每名被试的个人信息、判断结果和判断反应时。实验结果不做反馈。

为了引导被试的视野聚焦，在每个单词呈现之前，屏幕的中心位置会呈现一个向上或向下跳跃移动的提示符“+++”，该提示符移至屏幕上方或下方并消失，同时在消失位置上出现要测试的形容词。

实验开始前，经过培训的主试请被试落座，宣布测试纪律：独立地、不间断地完成测验。被试输入个人信息，包括姓名、性别、年龄与年级，然后点击“确认”键阅读指导语1。

实验一指导语1：

这是一个判断词的褒贬含义的实验。

屏幕中央会出现一个符号“+++”，然后“+++”可能停留在屏幕的中央，也可能跳跃至屏幕的上方或下方。请您集中注意力观察“+++”。在“+++”消失以后，屏幕上会出现一个词，请您判断这是一个褒义词，还是一个贬义词。如果是褒义词，请按键盘上的“F”键；如果是贬义词，请按键盘上的“J”键。请您在保证回答正确的同时，尽快做出反应！

正式实验前，我们安排了练习题，以便于您熟悉实验的操作。

练习题结果不做统计。

现在请您将输入方式调整为英文输入，并将双手食指分别置于键盘上的“F”键与“J”键之上。

被试阅读完指导语后，主试需要确认两点：（1）被试完全理解指导语的要求，没有疑问；（2）被试将左手食指置于键盘“F”键上，右手食指置于键盘“J”键上。主试确定被试已经明白指导语的内容后，请被试按“确定”键进入练习部分。为确保被试在正式实验中能够熟练按键反应且反应准确及时，本实验设置了20道练习题。练习结束后屏幕上出现指导语2。

实验一指导语2：

您做好准备了吗？让我们开始吧。

此时，主试再次向被试询问有无疑问。然后，被试正式进入实验程序，完成每道题的按键判断。被试完成实验后，主试感谢其参与此实验，带领其离开实验室。

七　结果与分析

被试对形容词褒贬义评价的平均准确率为95.84%，表明被试认真完成了语义评价任务。删除反应时在3个标准差以外的极端数据，据此剔除了2.8%的数据。使用SPSS11.5，以被试的判断反应时（ms）为因变量进行统计处理。表2-23显示了两种形容词在三种方位条件下的平均反应时与标准差：

表2-23　不同方位呈现的褒贬义形容词判断反应时和标准差（ms）

	褒义词（$M \pm SD$）	贬义词（$M \pm SD$）
上　方	673.67 ± 109.21	799.02 ± 181.51
下　方	757.14 ± 125.64	712.45 ± 179.47
中　央	667.81 ± 100.47	695.41 ± 153.47

重复测量方差分析显示，形容词属性的主效应显著 $F_{(1, 30)}=7.804$，

P<0.001，含有“上 / 高”的褒义词的反应时比含有“下 / 低”的贬义词反应时要短 $t_{(30)}=-2.108$，*P*=0.038。形容词呈现方位的主效应显著 $F_{(1,30)}=6.077$，*P*<0.001，但是，事后检验 LSD 值表明，各方位之间的差异主要体现在中央方位与上方位置 *P*=0.043，以及中央方位与下方位置 *P*=0.049，而上方与下方的均值并无显著差异 *P*=0.954。

不过最值得关注的是，形容词属性与呈现方位两因素交互作用显著 $F_{(1,30)}=5.148$，*P*=0.001。进一步地简单效应分析发现，在褒义词水平，形容词呈现在上方的判断反应时显著小于形容词呈现在下方的判断反应时 $t_{(30)}=-4.47$，*P*<0.001；在贬义词水平，形容词呈现在下方的判断反应时显著小于形容词呈现在上方的判断反应时 $t_{(30)}=2.986$，*P*=0.006。从图 2–13 中可以清晰地看到这种差异。

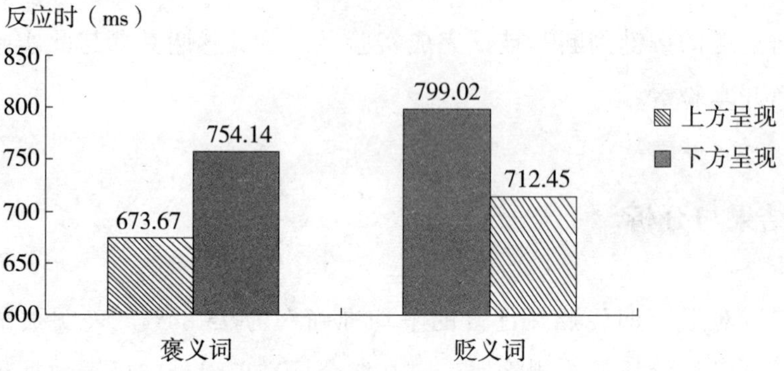

图 2–13　褒义词与贬义词在上 / 下方位上的判别反应时

而对呈现方位这个自变量的各个水平做进一步分析时，发现当处于上方位置时，褒义词的判断反应时显著小于贬义词的判断反应时 $t_{(30)}=-5.158$，*P*<0.001；但是，当处于下方位置时，褒义词的判断反应时与贬义词的判断反应时未达到显著差异 $t_{(30)}=1.31$，*P*=0.2；处于中位置时，褒义词与贬义词的判断反应时也无显著差异 $t_{(30)}=-1.289$，*P*=0.207（图 2–14）。

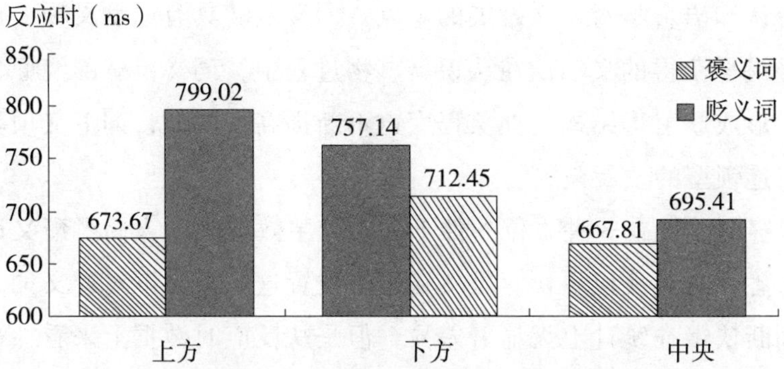

图 2-14　不同呈现方位上褒贬义形容词的判别反应时

八　讨论

实验一验证了我们的假设，对形容词所呈现方位的感知影响了对形容词的褒贬判别。虽然这些词都包含“上 / 下”、“高 / 低”这样的方位词语素，但这些词的意义内涵并不包括空间概念，表达的都是抽象的品质、人品等的褒贬评价。无论是在词典释义中还是在人们的通常理解中，都不会按方位词的空间本义来诠释这些形容词，即没有将“高尚”、“上进”这样的词汇直接与空间意义上的垂直维度上端相联系。

本实验中，含方位词语素的抽象褒义词呈现在屏幕的上方，较其呈现在下方时，被试做出褒贬判别的反应时短；而含方位词语素的抽象褒义词则是呈现在屏幕的下方，较其呈现在上方时，被试做出褒贬判别的反应时短。此时最可能的解释就是，词汇的抽象含义本身隐含或激活了某种方位信息，词汇呈现方位与该方位信息产生一致时产生促进效应，而不一致时则产生阻碍效应。这一结果可以充分表明这些方位词的引申抽象意义与其空间本义（垂直上下方位）之间的内在联系，有力地表现了褒贬评价概念所包含的上—下意象图式。

实验一的结果能证明被试对抽象概念的表征具有方位属性，这种方位属性与词汇的空间本义又具有完全的对应，可以有力地说明空间词汇的抽象意义与空间本义之间的关系。结合词源学的历时考察，就能很好地支持认知语言学对词义发展的观点：词义范畴具有原型义项，也是语言符号最早获得的义项。在认识新事物过程中，词义范畴围绕原型不断扩大，形成放射形结构，抽象程度也不断提高。因此，词汇义项具有辐射型、连锁型的发展模式。

形容词属性在 3 种方位条件下的总体主效应表明人们对褒义词似乎更为熟悉，对其反应更快。虽然在中央位置这一条件下对褒义词、贬义词的判断快慢在统计上无显著差异，但是从反应时数据上来看，被试对褒义词判断的平均反应时也仍旧是略快于对贬义词的判断。这也许能解释为什么当词语处于下方位置时，褒义词的判断反应时与贬义词的判断反应时未达到显著差异。这可能是呈现方位（下方）对褒义词判别的阻碍效应与褒义词本身的熟悉度效应产生了部分抵消。

此外，正如前文所述，由于处于便利的视野中心位置，且没有与词汇意义所激活的上—下意象图式的任何一端方位产生冲突，因此，被试对中央位置呈现词汇的判断比上 / 下方呈现的词汇判断都要快。

不过，从实验一我们得到进一步的启发：如果包含方位词语素的抽象形容词能够激活我们头脑中的空间意象图式，那么，汉语中更大量的不包含方位词语素的抽象形容词是否能有同样的表现呢？根据隐喻认知理论，如果上—下意象图式这样的抽象认知结构确实存在，它就并非一定需要借助垂直维度空间词汇来表达，因为，隐喻语言表达只是隐喻思维的表现，追根溯源，如果在普遍语汇中也能发现上—下意象图式的激活效应，那么，空间隐喻在思维层面中的存在就能得到更有力的支持。

此外，将形容词以或上或下的方位呈现，使得词汇本身的呈现包含了空间方位信息，这可能会潜在地暗示被试：方位信息与褒贬义评价是相关的，从而有可能人为地加强了隐喻效应。因此，实验二将词汇与空间位置进行了分离，从而探讨在不赋予空间信息的情况下对形容词进行褒贬判别时，是否仍然存在空间图式的激活效应，以期证明形容词褒贬义评价与方位信息的联系是固有的，可以在人们头脑中得到自动激活。

第三节　实验二　用引导范式研究空间方位信息判断

一　实验目的

如果“好在上，坏在下”的上—下意象图式隐喻存在于我们的思维水平上，那么无论词汇本身是否包含方位词语素，褒义评价都会激活向上的方位感，贬义评价都会激活向下的方位感。实验二拟采用引导范式，以不含方位词语素的抽象形容词的褒贬义加工为引导，考察其是否影响被试在随后含空间方位信息（上、中、下）的简单辨别任务中的表现。

二　实验假设

本实验的假设是：对抽象褒义形容词的加工将促进对上方呈现字母的加工，干扰对下方呈现字母的加工。而抽象贬义词则相反，对其加工将促进对下方呈现字母的加工，干扰对上方呈现字母的加工。另外，被试对中央位置的字母辨别反应时将作为一个对照结果，与上/下位置的结果进行比较，推测对此位置的反应不受褒贬判别的任何影响，反应最快，并且在褒、贬评价这两种引导条件下的反应时应该是没有差异的。

三　实验被试

31名来自上海师范大学多个专业的本科生，未参加过实验一。所有被试视力或矫正视力正常，母语为汉语，无任何阅读障碍。

四　实验材料

由心理学和语言学专业的学者组成专家小组，从《现代汉语形容词词典》中挑选出褒义词和贬义词各50个，建立褒/贬义形容词词库。然后，随机抽取上海师范大学本科生30人（此批被试不参与正式实验），对挑选出的褒义词和贬义词分别进行褒/贬程度的五级评分（1=完全同意；2=同意；3=说不清；4=不同意；5=完全不同意）。根据评分结果，筛选出得分最高的褒义形容词和贬义形容词各9个作为正式实验材料。并且对两种形容词的褒/贬同意程度评分进行t检验，结果 $t_{(29)}=-0.294$，$P=0.772$，二者的分数无显著差异。筛选出的词语及评分如下：

表2-24 被试对褒义形容词与贬义形容词的同意程度评分（$n=30$）

	褒义形容词	同意程度评分	贬义形容词	同意程度评分
1	优秀	37	卑鄙	35
2	勇敢	39	无耻	38
3	乐观	40	恶劣	39
4	杰出	41	肮脏	41
5	优美	41	腐败	42
6	珍贵	43	愚蠢	43
7	兴旺	44	窝囊	44
8	卓越	44	愚昧	45
9	欢乐	45	可恶	48

五 实验设计

这是一个2×3的被试内实验设计。自变量一是引导任务中的形容词属性，两个水平：褒义形容词与贬义形容词。在该引导任务中，被试需要对屏幕中央出现的形容词进行褒贬判别。为了保证被试认真阅读和加工，要求其出声报告"褒义"或"贬义"。自变量二是目标辨别任务中的字母呈现方位，三个水平：屏幕的上方、中央、下方。即在前述褒贬判别的引导任务之后，被试需要对屏幕上某个位置出现的字母进行辨别。这个字母或者是"F"或者是"J"，被试在辨别出来后迅速按下键盘上与之对应的按键即可。因变量是被试对目标任务中出现的字母进行辨别的反应时。

六　实验程序

正式实验使用VB编写的实验程序，所有题目均在电脑屏幕上呈现。每个被试都是在电脑前单独完成整个测试。首先，屏幕正中央将随机呈现一个褒义词或贬义词，被试的任务是尽快对形容词的褒贬义做出判别，口头报告“褒义”或“贬义”并按下空格键。之后，屏幕上会随机呈现字母“F”或“J”，呈现方位可能在屏幕上方，也可能在屏幕下方，此时要求被试辨别字母并按下与字母相对应的按键（“F”键或“J”键）进行反应。实验结束后，实验程序自动生成文件，记录每名被试的个人信息、判断结果和判断反应时。实验结果不做反馈。

实验开始前，经过培训的主试请被试落座，宣布测试纪律：独立地、不间断地完成测验。被试输入个人信息，包括姓名、性别、年龄与年级，然后点击“确认”键阅读指导语1。

实验二指导语1：

这是一个简单的判断实验。每道判断题包含两个步骤：

首先，屏幕上出现一个形容词，请您判断这是一个褒义的形容词，还是一个贬义的形容词。若是一个褒义形容词，请您回答“褒义”；若是一个贬义的形容词，请您回答“贬义”。在您回答之后，立刻按下空格键，这时形容词消失。

接着，屏幕的上方、下方或者中央位置，出现一个字母：“F”或“J”，请您注意观察，并且判断屏幕上出现的是“F”还是“J”。如果是“F”，请按键盘上的“F”键；如果是“J”，请按键盘上的“J”键。请您在保证回答正确的同时，尽快做出反应！

正式实验前，我们安排了练习题，以便于您熟悉实验的操作。练习题结果不做统计。

现在请您将输入方式调整为英文输入，并将双手食指分别置于键盘上的“F”键与“J”键之上。

被试阅读完指导语后，主试需要确认两点：（1）被试完全理解指导语的要求，没有疑问；（2）被试将左手食指置于键盘“F”键上，右手食指置于键盘“J”键上。主试确定被试已经明白指导语的内容后，请被试按“确定”键进入练习部分。练习结束后屏幕上出现指导语 2。

实验二指导语 2：

您做好准备了吗？让我们开始吧。

此时，主试再次向被试询问有无疑问。然后，被试正式进入实验程序，完成每道题的按键判断。被试完成实验后，主试感谢其参与此实验，带领其离开实验室。

七　结果与分析

数据处理方式同实验一，删除了 1.8% 的数据。以被试的判断反应时（ms）为因变量进行统计处理。表 2-25 为被试在对褒、贬形容词进行判别之后，对上、中、下三个方位上出现的字母的平均辨别反应时和标准差：

表 2-25　不同形容词引导下被试对不同方位呈现的字母辨别反应时和标准差（ms）

	褒义词引导（$M \pm SD$）	贬义词引导（$M \pm SD$）
上方	748.37 ± 169.85	826.94 ± 126.44
下方	834.65 ± 140.93	742.24 ± 177.55
中央	657.20 ± 149.27	638.95 ± 144.96

对反应时数据的重复测量方差分析显示，引导形容词属性的主效应不显著 $F_{(1,\ 30)}=0.213$，$P=0.645$。字母呈现方位的主效应显著 $F_{(1,\ 30)}=16.207$，$P<0.001$。事后分析 LSD 值表明，中央方位分别与上、下方位的均值都有显著差异 $P<0.001$，而上方与下方的均值并无显著差异 $P=0.978$。从表 2-15 可以看出，被试对中央方位的字母辨别反应时最短。

事后分析的结果表明，这种方位效应主要体现在中央位置与其他两个方位之间的差异。这符合我们的实验预期，中央的位置由于处于视野中心，被试的反应不受上—下图式的干扰，对此位置上的词汇属性评价反应最快。另外，对中央呈现字母在两种引导条件下的反应时也进行了t检验，结果表明无显著差异 $t_{(30)}=1.163$，$P=0.254$，这也验证了我们的假设，被试对中央位置的反应时不受褒贬判别的影响（图 2-15）。

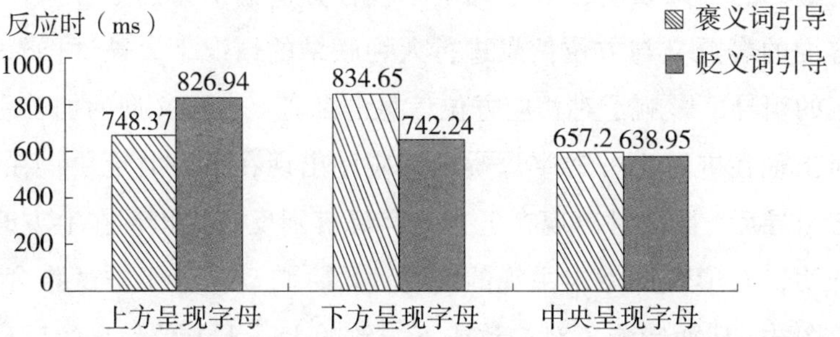

图 2-15　不同方位上呈现字母的辨别反应时

形容词属性与字母辨别方位的交互效应显著 $F_{(1,\ 30)}=4.56$，$P=0.012$。进一步的t检验发现，当作为引导的形容词是褒义词时，被试对呈现在上方的字母辨别反应时显著小于下方字母辨别反应时 $t_{(30)}=-6.885$，$P<0.001$；当作为引导的形容词是贬义词时，被试对呈现在下方的字母辨别反应时显著小于上方字母辨别反应时 $t_{(30)}=5.393$，$P<0.001$。（图 2-16）

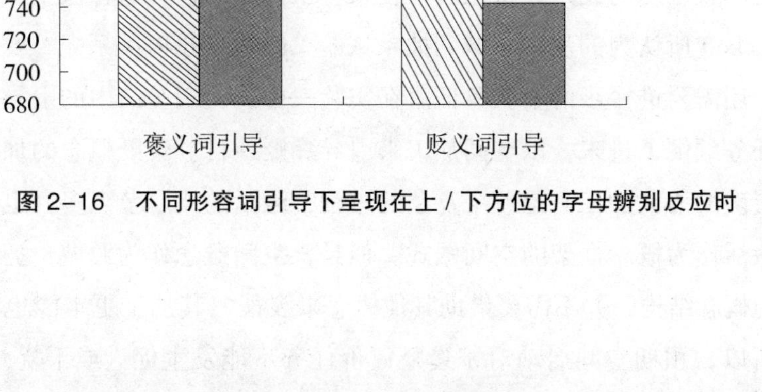

图 2-16　不同形容词引导下呈现在上 / 下方位的字母辨别反应时

八 讨论

实验二的结果表明，对于完全不包含方位词语素的形容词，在没有将形容词的褒贬义与方位信息进行人为联结的情况下，被试仍然受褒贬义加工的引导，影响了对相应方位信息的加工。在褒义词的加工引导后，被试对出现在屏幕上方的字母辨别反应比出现在下方时更快；在贬义词的加工引导后，被试对出现在下方的字母辨别反应比出现在上方时更快。可以证明，对形容词做出主观的褒贬评价，自动激活了被试隐含的上—下意象图式，从而影响了对一致或不一致的上—下方位信息的反应快慢。

在实验二的引导范式下，没有发现与实验一相似的形容词属性主效应，即褒义词引导与贬义词引导这两种条件下的反应时无差异。这也可以理解，因为在实验一的空间 Stroop 范式下直接记录褒贬判别反应时；而在实验二的引导范式下，褒贬判别仅仅是引导任务，褒义词与贬义词之间的熟悉度差异不会传递到目标任务中的字母辨别反应。

综合实验一、实验二的结果，可以发现褒义词与贬义词在人们认知结构中存在空间垂直维度上的方位差异，即“褒义词在上，贬义词在下”。无论形容词在形式上与空间信息结合与否，其褒贬意义内在固有的垂直方位表征不会变化。这说明现代汉语中“好在上，坏在下”的上—下意象图式隐喻存在于认知水平，而不仅仅是语言层面的现象。

但是，这个结果对于上—下意象图式的映射机制尚不够明确，可以被诠释为垂直维度与褒贬评价之间存在某种认知联结，但这种联结关系是否就是 Lakoff 所认为的从具体域到抽象域的单向隐喻投射关系呢？要印证这一点，还需要进一步的实验验证。在实验三中，将实验二中的引导任务与目标任务颠倒了过来，以空间加工来引导褒贬评价。褒贬概念的加工是一个深层次的语义加工，是一个复杂的过程，激活的概念节点多，也必然要首先激活作为概念框架的空间图式。但是，空间概念作为源域，拥有自己独立的概念结构，并不需要借助其他概念来表征，其加工更本能也更自动化。所以，预期空间启动对于褒贬评价任务不能发生促进或干扰效应。

第四节　实验三　用引导范式研究形容词的褒贬义判断

一　实验目的

探究“好在上，坏在下”的上—下意象图式隐喻是否存在从空间源域到抽象目标域的单向映射机制。具体的空间概念是人类最早形成的原始经验，有关的加工也处于比较低的认知水平上，难以对更复杂、更高层次的概念加工施加影响。这样的机制探索将证明，隐喻映射是从源域到目标域的单向映射，即源域与目标域之间是不对称的关系。

实验三采用与实验二相似的引导范式，只是将启动与目标进行互换，以不同方位上的字母辨别为引导任务，考察对空间方位的注意是否影响被试对随后的褒贬义形容词的评价。

二　实验假设

本实验的假设是：如果“上/下”与“好/坏”之间的对应仅仅是由于彼此结构的相似而引发了联想，那么，我们就不仅能看到褒贬评价对垂直方位信息辨别的启动效应，还应该能看到垂直方位信息辨别对褒贬评价的启动效应。

但如果“上/下”与“好/坏”之间的关联是一种隐喻映射关系，那么，按照隐喻认知理论，就应该是一种由始源域向目标域进行的单向映射过程，是不可逆的。因此，预测空间启动对褒贬评价没有影响。

三　实验被试

30名来自上海师范大学多个专业的本科生，未参加过实验一与实验二。所有被试视力或矫正视力正常，母语为汉语，无任何阅读障碍。

四 实验材料

褒贬评价任务所用的词语与实验二完全相同。

五 实验设计

这是一个 2×3 的被试内实验设计。自变量一是引导任务中的字母呈现方位，三个水平：屏幕的上方、中央、下方。被试需要对屏幕上某一位置出现的字母进行辨别。这个字母或者是“F”，或者是“J”，被试在辨别出来后迅速按下键盘上与之对应的按键即可。自变量二是目标辨别任务中的形容词属性，两个水平：褒义形容词与贬义形容词。在该目标任务中，被试需要对屏幕中央出现的形容词进行褒贬判别，按键反应。因变量是被试对目标任务中出现的形容词进行褒贬判别的按键反应时。

六 实验程序

正式实验使用 VB 编写的实验程序，所有题目均在电脑屏幕上呈现。每个被试都是在电脑前单独完成整个测试。首先，随机地在屏幕的上方、中央、下方这三个位置的其中一个位置上呈现字母“F”或“J”，被试的任务是辨别字母方位并口头报告 “上”、“中”或“下”，然后按下空格键。强调让被试辨别清楚，对速度不做特别要求。之后在屏幕中央随机呈现一个褒义词或贬义词，此时要求被试尽快评价其褒贬属性并按下键盘按键（“F”键或“J”键）进行反应。实验结束后，实验程序自动生成文件，记录每名被试的个人信息、判断结果和判断反应时。实验结果不做反馈。

实验开始前，经过培训的主试请被试落座，宣布测试纪律：独立地、不间断地完成测验。被试输入个人信息，包括姓名、性别、年龄与年级，然后点击“确认”键阅读指导语 1。

实验三指导语 1：

这是一个简单的判断实验。每道判断题包含两个步骤：

首先，在屏幕的上方、中央或者下方，出现一个符号“+++”，请您注意观察，并且说出“+++”出现的位置。若“+++”出现在屏幕上方，请您回答“上”；若“+++”出现在屏幕的中央，请您回答“中”。若“+++”出现在屏幕的下方，请您回答“下”。在您回答之后，立刻按下空格键，这时“+++”消失。

接着，屏幕上出现一个形容词，请您判断这是一个褒义的形容词，还是一个贬义的形容词。如果是褒义词，请您按键盘上的“F”键；如果是贬义词，请您按键盘上的“J”键。请您在保证回答正确的同时，尽快做出反应！

正式实验前，我们安排了练习题，以便于您熟悉实验的操作。练习题结果不做统计。

现在请您将输入方式调整为英文输入，并将双手食指分别置于键盘上的“F”键与“J”键之上。

被试阅读完指导语后，主试需要确认两点：（1）被试完全理解指导语的要求，没有疑问；（2）被试将左手食指置于键盘“F”键上，右手食指置于键盘“J”键上。主试确定被试已经明白指导语的内容后，请被试按“确定”键进入练习部分。练习结束后屏幕上出现指导语 2。

实验三指导语 2：

您做好准备了吗？让我们开始吧。

此时，主试再次向被试询问有无疑问。然后，被试正式进入实验程序，完成每道题的按键判断。被试完成实验后，主试感谢其参与此实验，带领其离开实验室。

七　结果与分析

数据处理方式同前述实验，删除了 2.5% 的数据。以被试的判断反应时（ms）为因变量进行统计处理。表 2-26 为被试在上、中、下三种方位的空间启动之后，对形容词进行褒贬辨别的平均反应时和标准差。

表 2-26　不同方位引导下被试对形容词褒贬判别的反应时和标准差（ms）

	褒义词判别（$M \pm SD$）	贬义词判别（$M \pm SD$）
上方	760.97 ± 168.99	817.80 ± 207.40
下方	756.34 ± 177.77	797.03 ± 194.51
中央	750.01 ± 181.50	766.65 ± 171.32

对反应时数据的重复测量方差分析显示，引导字母呈现方位的主效应不显著 $F_{(1,\ 29)}=1.231$，$P=0.246$。形容词属性的主效应不显著 $F_{(1,\ 29)}=1.216$，$P=0.339$。但是目测到在三种引导条件下，褒义词的判别反应时数据比贬义词的判别反应时数据都要小。对褒义词与贬义词的判别反应时做 t 检验，发现二者之间的确存在差异，$t=-3.091$，$P=0.003$。也就是说，被试对褒义词的判别比对贬义词的判别要快（图 2-17）。这个结论与实验一的结论类似，推测是由于人们对褒义词更为熟悉所致。

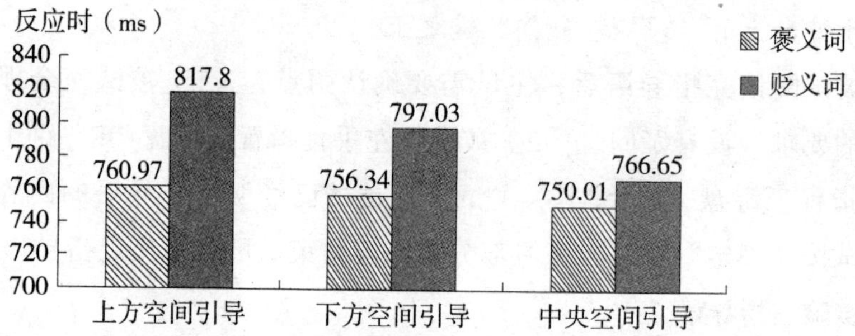

图 2-17　不同方位引导下的褒贬判断反应时

不过对于本研究最重要的结果是，引导字母呈现方位与形容词属性交互效应不显著 $F_{(1,\ 29)}=1.058$，$P=0.405$。这印证了我们的假设，即空间启动没有影响到被试对形容词的褒贬判断。

八　讨论

实验三以空间加工来引导褒贬评价，结果没有发现启动效应。说明空间概念虽然是褒贬评价概念形成的基础，但是，空间概念的加工本身是原始的、基本的，其完成过程是自动化的，对于更复杂的褒贬评价任务不能发生促进或干扰效应。从信息加工的角度来说，低级的认知加工不能启动高级的认知加工。

这符合概念隐喻的推理。概念隐喻理论认为，隐喻映射是从源域到目标域的单向映射，即源域与目标域之间是不对称的关系。被试对于空间源域的加工仅仅是发生在空间概念域中的加工，对随后的隐喻目标即使有影响，也可能是很微弱的，在实验三的引导范式下没有体现。但是，在实验二中，被试对抽象概念域的加工是对以隐喻方式构建的概念的加工，是一种跨概念域的加工，它同时涉及源域与目标域，也就必然影响到跟随在隐喻概念加工之后的源域概念（空间概念）加工。

第五节　总讨论

本研究根据“好在上，坏在下”的上—下意象图式隐喻，发现褒义词与贬义词在人们认知结构中存在空间垂直维度上的方位差异，即“褒义词在上，贬义词在下”。可以认为，正是由于人们头脑中对褒贬意义的表征关联着固定的上—下方位属性，才会在方位信息与褒贬含义不一致的情况下产生加工干扰，而在一致情况下产生促进效应。综合三个实验的结果，表明现代汉语中“好在上，坏在下”的垂直性空间隐喻存在于认知水平上，也支持了隐喻映射是从具体的源域到抽象的目标域的单向映射，在总体上对隐喻映射的两大原则进行了论证和支持。

一　关于效价不变原则

实验一与实验二的结果能够很好地对隐喻认知理论做出实证支持，帮助我们更细致地剖析抽象概念的理解过程是否是一个隐喻投射的过程。对词汇褒贬属性的评价过程是一个抽象的概念加工过程。被试在对词汇意义的理解过程中，必然要将所需要理解的内容容纳到头脑中的某个认知结构中去。而在认知语言学的理论体系中，此时的基础认知结构就是从空间域投射而来的上—下意象图式。被试凭借该图式与褒贬概念体系进行关联对应，进而可以理解与判断。可以说，没有激活上—下意象图式，被试就无法完成词义的理解以及评价任务。实验结果更进一步支持了映射过程的效价不变原则：图式中的正极总是用以构建概念维度的正极，负极总是用以构建概念维度的负极，而不会产生相反情形。在实验二中，当被试将词汇判断为积极 / 消极之后，就必然已在头脑中定位于垂直维度上的一个端点。与此同时，让被试进行上—下空间方位的加工，信息之间就会产生关联。先前头脑中激活的方位属性若与视觉呈现方位相同，就会产生促进效应；如果先前激活方位属性与视觉呈现方位相反，就会产生干扰效应。而被试对中央方位的加工在褒义评价与贬义评价两种引导条件下没有快慢差异，更可以有力地说明抽象褒贬评价与上—下方位存在固定的对应关联：好在上，坏在下。因为上 / 下方位是褒贬评价概念的内在属性，才导致形容词与相反方位相结合或者引导相反方位的加工时会产生冲突，这是隐喻映射效价不变原则的最佳明证。

二 关于单向映射原则

褒贬评价概念的内在垂直方位属性，使得褒贬评价能有效地启动被试对相关方位的加工。但反过来，对空间信息的加工是自动化的，是更低层次的加工，没有必要借助隐喻来获得对垂直方向的理解，因此，它没有影响到随后的词汇评价。实验三与实验二相反，以不同空间位置出现的字母辨别来引导形容词的褒贬评价，结果未能发现前者对后者的启动效应，证实空间概念与抽象概念之间的联系是不对称的关系。我们说概念性思维建立在感觉经验的基础上，但感觉经验并不建立在概念性思维的基础上。

这个结果涉及隐喻的工作机制，即隐喻的意义是如何产生的。我们已知概念隐喻包含两个部分：始源域和目标域。映射方式就是从始源域到目标域。始源域往往是我们熟悉的、已知的或者具体的。目标域往往是不熟悉的、有待理解的或者抽象的。这一映射方式反映了人类认识的基本途径：从具体到抽象。两个概念域之间之所以会产生映射，是由于二者存在固有的相似性，对于空间隐喻而言就是物理基础与心理体验之间的微妙相似性。但是，相似性的存在也不能否认二者是两类不同种类的事物。因此，隐喻映射绝对不会是始源域的全部内容和关系完全地投射到目标域来，而一定是源域事物的部分特征向目标域进行映射。从这一工作机制出发，我们就可以推论出映射的不对称性与不可逆性。实验二的启动效应不能通过实验三中引导与目标的逆反来得到重现，这就能够印证隐喻的源域—目标域单向映射的理论模型。

三　认知的体验观

认知语言学以新经验主义为哲学基础，认为思维是不能脱离形体的，人类认知结构来自人体的经验，并以感知、动觉、物质和社会的经验为基础。同时，推理受制于人的生理基础、思维器官及其运作环境，客观事物只有被大脑感知时才能获得“意义”。

因此，语言中的隐喻都是人类认知活动的工具和结果。作为隐喻投射的基础，意象图式是一种基于体验、先于概念和语言而形成的抽象认知结构。本研究在被试对形容词进行褒贬判别的抽象认知加工过程中，发现了垂直空间图式的激活效应。那么意象图式作为认知图式的心理现实性已可从本研究以及相关的前人研究得到一系列验证，证明我们不仅用空间词汇来描述抽象概念，其本质更在于我们会利用空间信息来思考抽象概念。这为“人们的抽象思维以具体感知—动觉经验为基础”这一认知语言学论点丰富了心理学的实证证据。

第六节 小结

一 结论

基于现代汉语中所存在的上—下意象图式隐喻现象，本研究通过三个层层递进的实验，分别采用了空间 Stroop 范式与引导范式，对褒贬评价概念在人们头脑中的认知表征机制做了深层探究。

实验一以包含方位词语素的抽象形容词为实验材料，采用空间 Stroop 范式将方位信息与形容词褒贬义相结合，结果发现当词的褒贬义与其空间位置之间的关系符合上—下意象图式时，被试的褒贬判别反应时更短。实验一的结果能证明人们对垂直维度空间词汇的抽象引申意义表征具有上—下方位属性，说明了空间词汇的抽象意义与空间本义之间的关联，从而也为词汇义项的衍生路径研究提供了心理学证据。

实验二以本身不包含方位词语素的抽象形容词为实验材料，以形容词的褒贬判别为引导任务，发现褒义词能提高随后上方字母的反应时，反之亦然，而被试对中央位置字母的反应则不受褒贬判别的影响。该结果更有力地证明了人们对抽象褒贬概念的表征是以头脑中固有的上—下图式为基础，说明“好在上，坏在下”的上—下意象图式隐喻是思维水平上的隐喻，而非仅仅表现在隐喻语言形式上。

实验三将实验二中的引导任务与目标任务互换，以不同空间位置出现的字母为引导，未能发现它对褒贬义加工的启动效应。证明了隐喻映射是从源域到目标域的单向映射。空间概念是基础的、原始的，褒贬概念是更抽象的、难理解的，隐喻映射只能是从空间域向抽象域的单向映射，而不会反之。

综上得出结论：抽象的褒贬评价概念在人们头脑中的表征具有上—下垂直方位属性，证明“好在上，坏在下”的意象图式隐喻具有不依赖于语言的心理现实性。并且，这种隐喻映射是从空间概念向抽象褒贬概念的单向映射，体现了源域与目标域之间的不对称、不可逆的投射关系。

同时，也从认知水平上印证了词义范畴的隐喻扩展方式，揭示了隐喻语言背后的认知动因。

二　本研究的不足

本研究在实验程序的设置上存在一定的遗憾。实验二和实验三中，被试在引导任务中需要口头报告，然后按空格键反应，过程稍显繁杂。在预实验中有些被试反映这样的过程容易出错，希望能够直接进行按键判断。但考虑到口头评价比按键判断更能保证对引导任务进行深加工，我们还是保留了口头报告的反应操作。当然，理想的状况应该是直接语音输入作为反应，但由于编程技术存在困难，只能变通地先口头报告再按空格键，并加大练习量以弥补这一缺憾。今后有条件的话，应该考虑实现直接把语音输入作为反应操作，减少实验误差。

三　今后研究展望

70年代兴起的第二代认知科学提出了“认知体验观”，认为心智深植于人的身体结构及身体与世界（环境）的相互作用之中，以心智的体验性为核心特征。认知语言学从概念的隐喻性、空间关系概念的形成、概念范畴化过程等方面深刻阐述了这种以体验哲学为基础的认知观。但心理学家们至今似乎未予足够关注。

本研究在第二代认知科学的理论背景下，在语言学的研究基础上，采用心理学实验研究途径，考察现代汉语的褒贬评价概念中是否包含垂直方位属性。这个结论与前人关于上—下意象图式的心理实验研究是一致的。我们还可对上—下意象图式向广泛抽象域的投射进行多方面研究，深入探讨人们的概念表征体系。事实上，隐喻认知体系错综复杂，始源域可以同时被映射到不止一个目标域上，同一目标域的不同侧面，可能来源于不同的源域映射。两相交错，形成了具有不同家族相似性的语义范畴系统，这背后的认知机制十分值得深入研究和探讨（彭宣维

2004）。

认知语言学的隐喻理论强调，从空间等基本经验中抽取的意象图式以及隐喻的结构性映射是概念体系的形成机制。而认知心理学领域近年兴起的知觉符号理论也认同概念的心理表征与人们的知觉经验有着结构性的密切联系，认为概念表征是概念形成过程中感知觉信息图式化的结果。此外，在认知神经科学领域，镜像神经元的发现也为概念直接与人的感觉—运动机能相关的观点提供了神经生理证据。镜像神经元能在主体没有直接外显动作的情况下，仅仅看到别人进行相同动作也会被激活，且与自身动作引发的神经元活动相同。这为体验性认知提供了极好的佐证（李其维 2008）。

因此，我们可以预期，随着心理学、语言学、神经科学、计算机科学、人类学、哲学等各个学科的共同发展和交叉渗透，随着对概念（尤其是抽象概念）的形成过程及基础机制更细致、更深入的研究，认知的体验观将得到更深刻的剖析及更广泛的传播。

第三章

儿童空间认知与空间概念的发展研究

空间是物质存在的形式之一，空间概念是个体最早获得的概念，是人类智能结构的重要组成部分。空间语言，是空间概念的物化形式。本章将通过对儿童空间语言的发展，探讨儿童空间认知的发展。

第一节　儿童方位词的习得研究

一　方位词的习得顺序

儿童习得空间方位词的顺序主要有以下两个方面的研究：一是常用方位词的习得顺序研究；二是分项研究垂直维度方位词和水平维度空间方位词的习得顺序。

Holzman（1981）考察了儿童对空间方位词的理解，结果表明：学前阶段的儿童对 in、on、inside、out of 等词的理解几乎没有错误，对 under、below、underneath 则感到最困难。而 behind、between、in front of 掌握情况则介于两者之间。

国外一些研究得到的结果表明，垂直词的获得要早于水平词的获得。如 Windmiller（1976）考察了儿童对垂直方位词 over、above、under、below 和水平词 back、behind、front 的获得，发现 2 岁 11 个月和 3 岁 6 个月的儿童显示出理解这两类词的错误。到 4 岁 5 个月时，如果采用的"参照物"是本身具有前后特征的物体，儿童就不会混淆前后和左右的方位词；但如果采用的是没有前后特征的参照物，他们仍然显示出对这两类词的错误。到5岁9个月时，如果采用的是无前后特征的“参照物”，儿童对垂直词的理解就显著地好于对水平词的理解。到7岁时儿童才能理解所有的方位词。以上的发展阶段说明儿童理解垂直方位词要早于水平方位词。E.V.Clark（1980）用四类材料考察了1岁6个月至5岁的儿童对top、bottom、back和front的理解。这四类材料分别为：本身具有前、后、上、下特征的物体，如汽车；具有上、下特征而不具备前、后特征的物体，如瓶子；具有前、后特征而不具有上、下特征的物体，如饼干；上、下、前、后特征都不具备的物体，如球。主试要求被试遵照指导语把物体相应的部位指出来。实验结果表明儿童对垂直词top和bottom的反应显著地好于对水平词front和back的反应。这说明儿童理解垂直方位词早于水平方位词。以上研究结果和皮亚杰的预言是一致的，即儿童先掌握垂直空间概念，后掌握水平空间概念。

叶绚、方芸秋（1958）用“根据空间印象”寻找玩具和“根据语言指示的方位”寻找玩具两项任务来考察学前儿童方位知觉的发展，实验结果说明3—6岁儿童在辨别方位上存在年龄差异：3岁儿童仅能辨别上、下方位；4岁儿童开始能辨别前后方位；5岁儿童开始能以自身为中心辨别左、右方位；6岁儿童只达到完全正确地辨别上、下、前、后4个方位，以自身为中心的左—右辨别尚未发展完善。实验结果还说明不同方位辨别的难易次序是：上、下、后、前、左、右。

张仁俊（1985）通过实证研究来考察儿童理解和表达“上、下、前、后、左、右”等空间方位词，结果发现：儿童空间方位词的理解先于表达；空间词汇的习得顺序是：里、上、下、外、后、前、中、旁、左、右，儿童认知和言语的发展有助于空间方位词的掌握。

张璟光、丁慧韵、林菁（1987）使用“参照物”和“被安放物”来考察儿童掌握空间方位词的顺序以及联系，并得出与张仁俊（1985）相一致的习得顺序。

侯岩、叶平枝（1992）在对儿童关于方位词“上、下、左、右”的理解实验中，发现4岁儿童已基本具备辨别上下方位的能力；6岁儿童全部可以正确地认出物体的上下方位；学前儿童对左右方位概念的掌握仍处于一个逐渐发展的过程。

田学红、方格、方富熹（2001）等人用性质不同的两种作业——语文空间测验和语文词汇测验来测量幼儿对方位词的认知发展情况，得出了两个主要结论：儿童4岁已经掌握简单方位词（“前、后、上、下、之间、里、外”），但这种能力因测试材料的性质不同而有所变化。对比较复杂的方位词“左”、“右”的理解与左右方位的参照物有关；儿童在以自身为参照时对方位词的掌握好于以客体为参照。

张璟光、丁慧韵等（1987）还考察了儿童对垂直空间词（“上、下”）和水平空间词（“前、后、左、右”）的理解差异。结果表明：2岁和3岁儿童对“上/下”和“前/后”空间词汇的理解差异显著，4岁、5岁、6岁儿童理解“上/下”、“前/后”基本没有差异；2岁、3岁和4岁儿童对“上/下”与“左/右”空间方位词的理解差异显著，5岁和6岁儿童对“上/下”、“左/右”空间方位词的理解没有显著差异；2岁、3岁和4岁儿童对水平空间词——“前/后”和“左/右”的理解的差异显著，儿童对“左/右”空间词的掌握比较困难，5岁、6岁儿童对“前/后”和“左/右”空间词的理解差异不显著。

王祥荣（2000）跟踪记录了1—5岁儿童的日常用语，发现：儿童在5岁之前基本可以理解“上/下”类方位词，并且儿童对“上/下”类方位词的习得不是同步进行，认知、语言和功能三方面因素决定儿童对“上”类方位词的习得先于“下”类方位词。

孔令达（2004）依据儿童现实话语中的材料来描述儿童方位词“上、下、里、外、前、后、中、旁、左、右”最初发生的时间，并得出了方位词的大致发展顺序：里、上 > 外、下 > 前、后 > 中、旁 > 左、右。李向农（1992）等统计了2岁至5岁儿童方位句中方位词的使用频率，在含方位词的172句中，“里”出现78次，“上”45次，“下”16次，“上”的使用频率比“下”高。

以上研究显示，对儿童而言，无论在习得顺序还是在使用频率上，“上”比“下”更占优势，即“上”比“下”更易为儿童习得。

二　方位词习得的影响因素

国外学者除了探索儿童空间词汇的理解和表达外，近期更关注的是儿童在使用方位词“up、down、above、below”时所受的影响因素，研究儿童掌握方位词的认知规律。

Meints 等（2002）在父母问卷中以视觉偏好为指标研究了 15、18、24 个月的婴儿在典型任务（在桌子的中心上 / 下）和非典型任务（在桌子边缘上 / 下）中对方位词“on”和“under”的理解。结果发现婴儿在两种任务中理解方位词“on”和“under”的表现不同：婴儿在 15 个月时仅把典型任务与“on”、“under”联系起来，18 个月时可以把非典型任务包含到空间词“on”、“under”的范围中。

Feist & Gentner（2003）用标签实验说明了儿童依照情境对方位词“on”、“in”的选择同时受背景的几何纬度、功能信息、有生性和图形的有生性共同影响。背景的凹陷度越大、背景的容纳性越好、背景和图形越具有生命性，被试越倾向于使用“in”，反之，被试倾向于使用“on”。

Coventry 等（2001a，2001b）使用“参照物”和“目标物”进行研究，结果发现：方位词“in”和“on”使用时易受参照物几何形状和日常功能的影响。他们还发现儿童在使用“above/below”和“over/under”进行表述时会受到目标物的位置和日常功能的影响。目标物的摆放位置对儿童“above/below”的选择偏好影响较大，目标物的日常作用对儿童“over/under”的选择偏好影响则较大。

陈瑶（2003）从研究方法、研究角度、研究对象三方面分析了 1949—1999 年的方位词研究的特点，认为从空间、时间概念表达的角度研究方位词的不多，仅有吕叔湘和房玉清等少数人进行了研究。

H.H.Clark（1973）的研究发现，时间概念和空间概念之间有着系统的对应，如：英语在空间领域里有“在角落里（at the corner）”、“桌子前（before the desk）”等表达，在时间领域里有“在晚上（at evening）”、“中午前（before noon）”。方位表达与时间表达在语言运用上的一致性引起了认知语言学家的极大关注。Lakoff & Johnson

(1980)认为，人们的视觉系统使其具备了方位感知能力，能够感知动作和物体的方位，但是人没有直接感知时间的器官，于是，人们借助了空间概念去建构时间概念。

由于时间具有顺序性和一维性，因此，能够用空间概念中的方位词“前(front)”、“后(behind)”来指称。Gentner 等(2002)认为“表示前 / 后关系的空间概念是时间领域里借用得最为广泛的”。

瑞士心理学家皮亚杰(Piaget 1927)认为，儿童需要很长时间才能正确地掌握时间概念。他曾经记录过一个 7 岁男孩将时间和空间混淆在一起的例子：一名成人和儿童做了一个短程赛跑，他俩同时起步，也同时停跑。在停跑后，成人比儿童跑的距离长，停在孩子前面。他问孩子：“我们是同时起步的吗？”孩子回答：“是的。”“我们是同时停下来的吗？”“不是。”“那谁先停下来的？”孩子回答说：“你。”“你停下来的时候我还在跑吗？”“不。”“我们大家一起跑的时间一样长吗？”“不。”“谁跑的时间长？”“你。”这个实验说明儿童的时间概念受制于空间概念。在儿童发展过程中，儿童习得空间概念远早于时间概念。

朱曼殊(1990)在幼儿口头言语的初步调查中发现，在 70 名 2—6 岁儿童的 1331 个简单句中，用各种时间词汇的占 22.8%，比使用空间词汇的少得多，而且出现得较晚。有时即使使用了某些时间词，又未必真正理解它们的意义。

范继花(2006)从时间隐喻的角度出发，重点研究了汉语人称称谓中方位词“前 / 后”的隐喻运用现象，并解释了汉语中其他同“前 / 后”搭配的合成词的隐喻现象，由此证明隐喻是根源于人们的实践经验，受制于人们自身同周围环境相互作用的结果。

游顺钊(1985)发现，口语中表达时间概念的词语都来源于表示空间—视觉概念的词语。在汉语词汇中有大量从表示空间—视觉概念转变为表示时间概念的词汇，比如“白(天)、长(夜)、从(今)、大(大前天)、代、当、到、底”等等。英语中“about、after、behind、from”等多数词也是由空间词义逐渐演变为时间词义的。根据他的研究，汉语词汇中从空间—视觉概念转变为表示时间概念的词汇为数不少。英语也是如此，而且多数词语表示时间的用法要比表示空间的用法晚一个世纪以上。

H.H.Clark（1973）研究了儿童的空间词和时间词的习得顺序，发现儿童先掌握空间词汇，后掌握时间词汇。中国学者周国光（2004）、孔令达（2004）、朱曼殊（1986）的研究表明，儿童在1岁8个月时口语中出现空间方位词“上面”、“里面”，2岁开始出现“上”、“前面”，3岁6个月时开始出现“下”、“后”，这些词出现时都表达空间义。而相应的时间词都出现得晚一些，在3—4岁出现“先”、“后”，在4岁时开始理解“以前”、“以后”，5岁出现口语表达，在5—6岁时出现对“中午”、“下午”这类词的理解。

周榕（2001）通过对时间的空间隐喻表征的实证分析，指出“前”和“后”的关系表现为一种空间意象图式，“时间在动”和“空间在动”是表示“前”、“后”时间关系的水平空间隐喻。

Núñez，Motz & Teuscher（2006）划分了时间的空间隐喻系统，将其分为以自我为参照点的隐喻系统（Ego - RP）和以时间为参照点的隐喻系统（Time - RP）。

为了进一步研究儿童对时间词汇的掌握情况，朱曼殊（1982）对时间词句进行了较为系统的研究，结果表明，儿童在语言中使用时间词汇比空间词汇少而且迟。儿童最先掌握表示现在的时间副词，大约在4岁；然后是表示过去的时间副词，在5岁左右；最后才发展表示将来的时间副词，在6岁左右。从她的实验程序中我们可以发现，她的实验要求儿童按照句子生动地用玩具表演句子的内容，这种任务看上去似乎很简单，但分析起来它却包括两个过程：先理解句子，然后再自己演示句子的内容。这种任务从理论上讲已超出了词汇理解的水平。

皮亚杰（转引自刘金花，1997）还曾经给学龄前儿童看桌上放着的两个机械蜗牛，实验者同时使两个蜗牛启动爬行，其中一个蜗牛爬得快，另一个蜗牛爬得慢。当快的蜗牛已经停止时，慢的蜗牛还在爬，可是最终仍未赶上快的蜗牛。在皮亚杰的实验里，4.5—5岁的儿童还不能把时间关系和空间关系区分开来；5—6.5岁的儿童开始把时间次序和空间次序分开，但仍不完全；7—8.5岁的儿童最后才把时间与空间关系分别开来。

方格等人（方格、方富熹1991，方格、方富熹、冯刚1994）先后两次探查儿童对年龄的认知发展，发现儿童对年龄的认知水平在4.5—

6.5岁期间有显著提高; 从对年龄将来时的认知特征看,儿童对短时距(如1年)内的将来时比对长时距(如5年及以上)的将来时认知情况要好。这说明时距长短是影响儿童对年龄将来时认知的主要因素,表现出认知发展过程中普遍的由近及远、由短及长的发展趋势。

方格等人(方格、冯刚、姜涛、方富熹1993,方格、冯刚、方富熹、姜涛1994)对儿童时距比较与复制的实验研究表明,如果采用单一时距并以儿童喜闻乐见的生动形象作为刺激以吸引儿童注意力,再采用短时距以降低任务要求,使任务难度降低,即使5—6岁儿童也能区分具有几秒钟差异的短时距;对单一时距,儿童已能开始应用计数策略解决问题;在外界有时间标尺的情况下,不需成人提示就知道加以利用,这是幼儿认知发展中的一个重要成就,这表明5—6岁的儿童已经具有把时间视为可计数的潜能。

孔令达(2005)依据儿童现实话语中的材料来描述儿童方位词系统的发展面貌,重点分析了影响儿童习得方位词先后顺序的综合因素。虽然文章中认为很多方位词既可以表示空间意义,也可以表示时间意义,并且,表示空间意义的用法出现在前,表示时间意义的用法出现在后,但是该文仅仅描述了表示空间意义的方位词的发展情况。儿童最早出现"前"类方位词和"后" 类方位词时间为2岁6个月。

Plumert等(1995)采用空间关系物体复位任务和空间关系描述任务,分别调查了空间关系的种类如何影响儿童对嵌套式空间关系的记忆和表述能力。参照性语言的使用技能和对位置编码的偏好都影响着儿童对嵌套式空间关系的表述。并且在一定的空间里存在让他们混淆的位置关系;空间关系的类型是接近型还是支持型,这两者是导致幼儿在描述空间关系上存在困难的原因,并且儿童对空间关系的编码存在偏好,这偏好的信息源是所获得的空间条件的次序。儿童习得"in"、"on"要早于"next to",在言语指令中,尽管要求2岁儿童把物体放在另一物体的前面或者后面,可他们更倾向于放在上面或者里面。

张仁俊(1986)从语词的获得包括理解(听)和生成(说)两个方面,对儿童空间方位词的理解和生成的关系做了考察。儿童获得空间方位词的顺序是首先获得"里、上、下"3个词,其次获得"后、前、中、外"4

个词，“左、右”的获得则最晚。该论文指出 H.H. Clark 曾假设“前”的获得比“后”早，因为人们要知道一个物体的后面是什么必须先知道它的前面是什么。但是该论文的结果表明无论是语言理解还是语言生成，儿童对“前”的掌握并不比“后”早，两者相差不多，如要分先后，则“后”反而比“前”略早一些。

以上这些研究结果有不少不一致的地方，这是因为各位学者的实验条件不一样，对“上 / 下”、“前 / 后”空间义和时间义的分辨程度不一。本章将在后面各节设计更精致的实验来区别这些义项。

第二节　儿童空间维度词的习得研究

一　习得顺序的研究

成对反义形容词的习得一直是语义发展研究理论的关注核心。Bierwisch（1967）的研究表明：“大 / 小”是最容易掌握的空间维度词，因为它们单指空间范畴。其他空间维度词如“高 / 低”、“厚 / 薄”则更加复杂，因为它们是空间范围的一个特定维度，“高度”或者“厚度”。按照这种分析，儿童首先应该正确掌握了“大 / 小”，而一维的，如“高”则较晚一点习得。发展分析比较也得出这种观点。Bierwisch（1967）、E.V.Clark（1972）所调查的国外儿童空间维度词的发生顺序是：大小 >（早于）高矮 > 长短 > 高低 > 宽窄 > 厚薄 > 深浅。另外，Robb & Lord（1981）给出证据，父母对儿童的日常用语常常包含“大 / 小”，儿童 2 到 3 岁之间便习得了第一对空间维度形容词“大 / 小”。

国内学者朱曼殊（1986）对汉语儿童习得空间维度形容词顺序的调查结果显示：第一，“大 / 小”，获得年龄约是 2 岁；第二，“高 / 矮”、“长 / 短”，获得年龄约是 3 岁；第三，“粗 / 细”，获得年龄约为 4.5 岁；第四，“高 / 低”，获得年龄分别是 3 岁和 5.5 岁；第五，“厚 / 薄”、“宽 / 窄”，获得年龄约为 5.5 岁。

李宇明（1995）对汉语儿童空间维度词获得顺序的调查结果与朱曼殊相同，两者的结果与国外研究相比较，除了调查词语的不同（国外的资料没有“粗 / 细”，而国内的资料没有“深 / 浅”）外，中外儿童空间维度形容词的获得顺序基本一致。

孔令达（2004）对汉语儿童实词习得的研究表明，儿童最早使用的空间形容词是“大、小、好、多”。“大 / 小”的使用最早可以追溯到 1 岁半。1 岁半时，儿童开始使用以形容词为修饰语的偏正短语如“大球”、“小兔”等，形容词包含在这个短语中。儿童将这一短语当作一个整体来使用，不理解其中形容词的含义。同一个球，有的儿童称之为“大球”，有的儿童称之为“小球”；同一名儿童将同一个球有时称作“大球”，有时称作“小球”，甚至同时叫作“大球”、“小球”，“大 / 小”是非区别性的。这是整体模仿使用，不是理解使用，因而不能说儿童习得了形容词“大 / 小”。到 2 岁时，儿童使用的“大 / 小”在语义上有区别，一般认为这个时候儿童开始习得“大 / 小”。另外，孔令达等人对汉语儿童空间维度词的习得顺序的调查包括了深浅类，他们根据各个小类中最早出现的那个词的始现时间得到一个空间维度词发展的序列：大小类 > 高矮类 > 长短类 > 粗细类、深浅类 > 厚薄类。在各个小类内部，无标记空间维度词先于或同时与有标记空间维度词出现。从以上论述中不难看出，“大 / 小”在儿童年龄较小的时候就能正确掌握。

二　儿童习得空间维度词产生顺序的原因探讨

对空间维度词的习得在国内外出现一个基本相同的普遍顺序，其背后有哪些原因呢？这一问题同样得到众多研究者的关注，总结一下，主要从以下三个方面进行探讨：

1. 词义复杂性

空间维度形容词都是对事物一个或者一个以上维度的物理延伸程度的描述，各个空间维度词的词义复杂性存在差异。空间维度词的词义复杂性首先表现在指称维度时受到的限制程度的大小上（刘金花 1997），限制越小，词义复杂性越低；限制越多，词义复杂性越高。“大/小”能够指称任何一个维度或者全部三个维度的物理延伸度，限制最少，因而是最简单的一对空间维度词。例如，平时把高个子说成“大个子”，这是用“大”描述上下的垂直距离，即指称一个维度；当人们说到“大床、小床、大门、小门”时，我们是在用“大/小”描述平面面积，即指称两个维度；当说到“大房子”、“小房子”时，“大/小”描述三维的物体，即指称三个维度。儿童用“大/小”描述体积、面积、高度、长度、厚度等各个维度，甚至还包括数量。而“大/小”以外的其他各类词都只能对某一个特定维度进行描述，受到不同程度的限制，词义较复杂。比如，“高/矮（低）”、“深/浅”、“厚/薄”只能描述垂直方向的上下距离。“长/短”描述的是一条线的两端之间的距离，必须在观念上把物体看作一条线，才能使用“长/短”。而“粗/细”描述的是条状物体横剖面直径的大小。可见，词义越简单，习得时间越早；词义越复杂，习得时间越迟。其次，词义复杂性还表现在词义对词所描述的对象的选择限制上，即与其他成分的结合面的宽窄程度上。在日常生活中，儿童所接触到的各种各样的物体，不论是高的、矮的、长的、短的、方的、圆的，一般都有大小之分，所以，“大/小”可以和绝大多数事物相结合。

2. 人类视觉信息加工的整体优先性

空间维度词的发展顺序还可以从人类视觉信息加工中的整体优先性得到解释。人类知觉能力以视觉为最优，人类视觉器官的发展，在各个感官中无论结构上还是功能上都是最复杂的，也是最敏感的，对客观世界信息的接受大约80%要通过视觉器官，这是人类适应自然中长期发展的结果。人类视觉信息加工存在整体优先性。格式塔心理学派认为，物体是以整体而被知觉的。韩世辉（2000）介绍，Navon以复合结构的图形为实验材料研究整体性质知觉和局部性质知觉的关系，发现被试辨别整体性质比辨别局部性质反应时短，且辨认整体性质不受局部性质的影响，而辨认局部性质受到整体性质的干扰。这说明，在处理复合刺激时知觉系统首先处理整体性质，然后再处理局部性质。优先处理整体性质，使得视觉系统可以更好地利用低分辨率信息，有效地使用信息处理资源，大大减少图形复杂性，以实现物体识别功能。这一理论可以合理地解释儿童空间维度词的发展顺序。物体有多方面特征，从视觉的角度来看，物体各个特征与整体性的联系紧密程度是不同的，物体的大小包括物体长、宽、高三个维度在内，这个物体是整个外形轮廓围起来的一个整体，不究其内部细节，因此，物体的大小是物体的整体性质，得到视觉系统的优先加工；而高低、长短、粗细、深浅、厚薄分别是物体某一个方面的特征，属于局部性质，得不到视觉系统的优先加工。儿童对词语的理解和使用是以对该词语所表示的事物、动作和性状的感知为基础的，没有对词语所表示的事物、动作或性状的感知，就不可能理解使用这个词语。儿童对事物大小特征的优先感知使得儿童优先发展空间维度词"大"和"小"。

3. 儿童注意的发展水平

注意是指个体心理活动中对一定事物的指向和集中。注意从其发生来看是有机体的一种定向反射，当这种反射产生时，大脑皮层形成一个优势兴奋中心，它使人对一定对象产生清晰的反应。注意分为无意注意和有意注意两种基本形态。无意注意指事先没有预定目的，也不需要做意志努力的注意。3 岁前，儿童的"注意"基本上都属于无意注意。婴儿的无意注意也有选择性。据庞丽娟、李辉（1993）介绍，Haith 报告了新生儿偏爱注意物体的轮廓或者性状的边缘而不是注意图案的内容；Karmel 认为婴儿的注意受视野中物体轮廓出现与否的制约和影响，其主要生理事实是婴儿视觉系统中有某种感知轮廓的初级单元；Cohen 认为 4 个月婴儿注意棋盘的主要因素是棋盘格的大小。这些研究都表明，年幼婴儿偏爱注意物体的轮廓。婴儿对物体轮廓的注意偏爱使得婴儿对物体大小的感知优于对物体长短、粗细、厚薄等特征的感知，从而使儿童对"大 / 小"的习得早于其他空间特征的词语。注意对儿童空间维度词习得顺序的影响，还表现在"深 / 浅"、"厚 / 薄"等词语的理解对有意注意的依赖性上。有意注意指有预定目的、需要一定意志努力的注意，是注意的高级水平。这种注意主动地服务于既定目的，受人的意识的调节和支配。有意注意的对象通常是不易吸引人注意的、但又是应当去注意的事物（高月梅等 1993）。物体的深浅、厚薄等特征不具有明显性，甚至不易直接观察到，因此，无意注意注意不到它们，必须依赖有意注意，将它们从别的特征中区别出来，才能认识到它们。有意注意依赖于大脑机能的发展，儿童将近3岁时，最早的有意注意才开始出现。因此，“深/浅”、“厚/薄”等空间维度词产生得较迟。

以上三个方面分别从词义本身、人类生理基础和儿童注意发展进行探讨，能很好地解释儿童空间维度词习得发展先后的原因，具体哪一种因素更为突出，目前没有进一步地论证，一般认为是三者综合作用的结果。

三　儿童习得空间维度词“大/小”的语义认知研究

儿童对语义的掌握与其认知发展水平是分不开的，一般都遵循从具体到抽象、从简单到复杂的规律。同时，语义的获得过程总要比语音、句法的获得过程缓慢，儿童使用词的时间早于完全掌握此词的全部意义。

在研究儿童对形容词的掌握过程中，儿童对成对的空间形容词不是同时获得的，由于特征明显和注意的作用，儿童先理解延伸度大的一端，也就是之前所提到的无标记项，然后慢慢理解相对的另一端的空间形容词。“大/小”这对空间形容词，因其表示物理的延伸度，表现物体的具体外部特征，在儿童掌握的形容词词汇中出现得最早。但真正要完全掌握“大/小”的全部意义则要到10岁左右。

“大/小”这对形容词有重要的相对意义，即：儿童必须随着情景的变化、参照点的不同而改变自己使用“大/小”的标准。某时某地为“大”的东西，彼时彼地则可能为“小”了。对于“大/小”空间形容词，美国心理语言学家E.V.Clark（1972）认为，四五岁后的儿童才能掌握其复杂的相对意义。潘开祥等（1997）对国内4—10岁儿童大小概念的发展情况进行了实证研究。实验以区间估计法考察不同年龄被试理解大小概念的特点，对不同被试分别采用两种评估方法；对成人和儿童采用抽象评估法；幼儿无法进行抽象的数量评估，采用具体实物检取法。实验用词分别是 5 个差别量词：“很小、较小、中等、较大、很大”。研究结果表明：儿童“大 / 小”概念发展具有顺序性、阶段性、不均匀性，如 4 岁时，理解还处于萌芽状态；到五六岁时发展相当迅速；到 7 岁时发展又相对缓慢一些，结果还显示了概念掌握的逐步分化和概念化的特征。

赖小林（2005）对我国 2—4 岁儿童对“大 / 小”空间形容词的掌握情况做了实证研究。在自然实验条件下，通过精心设计的四项实验，得出结论：2 岁儿童还未了解“大 / 小”词义；2 岁半儿童能辨别当前两个同类物体的大小；3 岁儿童能对两个同类物体的大小进行相对性比较；4 岁儿童能掌握不同类物体间大小的搭配；约有九成 4 岁儿童能掌握人与物之间相对大小的匹配，但是仅有一半的儿童掌握三个同类物体同时比较的大小相对关系，即 4 岁儿童还未对“大 / 小”的词义完全掌握。实验表明儿童掌握“大 / 小”空间形容词是由易到难，由浅到深，由单一到灵活，由以自我为中心到以客体为中心。

Ebeling & Gelman （1994）研究了儿童在不同情境下对“大 / 小”的理解。他们认为，在不同情境中正确使用词语至少需要三种技能：（1）了解词语的不同用法和解释；（2）了解每种用法的使用情境；（3）当新情境出现时及时转换旧的用法。

Ebeling 等人之所以选择研究儿童在不同情境转化下对“大 / 小”的理解，一是因为“大 / 小”是相对的形容词中的一个比较典型的类别。在使用“大 / 小”时至少有三种意思：一个物体就其本身来说的大小（头脑中的原型）；和同种物体相比是大是小（知觉上的感知）；在发挥用处时是大是小（功能上的匹配）。二是因为在他们之前有研究（Sera & Smith 1987，Ebeling & Gelman 1988，Gelman & Ebeling 1989）证实年幼儿童已经掌握了“大 / 小”在这三种情境中的用法，并且原型情境与其他两个有很大不同，原型情境是将知觉对象与一般的心理表征相比较，而知觉与功能情境是对两个知觉对象进行比较。因此，他们研究的重心为：是否某种情境相对于其他情境对儿童使用“大 / 小”更简单。研究结果显示：3 岁幼儿在不同情境之间可以转换运用“大 / 小”，不同情境影响儿童的正确反应，在直接的知觉情境下比功能匹配的情境得分更高。

对学前儿童使用“大 / 小”的研究发现，早期使用“大 / 小”并不总是一致的。Maratsos（1973）研究发现 3 岁儿童以成人的方式使用“大 / 小”，即综合考虑客体的长、宽、高；4 到 5 岁儿童按照“高度规则”把成人认为“高”的理解为“大”。对于儿童由正确使用到不正确使用的原因，研究者仅只简单地分析为，随着儿童的长高，人们常常会说儿童长大了，这样就可能影响儿童把“大”单纯理解为“高”。另外，高度是确定一个物体尺寸的明显的维度。随着儿童习得了“高”，那么“高”的影响会增强，并且把新掌握的“高”的特性扩大到“大 / 小”维度上。

还有很多研究证实了 4—5 岁儿童会运用“高度规则”（Lumsden & Poteat 1968，Maratsos 1973，Bausano & Jeffrey 1975），但是关于 3 岁儿童的结论不同于 Maratsos 的研究结果，Bausano 等人认为 3 岁儿童运用的是“凸显维度不同”规则。这种规则判断大小的依据是差别最大的维度的尺寸。如两个矩形的长度之间的差别比宽度之间的差别大，那么 3 岁幼儿就会判断“长”的矩形是“大”的。

虽然 Bausano 等人总结出 3 岁幼儿运用“凸显维度不同”规则，但是他们意识到如果儿童运用“凸显维度”规则会得出相同的结果。“凸显维度”规则的判断依据是最显著的维度，而不是显著的维度差。以上两种规则是有区别的，可能由于 Bausano 等人使用的材料的限制，导致难以区分以上两种认知规则。

对 3 岁幼儿的不同结果，表明了两种发展模式。如果 Maratsos 是对的，那么儿童是从两维的认知变化成单维的认知。这种模式在语言习得中有相似的例子，儿童过度推广了新学会的规则进而取代先前掌握的正确的使用方式。但是，很难理解儿童为什么摒弃了正确的定义而偏爱不正确的。Slobin（1979）对于这种过度概括解释是，早期的使用还称不上有规则控制，因此就不存在新规则取代旧规则的问题。

Bausano 和 Jeffrey 虽然没有得出从正确到错误认知规则的结论，但是，“凸显维度不同”规则要比其他“高度”规则和“正确”规则更复杂。我们如何解释为什么儿童不首先选择更为简单和明显的认知规则呢？

Bausano & Jeffrey（1975）以及 Maratsos（1973）的研究结果是违反直觉并且相互排斥的。他们提出儿童理解“大小”可能运用的认知规则对解释儿童习得大小的规律是可行的，但是，规则之间应该是可以明确区别的，并且所考察到的认知规则要全面。一旦规则之间的选择很模糊，那么结果也就会不准确。例如，Maratsos 的研究中仅测试了两个规则——高度规则和面积规则，那么所有不支持前者的证据就应该作为支持后者的证据，逻辑上可以这样理解，但实际上并不一定如此。而 Bausano 等人的研究，所得出的证据可以支持不同的规则，也就没有达到考察儿童运用何种认知规则的目的，因此也是混乱的。

基于前人研究的不足和矛盾，Ravn & Gelman（1984）设置了几个主要的、儿童有可能会使用到的认知规则和相对应的项目，测试其对“大/小”的理解。如前所述，已经提到三种认知规则：高度规则、凸显维度不同规则和凸显维度规则。面积的认知规则是对整个面积的尺寸来确定“大/小”，而其他的规则在任何情景下的判断都只考虑一个维度。而高度规则关注的维度是固定的，其他所考虑的维度会随物体的变化而有所变化。也可以假设相对应的第四个规则，宽度也是一个相关的维度，尽管前人的研究（Bartlett 1976，Maratsos 1973）证明幼儿没有使用这种规则，但考虑到前人研究材料的限制，Ravn 和 Gelman 的实验中加入了这一规则。

他们的研究结果表明，3—5 岁的儿童对“大/小”的认知几乎都不是从面积考虑的，“大”就是指最高的，“小”就是相对低的。这与以往的研究有相悖的地方，从前文的论述中，结果称“大/小”在儿童很小的时候就已习得。而这一结果则说明儿童首先掌握的不是整体的大小。换个角度思考，如果一开始儿童就从整体考虑大小，未免有些困难，而大的东西都是又高又宽的，所以，对单个维度的认知可以帮助儿童一步步接近整体认知“大/小”。Pinker（1979）讨论了语言习得中消极信息的作用，认为儿童发展对“大/小”的整体认知可能缺少“正确的反馈”或者“消极的信息”。另外，知觉上的因素和日常输入（例如，成人用“大”来表示年老或者是长高）的误导都对此产生影响（Maratsos 1973，1974）。

无论怎样，学前儿童认知“大 / 小”的高度规则，与语义的复杂性结果都是相矛盾的，因为从简单推理来看，应该简单的先掌握，但是事实上，三维的“大 / 小”比一维的“高 / 低”更早被儿童掌握。

四　儿童习得空间维度词“高 / 低”的语义认知研究

儿童在最开始理解表示关系的形容词时，将它们认为是名词，如大的、高的（Blewitt 1982；Clark，H. H. 1970；Gentner 1978）。名词独立于环境，具有稳定的属性（如，狗），而表示形容词意味着相对比较的关系，对形容词的判断取决于对周围环境的判断（如，高的）。年幼儿童对形容词的认识是极端的，他们会认为“大的”意思就是极端的大，“高的”就是极端的高。

同时，研究者判断儿童对关系形容词的正确认知应该考虑关系形容词的范畴参照点（H.H.Clark 1971；Rips & Turnbull 1980）。例如，高和低表示地面以上的高度，同时高也表示“超出一个内在的标准之上的距离”，低也表示“低于此标准之下的一段距离”。再者，这个标准或参照点作为环境功能会发生改变，比如当我们谈论一只大鸟和一个大房子时，我们不会认为鸟和房子同样大（Sera，Troyer & Smith 1988）。最好不要认为儿童对相对形容词的理解是因为他们缺乏对相对属性的认识，他们的这种解释可能反映了儿童对于关系意义复杂系统的一个早期认识（Smith，Conney & Mccord 1986）。

Smith 等人选取了来自日托中心的 10 名 3 岁组儿童（平均年龄 3.8 岁），10 名 4 岁组儿童（平均 4.7 岁），10 名 5 岁组儿童（平均 5.5 岁）。主试将一个 11 英寸的红色圆盘放置在木制背景幕（高 6 英尺，宽 3 英尺）的垂直的 6 个等刻度上。实验一中，自变量：测量顺序（2 个水平：自上而下、自下而上）× 词汇（2 个水平：高、低）× 年龄（3 个水平：3 岁、

4岁、5岁）。因变量：儿童对“高/低”的判断。在“高—自下而上”处理时，圆盘被依次放置在1、2、3、4、5、6英尺处，问儿童6次：“它高吗？”在“高—自上而下”处理时，圆盘被依次放置在6、5、4、3、2、1英尺处，在每个位置问儿童：“它高吗？”在“低—自下而上”处理时，圆盘被依次放置在1、2、3、4、5、6英尺处，问儿童6次：“它低吗？”在“低—自上而下”处理时，圆盘被依次放置在6、5、4、3、2、1英尺处，在每个位置问儿童：“它低吗？”研究结果表明，儿童对“高”、“低”的绝对选择随着年龄而发生变化。年幼儿童倾向于绝对选择，即在连续的刺激中选择极端，认为最高点为高，最低点为低，这种极端选择的趋势随着年龄的增加而下降。

Smith等人认为客体的属性可能是影响儿童早期对形容词理解的一个环境因素，当客体是“人造的”时（实验一中的红色圆盘），年幼儿童对“高”、“低”理解是极端的。实验二中，用小鸟和兔子替代11英寸的红色圆盘，木制背景刷上树木和草。研究旨在发现物体属性是否对儿童判断物体位置高低有影响。鸟的特性是高的，小兔子的特性是低的，它们很少（或长时间）离开地面。“鸟在哪里？”所有儿童回答：“在天上或在树上。”“小兔子在哪里？”儿童回答：“在草丛中或在树里。”所有的儿童都坚持鸟“可以飞上天”，但是小兔子不能。也就是说，儿童主观上认为鸟是高的，小兔子是低的。研究结果表明，客体的属性在儿童理解“高”、“低”时产生影响，比如，小兔子在更低的位置才被认为是低，小鸟需要被放置在更高的位置上才被认为是高。

语义一致性也会影响儿童对物体的判断。例如，当儿童被要求判断两个动物的大小时，相对于在两个大的动物中选择较小的，儿童可以更快地在两个大的动物中选择更大的那个（如，大象和河马，哪个更大？儿童回答“大象更大”）。相反地，当被要求在两个小动物中选择更小的那个时，速度则更快（如，小老鼠和小兔子，哪个更小？儿童回答“小老鼠更小”）（Banks 1977, Petrusic 1992）。儿童从极端点认识空间关系。2—3岁的儿童在简单的两物体对比时，知道“大的”和“高的”物体，但在与更大的或者更高的物体相比较时，就会发生错误（Ehri 1976；

Sera & Smith 1987；Smith，Rattermann & Sera 1988）。

Ryalls，Winslow & Smith（1998）的研究表明语义一致性影响儿童对“高 / 低”的判断。实验选取了来自于当地儿童护理中心的 20 个 3 岁儿童和 20 个 4 岁儿童，测量儿童在不同自然刺激环境下对这两个词的反应。主试在垂直的背景幕上给儿童呈现两个圆形物。在“更高 / 更低”情境下，问儿童两个客体中哪个更高；在另一个实验中，问哪个更低。客体被放置的位置是 1 档和 2 档，3 档和 4 档，或者 5 档和 6 档。正确的答案是：当问哪个更高时，选择更高的客体（位置 2、4、6 档）；当问哪个更低时，选择更低的客体（位置 1、3、5 档）。研究表明，儿童的回答总体上依赖于客体在序列中的位置。也就是说，当正确答案是位置 6 而不是位置 2 时，对问题“哪个更高呢？”的正确回答比例更高；当正确答案位置是 1 而不是位置 5 时，对问题“哪个更低呢？”的正确回答比例更高。

以上对儿童方位词和空间维度词的研究，从多个视角提供了可贵的事实。本研究将在此基础上，设计多个实验，对母语为汉语的儿童掌握方位词和空间维度词年龄特征做出更精细的研究。

附：本章实验部分

实验报告一　2—5岁儿童“上/下”空间多义项习得研究

第一节　总述

一　问题的提出

根据吴念阳（2008）的研究结果，“上/下”的空间义分为多个义项，分别是多个抽象域引申的意象图式基础。那么，这多个空间义项，儿童是什么时候掌握的？是同时获得还是依次获得的？获得顺序如何？

本实验选择了“上/下”的义项中具有操作性的8项，分别是：上$_{\text{水平接触}}$、上$_{\text{垂直附着}}$、上$_{\text{倒置附着}}$、上部；下$_{\text{接触}}$、下$_{\text{分离}}$、下$_{\text{包围}}$、下部，并且为每个空间义项设置相应的理解任务和表达任务，从而考察儿童在理解和表达任务中对于“上/下”8个空间义项的习得情况。

下面简要介绍一下“上/下”的8个空间义项。

二　方位词“上”的空间义多义项分类

上$_{\text{水平接触}}$：如图3-1所示，参照物处于水平位置，目标物与参照物的上表面相接触。参照物对目标物具有支撑作用。例如：

桌上有一本书。

沙发在地板上。

此义项是“上”的最常见义项，“上”的基本义。其基本属性为：垂直排列、接触。

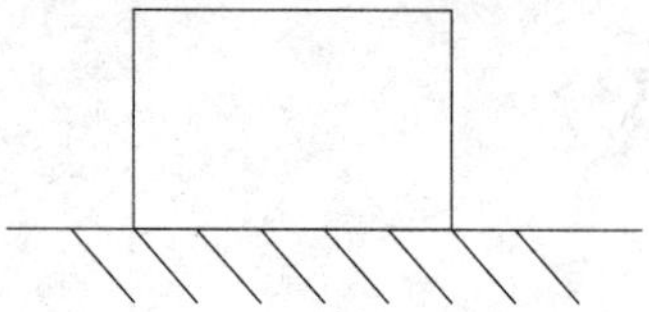

图 3-1　“上$_{水平接触}$”的意象图式

上部：如图 3-2 所示，参照物是垂直物体，以中间为基准（参照点），将其分为两部分，其较高部分是“上”，较低部分是“下”。例如：

橱柜的上层放碗，下层放碟子。

他浑身上下被雨淋了个透。

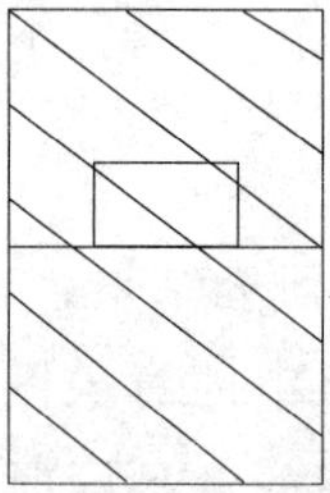

图 3-2　“上部”的意象图式

上$_{垂直附着}$：如图 3-3 所示，参照物处于垂直位置，目标物接触并附着于参照物的表面上。例如：

墙上有一幅画。

与“上$_{水平接触}$”相比，“上$_{垂直附着}$”对象和参照点的位置从垂直排列转为水平排列，并具有接触和附着特征。

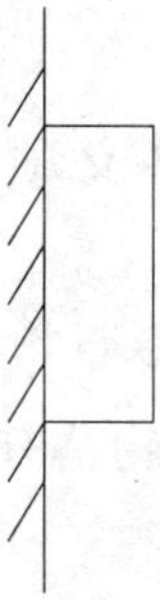

图 3-3　“上$_{垂直附着}$”的意象图式

上$_{倒置附着}$：如图 3-4 所示，参照物处于水平位置，目标物接触并附着于参照物的下表面上。例如：

灯在天花板上。

篮子在房梁上。

与“上$_{水平接触}$”相比，“上$_{倒置附着}$”对象和参照点的相对位置关系旋转了180度，同时具有接触和附着特征。

“天花板上”的实际方位是“天花板”的下表面。此时，用“上”而不用“下”。张华（2004）认为，某些低于观察者习惯视角的事物，比如：瓶底上、脚底板上等，却仍要用“上”，而不能用“下”，其原因也与观察事物的方式有关。比如一个六面体，无论观察者要观察哪一个面，即使是底部的那面，也要将该面翻转到最上面来，使该面成为朝上的一面。所以，底部表面还是用“上”不用“下”。吴念阳（2008）分析了“上”各义项的引申路径，提出“天花板上”的“上”，已经成为一个泛方向的方位词，表示附着义。此类用法还有：

腰上别着枪。

手腕上戴着表。

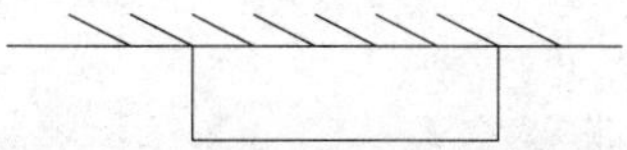

图3–4　“上$_{倒置附着}$”的意象图式

三　方位词“下”的空间义多义项分类

下部：如图3–5所示，和“上部”相对应，参照物在垂直高度上，以中间为基准，将其分为两部分，其较高部分是“上”，较低部分是“下”。例如：

这本书在书架的下层。

那个人上身穿着T恤，下身穿着牛仔裤。

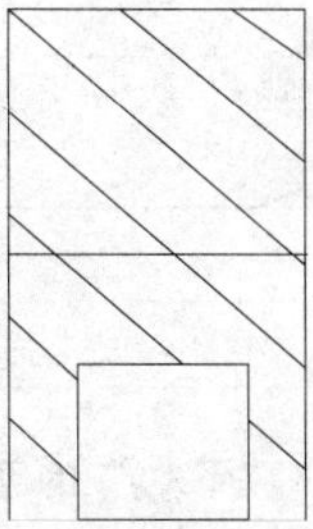

图3–5　“下部”的意象图式

$下_{包围}$：如图 3–6 所示，参照物是垂直物体，以中间为基准，将其分为上、下两部分，目标物处在参照物下部周围空间也称为“下”，图中曲线所围起的区域就是参照物所辐射并包围的范围。例如：

山下是一条小溪。

树下摆着一张长椅。

图 3–6　“$下_{包围}$”的意象图式

$下_{接触}$：如图 3–7 所示，参照物处于水平位置，目标物与参照物的下表面接触。例如：

枕头下有封信。

杯子下压着一张留言条。

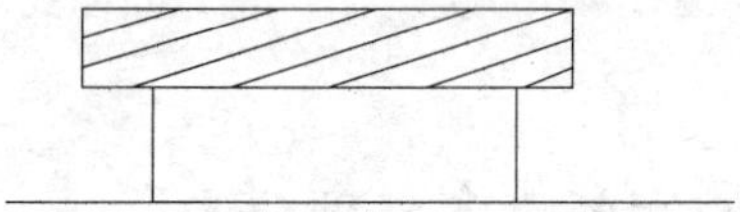

图 3–7　“$下_{接触}$”的意象图式

$下_{分离}$：如图 3–8 所示，参照物处于水平位置，目标物位于参照物的下方。例如：

床下放着一只行李箱。

人在屋檐下，怎敢不低头。

其中参照物与目标物不接触，上下垂直排列。

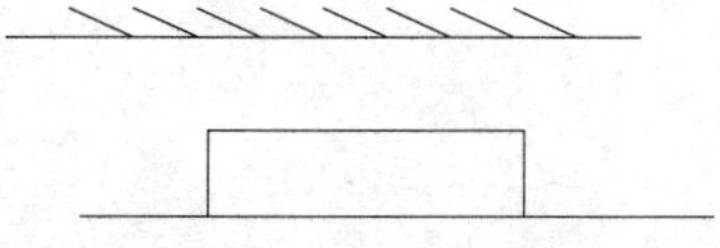

图 3–8　“$下_{分离}$”的意象图式

第二节　实验一　儿童对“上 / 下”的 8 个空间义项的理解

一　实验目的

考察 2—5 岁儿童理解方位词“上 / 下”8 个空间义项的习得情况，包括：

（1）考察儿童理解方位词“上 / 下”8 个空间义项的大致年龄以及发展趋势。

（2）考察儿童理解方位词“上 / 下”各空间义项的顺序。

（3）考察儿童在理解方位词“上 / 下”8 个空间义项时，是否存在某种反应倾向或认知策略。

二　实验假设

（1）儿童在 3 岁时基本可以理解方位词“上 / 下”8 个空间义项。

（2）儿童理解方位词“上 / 下”各空间义项具有一定的顺序。

（3）儿童对方位词“上”各空间义项的理解早于“下”各空间义项的理解。

三　实验设计

自变量有两个：“上 / 下”理解任务（8 项理解任务）× 年龄组（4 个年龄组）。其中“上 / 下”理解任务，指的是 8 个空间义项对应的 8 项理解任务，年龄组分为 2 岁组、3 岁组、4 岁组和 5 岁组。因变量是被试对主试任务的动作反应情况（正确或错误）。

四　实验被试

被试来自上海市某幼儿园，随机抽取被试 136 名。被试分为 4 个年龄段：2岁组（2—3岁，即为2周岁至3周岁之间的托班儿童，下可类推）、3岁组（3—4岁）、4岁组（4—5岁）和5岁组（5—6岁）。其中2名2岁组被试在实验过程中主动要求中止实验，造成其实验数据不完整，故将其数据删除。被试基本情况参见表3-1。

表3-1　各年龄组被试的基本情况

	2岁组	3岁组	4岁组	5岁组	合计
男	16	20	19	14	69
女	18	14	15	20	67
合计	34	34	34	34	136

五　实验材料

本研究使用的实验材料都是儿童在日常生活和游戏中所熟悉的物体，分为两类：

一类物体是“参照物”，即被试需要按照主试的指导语对其空间方位做出反应的物体。这类物体因考察的义项不同而异，主要采用积木、桌子和房子模型等。

另一类物体是“被安放物”，即被试按照指导语做出反应，将其放到“参照物”某空间方位的物体。“被安放物”采用积木和带磁性的玩具青蛙。

六　实验程序

从名单中随机抽取被试，首先要求被试熟悉实验材料，确定被试知道材料的名称和玩具的磁性后，询问被试是否愿意做游戏：“小朋友，我们来和这些小玩具做个游戏好不好？老师说，你来做，好不好？”征得被试的同意后，开始实验。具体程序如下：

主试和被试坐在同一张桌旁，按指导语出现的随机顺序表，呈现出和实验的方位词有关的“被安放物”（积木、青蛙、小鱼等）和“参照物”（积木、桌子、房子模型等）。然后把“被安放物”放在被试手中，主试说指导语，观察被试把“被安放物”放在“参照物”的什么位置，并做好记录。详细内容参见附件 1。实验中穿插设置了与本研究无关的问题，目的是防止被试猜测到实验目的。

被试对主试的指导语做出的反应有“正确”和“错误”之分，正确则记录为“正确”，错误则记录为“错误”，并详细记录被试的错误反应。

七　结果与分析

（一）“$上_{水平接触}$”的理解结果

2 岁组、3 岁组、4 岁组和 5 岁组的儿童对“$上_{水平接触}$”的正确理解率都是 100%，这说明儿童在 2 岁时已经全部理解了“$上_{水平接触}$”这一义项。

（二）“上部”的理解结果

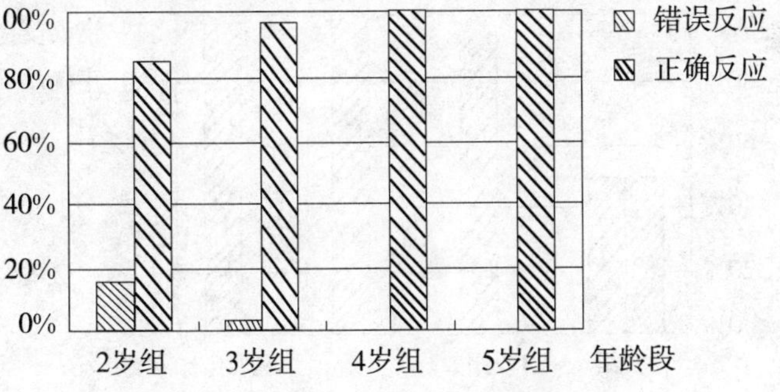

图 3-9　儿童对“上部”的理解结果

图 3-9 列出了所有儿童对“上部”的理解结果。由图表可以看出，2 岁组儿童对“上部” 理解的正确率达到 85%，3 岁组增长到 97%，4 岁组和 5 岁组均已经达到 100%。这说明，儿童在 2 岁到 3 岁之间进步较大，正确率增长 12%，4 岁时已经全部理解了“上部”。

（三）"上$_{垂直附着}$"的理解结果

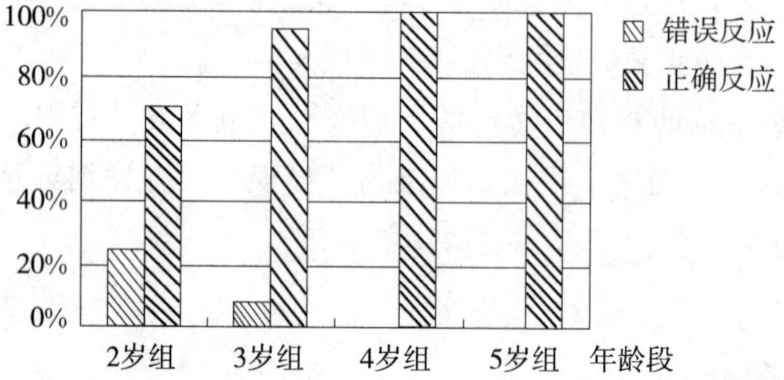

图 3–10　儿童对"上$_{垂直附着}$"的理解结果

图3–10列出了所有儿童对"上$_{垂直附着}$"的理解结果。由图表可以看出，2 岁组儿童对"上$_{垂直附着}$"理解的正确率为 74%，3 岁组增长到 91%，4 岁组和 5 岁组均已经达到 100%。这说明，儿童在 2 岁到 3 岁之间进步较大，正确率增长 17%，在 4 岁时已经全部理解了"上$_{垂直附着}$"。

（四）"上$_{倒置附着}$"的理解结果

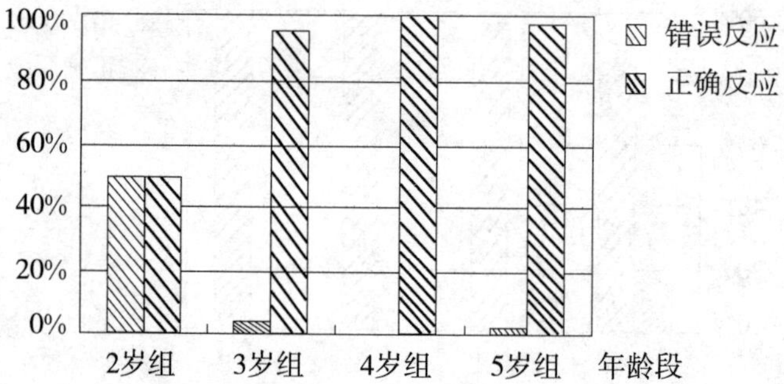

图 3–11　儿童对"上$_{倒置附着}$"的理解结果

图 3–11 列出了所有儿童对"上$_{倒置附着}$"的理解结果。由图表可以看出，2 岁组儿童对"上$_{倒置附着}$"理解的正确率达到 50%，3 岁组增长到 94%，4 岁组和 5 岁组分别达到 100% 和 97%。这说明，儿童在 2 岁时有一半可以理解"上$_{倒置附着}$"，在 2 岁到 3 岁之间进步最大，正确率增长 44%，在 4 岁时已经全部理解了"上$_{倒置附着}$"。

（五）“下部”的理解结果

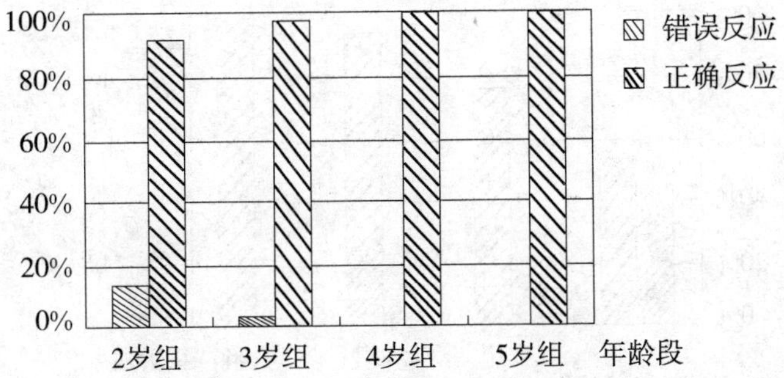

图 3-12　儿童对“下部”的理解结果

图 3-12 列出了所有儿童对“下部”的理解结果。由图表可以看出，2 岁组儿童对“下部” 理解的正确率为 88%，3 岁组增长到 97%，4 岁组和 5 岁组均已达到 100%。这说明，儿童在 2 岁到 4 岁之间逐渐进步，在 4 岁时已经全部理解“下部”。

（六）“$下_{包围}$”的理解结果

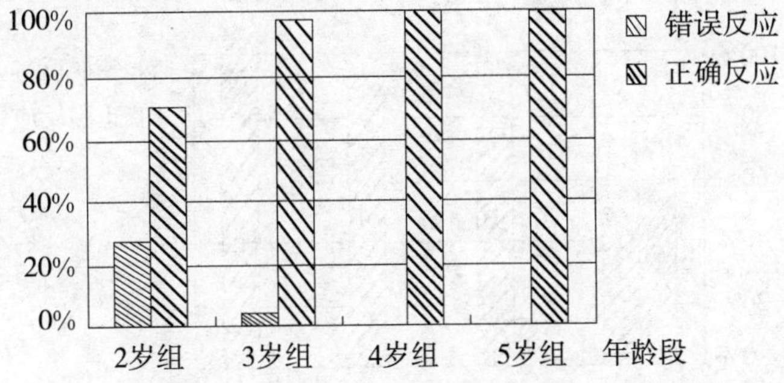

图 3-13　儿童对“$下_{包围}$”的理解结果

图 3-13 列出了所有儿童对“$下_{包围}$”的理解结果。由图表可以看出，2 岁组儿童对“$下_{包围}$”理解的正确率达到 73%，3 岁组增长到 97%，4 岁组和 5 岁组均已达到 100%。这说明，儿童在 2 岁到 3 岁之间进步很大，正确率增长 24%，在 4 岁时已经全部理解了“$下_{包围}$”。

（七）“下$_{接触}$”的理解结果

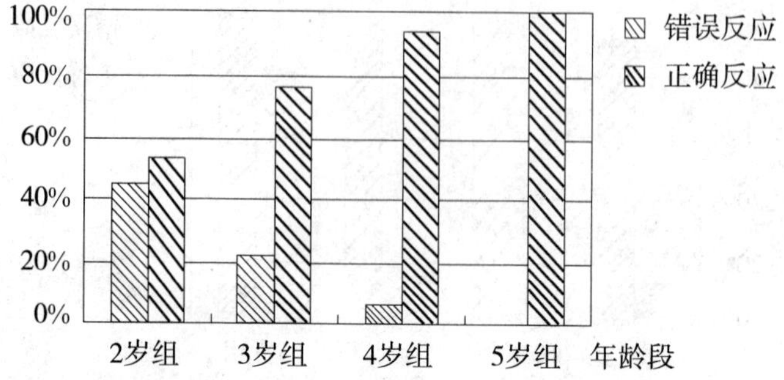

图 3-14　儿童对“下$_{接触}$”的理解结果

图 3-14 列出了所有儿童对“下$_{接触}$”的理解结果。由图表可以看出，2 岁组儿童对“下$_{接触}$”理解的正确率为 53%，3 岁组增长到 76%，4 岁组和 5 岁组分别达到 94% 和 100%。这说明，儿童在 2 岁到 4 岁之间进步很大，2 岁到 3 岁、3 岁到 4 岁之间正确率分别增长 23% 和 18%，4 岁到 5 岁之间继续进步，5 岁时全部理解了“下$_{接触}$”。

（八）“下$_{分离}$”的理解结果

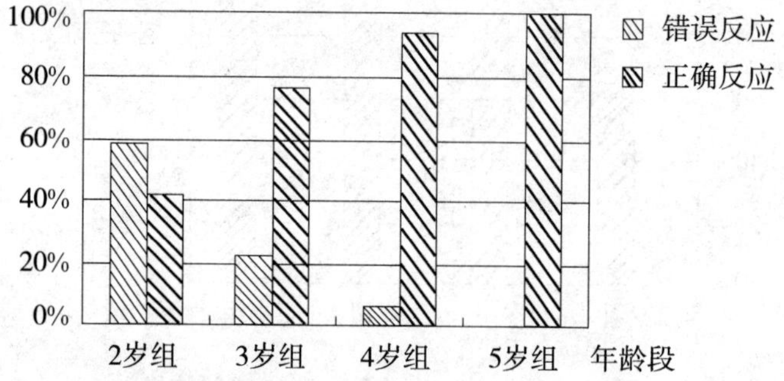

图 3-15　儿童对“下$_{分离}$”的理解结果

图 3-15 列出了所有儿童对“下$_{分离}$”的理解结果。由图表可以看出，2 岁组儿童对“下$_{分离}$”理解的正确率达到 41%，3 岁组正确率增长到 76%，4 岁组和 5 岁组分别达到 94% 和 100%。这说明，儿童在 2 岁到 4 岁之间进步很大，2 岁到 3 岁、3 岁到 4 岁之间正确率分别增长 35% 和 18%，4 岁到 5 岁之间继续进步，5 岁时全部理解了“下$_{分离}$”。

（九）实验结果汇总

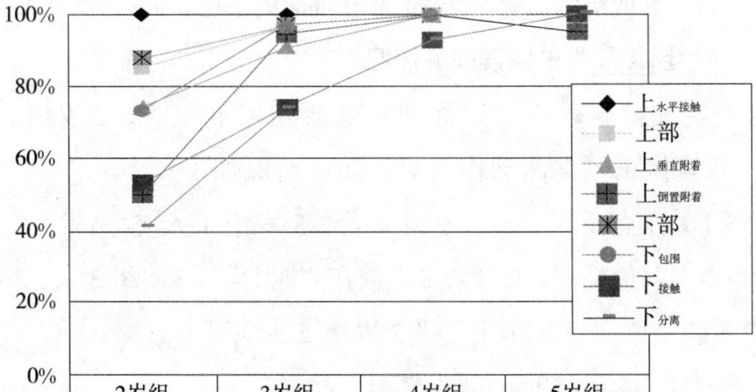

	2岁组	3岁组	4岁组	5岁组
上$_{\text{水平接触}}$	100	100	100	100
上部	85	97	100	100
上$_{\text{垂直附着}}$	74	91	100	100
上$_{\text{倒置附着}}$	50	94	100	97
下部	88	97	100	100
下$_{\text{包围}}$	73	97	100	100
下$_{\text{接触}}$	53	76	94	100
下$_{\text{分离}}$	41	76	94	100

图 3–16　理解任务的实验结果（%）

图 3–16 列出了儿童在方位词“上 / 下”各空间义项理解任务中的实验结果。从图表中可以看出：在 2 岁组儿童中 100% 可以理解“上$_{\text{水平接触}}$”，85% 可以理解“上部”，88% 可以理解“下部”；对其他 5 个“上 / 下”空间义项理解的正确率均未超过 75%。3 岁组儿童的理解水平大为提高，正确率都超过了 75%。之后逐渐进步，4 岁组儿童对“上 / 下”各空间义项理解的正确率全部超过 90%。

从图表中还可以看出：2 岁组、3 岁组和 4 岁组儿童理解“上”多个空间义项的正确率高于理解“下”多个空间义项的正确率。

八　讨论

（一）各年龄组儿童对方位词“上 / 下”各空间义项错误理解情况

1.“上部”的错误理解情况

当主试指导语为“请你把青蛙放在抽屉上层”时，2 岁组、3 岁组中有 6 位儿童做出错误的动作反应。错误情况如下：

（1）没有反应；（2 岁组 1 人）

（2）其他反应：把“青蛙”放在抽屉的下层。（2 岁组 4 人，3 岁组 1 人）

2.“上$_{\text{垂直附着}}$”的错误理解情况

当主试指导语为“请你把青蛙放在墙上”时，2 岁组、3 岁组中有 12 位儿童做出错误的动作反应。错误情况如下：

（1）没有反应；（2 岁组 4 人，3 岁组 1 人）

（2）其他反应：把“青蛙”放在“地上”（2 岁组 3 人，3 岁组 2 人）；把“青蛙”放在“凳子上”（2 岁组 2 人）。

3.“上$_{\text{倒置附着}}$”的错误理解情况

当主试指导语为“请你把青蛙放在天花板上”时，所有年龄组中有 20 位儿童做出错误的动作反应。错误情况如下：

（1）没有反应；（2 岁组 8 人）

（2）其他反应：把“青蛙”放在“墙上”（2 岁组 4 人，5 岁组 1 人）；把“青蛙”放在“地上”（2 岁组 4 人，3 岁组 1 人）；把“青蛙”放在“凳子上”（2 岁组 1 人，3 岁组 1 人）。

4.“下部”的错误理解情况

当主试指导语为“请你把鱼放在抽屉下层”时，2 岁组、3 岁组中有 5 位儿童做出错误的动作反应，把“鱼”放在了“上层”。（2 岁组 4 人，3 岁组 1 人）

5.“下$_{\text{包围}}$”的错误理解情况

当主试指导语为“请你把鱼放在树下”时，2 岁组、3 岁组中有 10 位儿童做出错误的动作反应。错误情况如下：

（1）没有反应；（2 岁组 2 人）

（2）其他反应：把“鱼”放在“树上”。（2 岁组 7 人，3 岁组 1 人）

6.“下$_{\text{接触}}$”的错误理解情况

当主试指导语为“请你把黄积木放在红积木下”时，2 岁组、3 岁组、4 岁组中有 26 位儿童做出错误的动作反应。错误情况如下：

（1）没有反应；（2 岁组 7 人，3 岁组 1 人）

（2）其他反应：把“黄积木”放在“红积木”上（2岁组6人，3岁组4人）；把“黄积木”放在“红积木”旁（2岁组3人，3岁组3人，4岁组2人）。

7.“下$_{分离}$”的错误理解情况

当主试指导语为“请你把鱼放在桌子下”时，2岁组、3岁组、4岁组中有30位儿童做出错误的动作反应。错误情况如下：

（1）没有反应；（2岁组4人，3岁组2人）

（2）其他反应：把“鱼”放在“桌子上”（2岁组12人，3岁组5人，4岁组2人）；把“鱼”放在“桌背上”（2岁组2人）；把“鱼”放在“地上”（2岁组2人，3岁组1人）。

各年龄组儿童在方位词“上/下”各空间义项的理解实验中，表现出以下几种普遍性的问题：

（1）没有反应：这种情况在2岁组和3岁组儿童中表现较突出，儿童对指示语迷茫，没有任何反应；

（2）完全相反：表现在“上/下”各空间义项的理解实验中颠倒了方位，倾向于把“下”当作“上”；

（3）其他反应：儿童对参照物不是以整体的感知来判别方位，而是以自己感兴趣或熟悉的具体事物作为参照物。由于儿童思维直觉行动性和具体形象性，对某些空间义项的理解带有具体化和片面性（当指导语为“请你把青蛙放在墙上”时，儿童把“青蛙”放在“地上”、“凳子上”）。

（二）各年龄组儿童对方位词“上/下”空间义项的理解数目随年龄增长而增多

通过方位词“上/下”各空间义项的正确率变化情况来看：除“上$_{水平接触}$”（儿童2岁时已全部掌握）外，儿童对其余7个义项的理解水平在2岁到3岁之间都取得较大提高；对“下$_{接触}$”和“下$_{分离}$”的理解能力在3岁到5岁之间继续进步。可以说2岁至4岁是儿童理解方位词“上/下”各空间义项的关键时期。4岁之后，发展趋于平稳。

张璟光、丁慧韵、林菁（1987）以全年龄组75%的被试通过作为该年龄组理解每个空间义项的指标。在本实验中，2 岁组儿童只理解了“上$_{\text{水平接触}}$”、“上部”和“下部”，对其余几个义项均未达到指标。3 岁组儿童基本理解了“上 / 下”的 8 个空间义项。4 岁组和 5 岁组儿童几乎全部理解了“上 / 下”的 8 个空间义项。

（三）儿童理解方位词“上 / 下”各空间义项的顺序

我们以各年龄组理解各义项的正确率为依据，得出的“上”空间义项的顺序是：上$_{\text{水平接触}}$—上部—上$_{\text{垂直附着}}$—上$_{\text{倒置附着}}$；“下”空间义项的顺序是：下部—下$_{\text{包围}}$—下$_{\text{接触}}$—下$_{\text{分离}}$。

缑瑞隆（2004）运用“认知意象”解释了“上$_{\text{垂直附着}}$”和“上$_{\text{倒置附着}}$”从“上$_{\text{水平接触}}$”而来的引申过程。他认为：“上$_{\text{水平接触}}$”、“上$_{\text{垂直附着}}$”和“上$_{\text{倒置附着}}$”都与一个平面有关，表示的物体与平面的相对空间关系都一样，不同的是方向发生了变化。这种变化可以看作是由“上$_{\text{水平接触}}$”开始向“上$_{\text{倒置附着}}$”逐渐转化的过程（如图 3–17）。这个过程即认知心理学中所谓的“意象加工”过程。“上$_{\text{垂直附着}}$”是“上$_{\text{水平接触}}$”在心理上旋转 90 度造成的；“上$_{\text{倒置附着}}$”是“上$_{\text{水平接触}}$”旋转 180 度造成的。另外，“上”不仅表示以一个平面为基准的空间位置，而且还具有“接触”、“附着”的属性。当“上$_{\text{水平接触}}$”从水平到垂直，属性增加“附着”，就形成了“上$_{\text{垂直附着}}$”；当“上$_{\text{水平接触}}$”从水平倒转 180 度，属性也增加“附着”，就形成了“上$_{\text{倒置附着}}$”。“上$_{\text{垂直附着}}$”、“上$_{\text{倒置附着}}$”的产生反映了人们对“上”的意象的心理加工过程。

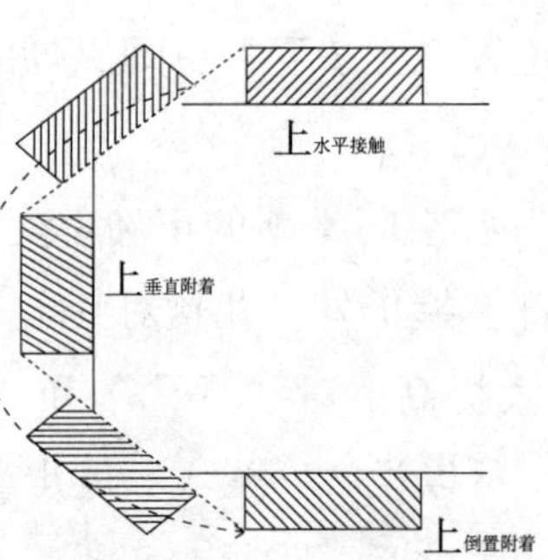

图 3–17　上$_{\text{水平接触}}$、上$_{\text{垂直附着}}$和上$_{\text{倒置附着}}$的意象图式旋转

（四）儿童对"上"4个空间义项的理解早于对"下"4个空间义项的理解

仍以各年龄组儿童理解各义项的正确率为依据，可以发现：儿童对"上"空间义项的总体理解水平要高于对"下"空间义项的理解水平。E.V.Clark（1980）认为，儿童方位词的习得顺序，主要受制于语义的复杂性及非语言策略。其中，语义复杂性代表儿童对方位的认知难度。"上/下"空间义项认知难度的差异源自它们认知模式中认知背景及认知方式的差异，主要体现在两方面：接触与分离，两维与三维（刘俊莉 2006）。

"上"空间义项的认知方式为"两物相触"，而"下"空间义项中则有"分离两物"的认知倾向。儿童的认知能力决定他们对物体间的邻近关系较易感知，而对有一定距离的物体间关系就较难以凭直觉感知，故相对滞后，"上"空间义项的习得早于"下"空间义项。

"上"空间义项具有二维的拓扑空间性质，强调平面，故儿童对"上"空间义项以二维空间的意象习得，是以平面上的点线面相连关系的意象图式来认知的（刘俊莉 2006）。而"下"空间义项中多具有三维的投射空间性质，强调源点对面的锥状覆盖，而这种三维关系需要以联想的方式达成，故较难习得。正如皮亚杰所证实，儿童拓扑空间概念的发展要早于投射空间概念的发展（从几何学的角度，可以把空间范畴分成拓扑空间、投射空间和欧几里得空间。拓扑空间表示的是一种邻近、包围、封闭的空间关系，当空间由于外力的作用而发生变化时，处于平面上的点与点、线与线、区域与区域之间的关系保持不变，如"$上_{水平接触}$"。投射空间是指由一个形状和这个形状投射到平面上的影子构成的空间范围，形状和影子之间缺乏联系的中介，是非接触性的，如"$下_{分离}$"。欧几里得空间指当一个形状被迁移或复写在另一个场所时，其实际量度保持不变）。

（五）儿童倾向于把"被安放物"放在"参照物"上

由于经验的影响，儿童对物体的空间关系进行表征时逐渐形成普遍的感知规则：如果参照物有一个支撑面，儿童倾向于把物体放在支撑面上（E.V.Clark 1972）。儿童在实验中采取趋“上”策略，与早期儿童倾向于从“功能”的角度理解方位词“上 / 下”有一定的关系（缑瑞隆 2004）。桌子、凳子等用具的功能是承载某些物体，“上面”是其主要功能部位。早期儿童对“上 / 下”方位的认知较多依赖“功能”因素而忽略实际的方位意义，在关于“下”的理解实验中按照理想的认知模式做出动作反应——倾向于把“被安放物”放在“参照物”的支撑面上。可见，方位词表示的方位意义如果与参照物体经常性的功能一致，儿童理解起来就早些，否则理解较晚。

第三节 实验二 儿童对“上 / 下”的8个空间义项的表达

一 实验目的

本研究欲考察2—5岁儿童表达方位词“上 / 下”各空间义项的习得情况，包括：

（1）考察儿童基本表达方位词“上 / 下”各空间义项的大致年龄以及发展趋势。

（2）考察儿童表达方位词“上 / 下”各空间义项的顺序。

（3）考察儿童关于方位词“上 / 下”空间义项的理解与表达之间是否存在差异，这两者之间有何联系。

二 实验假设

（1）儿童表达方位词“上 / 下”各空间义项具有一定的顺序。

（2）儿童对方位词“上”空间义项的表达要早于“下”空间义项的表达。

（3）儿童对方位词“上 / 下”各空间义项的理解要早于表达。

三 实验设计

在该实验中，方位词“上 / 下”的每个义项对应一个场景，即由主试把“被安放物”放在“参照物”相应的方位上。主试指导语为“小朋友，请你告诉我，‘目标物’在‘参照物’的哪里呢？”要求儿童讲出这两个物体的空间关系。

本研究的自变量为：“上 / 下”表达任务（8 项表达任务）× 年龄组（4 个年龄组）。其中，“上 / 下”表达任务即 8 个义项对应的 8 项表达任务，年龄组分为 2 岁组、3 岁组、4 岁组和 5 岁组。因变量是被试对主试任务的语言反应情况（正确或错误）。

四 实验被试

同实验一。

五 实验材料

同实验一。

六 实验程序

实验一结束后，主试询问被试是否愿意继续做游戏：“小朋友，和老师再来做个游戏好吗？”征得被试同意后开始实验。具体程序如下：

主试把“被安放物”（积木、青蛙、小鱼等）放在“参照物”（积木、抽屉、桌子、房子模型等）相应的方位上，然后主试说指导语，要求被试说出这两个物体具有什么样的空间关系，做好记录。详细内容参见附件 2。实验中穿插设置了与本研究无关的问题，目的是防止被试猜测实验的目的。主试详细记录下被试的反应。

七　结果与分析

(一)“上$_{水平接触}$”的表达结果

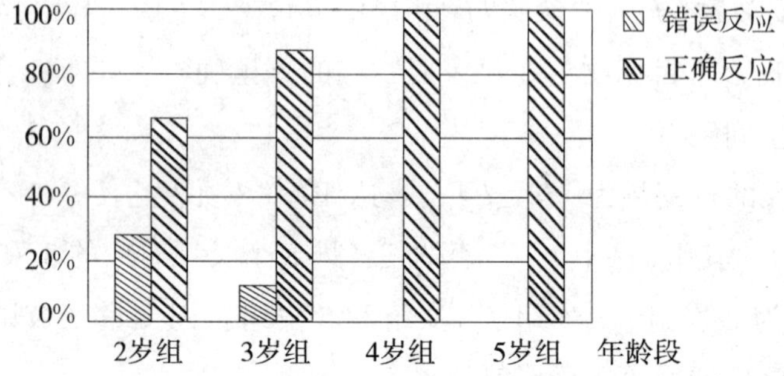

图 3-18　儿童对“上$_{水平接触}$”的表达结果

图 3-18 列出了所有儿童对“上$_{水平接触}$”的表达结果。由图表可以看出，2 岁组儿童对“上$_{水平接触}$”表达的正确率为 70%，3 岁组增长到 88%，4 岁组和 5 岁组均已达到 100%。这说明，儿童在 2 岁到 4 岁之间进步很大，2 岁到 3 岁、3 岁到 4 岁之间正确率分别增长 18% 和 12%，在 4 岁时可以全部表达“上$_{水平接触}$”。

(二)“上部”的表达结果

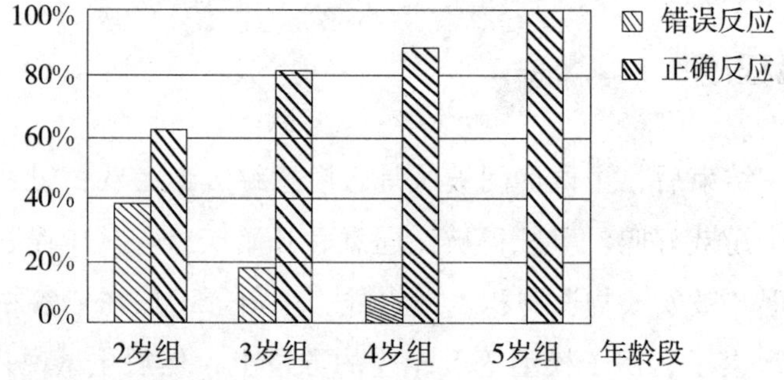

图 3-19　儿童对“上部”的表达结果

图 3-19 列出了所有儿童对“上部”的表达结果。由图表可以看出，2 岁组儿童对“上部”表达的正确率为 62%，3 岁组增长到 82%，4 岁

组和 5 岁组分别达到 91% 和 100%。这说明，儿童在 2 岁时将近 40% 还不能表达“上部”，在 2 岁到 4 岁之间进步很大，2 岁到 3 岁、3 岁到 4 岁之间正确率分别增长 20% 和 9%。儿童 4 岁到 5 岁继续进步，5 岁时可以全部表达“上部”。

（三）“上$_{垂直附着}$”的表达结果

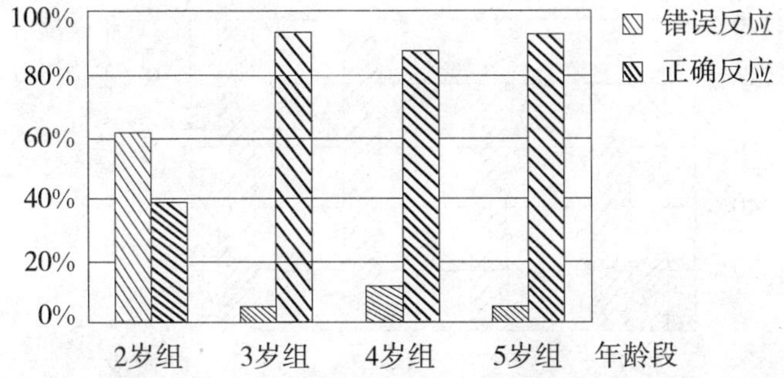

图 3-20　儿童对“上$_{垂直附着}$”的表达结果

图 3-20 列出了所有儿童对“上$_{垂直附着}$”的表达结果。由图表可以看出，2 岁组儿童对“上$_{垂直附着}$” 表达的正确率为 38%，3 岁组增长到 94%，4 岁组和 5 岁组分别达到 88% 和 94%。这说明，儿童在 2 岁时超过 60% 的人还不能表达“上$_{垂直附着}$”，在 2 岁到 3 岁之间进步很大，2 岁到 3 岁之间正确率增长 56%。儿童在 3 岁到 5 岁之间进步缓慢。

（四）“上$_{倒置附着}$”的表达结果

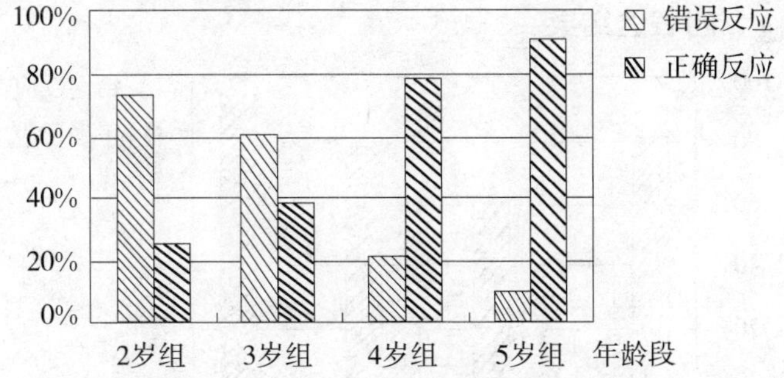

图 3-21　儿童对“上$_{倒置附着}$”的表达结果

图 3-21 列出了所有儿童对“上$_{倒置附着}$”的表达结果。由图表可以看出，

2岁组和3岁组儿童对“上$_{倒置附着}$” 表达的正确率分别达到27%和38%，4岁组增长到79%，5岁组则达到91%。这说明，儿童在2岁和3岁时分别多于70%和60%的人还不能表达“上$_{倒置附着}$”，在3岁到5岁之间进步很大，3岁到4岁、4岁到5岁之间正确率分别增长41%和12%。

（五）“下部”的表达结果

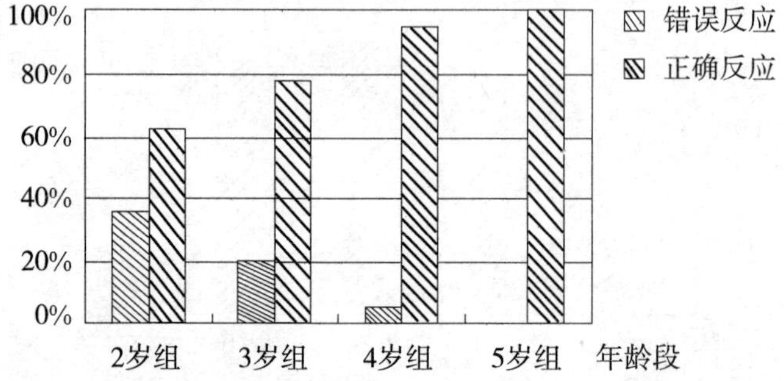

图3-22　儿童对“下部”的表达结果

图3-22列出了所有儿童对“下部”的表达结果。由图表可以看出，2岁组儿童对“下部” 表达的正确率达到65%，3岁组增长到79%，4岁组和5岁组则分别增长到94%和100%。这说明，儿童在2岁时超过30%的人还不能表达“下部”，2岁到4岁之间进步很大，2岁到3岁、3岁到4岁之间正确率分别增长14%和15%，4岁到5岁之间继续进步，在5岁时可以全部表达“下部”。

（六）“下$_{包围}$”的表达结果

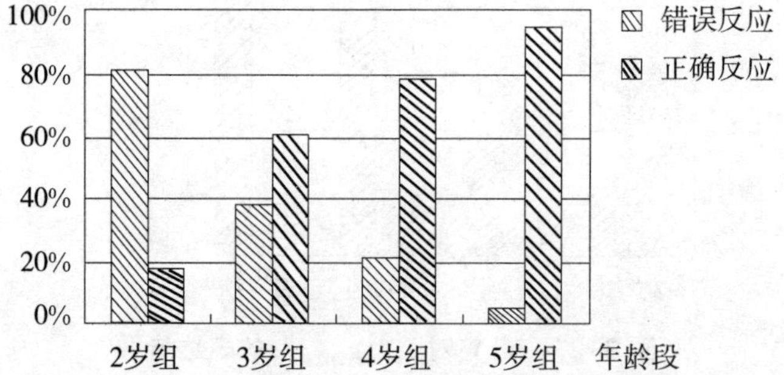

图3-23　儿童对“下$_{包围}$”的表达结果

图 3–23 列出了所有儿童对“下$_{\text{包围}}$”的表达结果。由图表可以看出，2 岁组儿童对“下$_{\text{包围}}$”表达的正确率达到 18%，之后逐年增长，3 岁组正确率为 62%，4 岁组增长到 79%，5 岁组则增长到 94%。这说明，儿童在 2 岁时超过 80% 的人还不能表达“下$_{\text{包围}}$”，2 岁到 4 岁之间进步较大，2 岁到 3 岁、3 岁到 4 岁之间正确率分别增长 44% 和 17%，4 岁到 5 岁之间继续进步，在 5 岁时基本可以表达“下$_{\text{包围}}$”。

（七）“下$_{\text{接触}}$”的表达结果

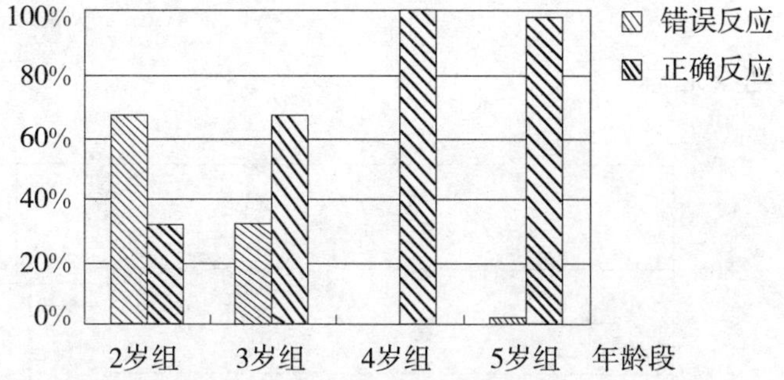

图 3–24　儿童对“下$_{\text{接触}}$”的表达结果

图 3–24 列出了所有儿童对“下$_{\text{接触}}$”的表达结果。由图表可以看出，2 岁组儿童对“下$_{\text{接触}}$”表达的正确率为 32%，3 岁组正确率增长到 68%，4 岁组和 5 岁组正确率分别达到 100% 和 97%。这说明，儿童在 2 岁时将近 70% 的人还不能表达“下$_{\text{接触}}$”，在 2 岁到 4 岁之间进步很大，2 岁到 3 岁、3 岁到 4 岁之间正确率分别增长 36% 和 32%。儿童 4 岁时可以全部表达“下$_{\text{接触}}$”。

（八）“下$_{\text{分离}}$”的表达结果

图 3–25 列出了所有儿童对“下$_{\text{分离}}$”的表达结果。由图表可以看出，2 岁组儿童对“下$_{\text{分离}}$”表达的正确率为 21%，3 岁组正确率增长到 68%，4 岁组和 5 岁组正确率均已达到 100%。这说明，儿童在 2 岁时近 80% 的人还不能表达“下$_{\text{分离}}$”，在 2 岁到 4 岁之间进步很大，2 岁到 3 岁、3 岁到 4 岁之间正确率分别增长 47% 和 32%。儿童 4 岁时可以全部表达“下$_{\text{分离}}$”。

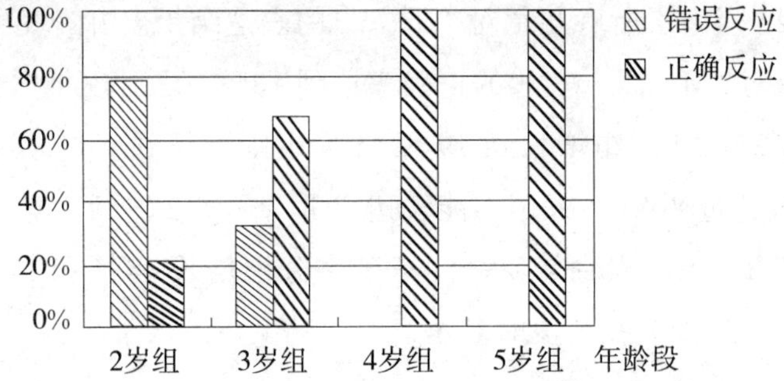

图 3-25　儿童对“下$_{分离}$”的表达结果

（九）实验结果汇总

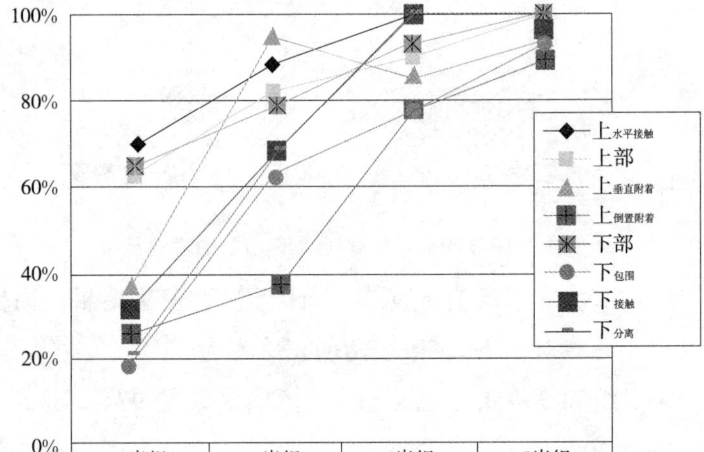

	2岁组	3岁组	4岁组	5岁组
上$_{水平接触}$	70	88	100	100
上部	62	82	91	100
上$_{垂直附着}$	38	94	88	94
上$_{倒置附着}$	27	38	79	91
下部	65	79	94	100
下$_{包围}$	18	62	79	94
下$_{接触}$	32	68	100	97
下$_{分离}$	21	68	100	100

图 3-26　表达任务的实验结果（%）

图 3-26 列出了儿童在方位词“上 / 下”各空间义项表达任务中的实验结果。从图表中可以看出：2 岁组儿童中表达“上$_{水平接触}$”、“上部”和“下部”的正确率都达 60% 以上，而表达其他义项的正确率较低。2

岁组至5岁组儿童表达水平逐渐提高，3岁组儿童表达“上$_{水平接触}$”、“上部”、“上$_{垂直附着}$”和“下部”的正确率超过75%，4岁组儿童对“上/下”8个空间义项的表达正确率都超过75%，5岁组儿童正确率更高。

从图表中还可以看出：2岁组和3岁组儿童表达“上”空间义项的正确率明显高于“下”空间义项的正确率。

（十）实验一和实验二结果的比较

表3-2　各年龄组儿童“理解”和“表达”两项实验差异情况（χ^2）

	理解（人次）		表达（人次）		χ^2
	正确	错误	正确	错误	
2岁组	192	80	113	159	46.575***
3岁组	248	24	197	75	32.118***
4岁组	268	4	249	23	14.069***
5岁组	271	1	264	8	5.536*

表3-2说明：2岁组、3岁组、4岁组和5岁组儿童对方位词“上/下”的理解和表达，实验差异均达到显著性水平，说明儿童对空间词汇的理解早于表达。两者的差异随年龄增大而逐渐缩小，但即使在5岁组，两者之间仍存在着显著差异。

八　讨论

（一）各年龄组儿童对方位词“上/下”各空间义项表达的错误情况

1.“上$_{水平接触}$”表达的错误情况

当主试把黄积木放到红积木上面，要求被试表达两物之间的空间关系时，2岁组、3岁组中有14位儿童做出错误的语言反应。错误情况如下：

（1）没有反应；（2岁组5人，3岁组1人）

（2）其他反应：儿童说出“这里”（2岁组3人，3岁组3人）和“积木下”（2岁组2人）。

2.“上部”表达的错误情况

当主试把鱼放在抽屉上层，要求被试表达两物之间的空间关系时，2 岁组、3 岁组和 4 岁组中有 22 位儿童做出错误的语言反应。错误情况如下：

（1）没有反应；（2 岁组 11 人，3 岁组 2 人）

（2）其他反应：儿童说出“这里”（2 岁组 1 人，3 岁组 4 人，4 岁组 3 人）和“下层”（2 岁组 1 人）。

3.“上$_{垂直附着}$”表达的错误情况

当主试把鱼放在墙上，要求被试表达两物之间的空间关系时，4 个年龄组中有 29 位儿童做出错误的语言反应。错误情况如下：

（1）没有反应；（2 岁组 12 人，4 岁组 1 人）

（2）其他反应：儿童说出“这里”（2 岁组 4 人，3 岁组 2 人，4 岁组 3 人，5 岁组 2 人）和“墙下”（2 岁组 5 人）。

4.“上$_{倒置附着}$”表达的错误情况

当主试把鱼放在天花板上，要求被试表达两物之间的空间关系时，4 个年龄组中有 56 位儿童做出错误的语言反应。错误情况如下：

（1）没有反应；（2 岁组 13 人，3 岁组 7 人）

（2）其他反应：儿童说出“这里”、“那里”（2 岁组 10 人，3 岁组 12 人，4 岁组 7 人，5 岁组 2 人）和“天花板（屋顶）下”（2 岁组 2 人，3 岁组 2 人，5 岁组 1 人）。

5.“下部”表达的错误情况

当主试把青蛙放在抽屉下层，要求被试表达两物之间的空间关系时，2 岁组、3 岁组和 4 岁组中有 21 位儿童做出错误的语言反应。错误情况如下：

（1）没有反应；（2 岁组 8 人）

（2）其他反应：儿童说出“这里”（2 岁组 4 人，3 岁组 4 人，4 岁组 2 人）、“底上”（3 岁组 1 人）和“上层”（3 岁组 2 人）。

6.“下$_{包围}$”表达的错误情况

当主试把青蛙放在树下，要求被试表达两物之间的空间关系时，4 个年龄组中有 50 位儿童做出错误的语言反应。错误情况如下：

（1）没有反应；（2 岁组 12 人，3 岁组 3 人）

（2）其他反应：儿童说出“这里”（2 岁组 7 人，3 岁组 5 人，4 岁组 4 人）、“树旁”（2 岁组 3 人，3 岁组 3 人，4 岁组 3 人，5 岁组 2 人）和“树上”（2 岁组 6 人，3 岁组 2 人）。

7.“下$_{接触}$”表达的错误情况

当主试把红积木放在黄积木下面，要求被试表达两物之间的空间关系时，3 个年龄组中有 35 位儿童做出错误的语言反应。错误情况如下：

（1）没有反应；（2 岁组 12 人，3 岁组 3 人）

（2）其他反应：儿童说出“这里”（2 岁组 7 人，3 岁组 2 人，4 岁组 1 人）和“积木上”（2 岁组 4 人，3 岁组 6 人）。

8.“下$_{分离}$”表达的错误情况

当主试把青蛙放在桌子的下面，要求被试表达两物之间的空间关系时，2 岁组和 3 岁组中有 38 位儿童做出错误的语言反应。错误情况如下：

（1）没有反应；（2 岁组 8 人，3 岁组 3 人）

（2）其他反应：儿童说出“这里”（2 岁组 10 人）、“地上”（2 岁组 6 人，3 岁组 7 人）和“桌上”（2 岁组 3 人，3 岁组 1 人）。

各年龄组儿童在方位词“上 / 下”各空间义项的表达实验中，表现出以下几种普遍性的问题：

（1）没有反应：这种情况在 2 岁组和 3 岁组中表现较突出，儿童对指示语迷茫、没有反应。

（2）完全相反：表现在“上 / 下”各空间义项的表达实验中颠倒了方位，倾向于把“下”当作“上”。

（3）缺乏相应的词汇，不能准确地表达物体的空间关系。如儿童会用手指，或说“在这里”、“那里”等。

（二）各年龄组儿童对方位词“上 / 下”空间义项表达数目随年龄增长而增多

通过方位词“上 / 下”各空间义项的正确率变化情况来看，儿童对

8 个义项的表达水平在 2 岁到 4 岁之间都有较大提高；对“上$_{垂直附着}$”、“上$_{倒置附着}$”和“下$_{包围}$”的表达能力在 4 岁之后继续进步。可以说，2 岁至 5 岁是儿童表达方位词“上 / 下”各空间义项的关键时期。5 岁之后，发展趋于平稳。

我们以全年龄组75%被试通过作为该年龄组表达每个空间义项的指标。在本实验中，2 岁组儿童表达方位词“上 / 下”较为困难，3 岁组儿童基本可以表达“上$_{水平接触}$”、“上部”、“上$_{垂直附着}$”和“下部”，4 岁组儿童基本可以表达“上 / 下”8 个空间义项。5 岁组儿童几乎可以表达方位词“上 / 下”的 8 个空间义项。

（三）儿童表达方位词“上 / 下”各空间义项的顺序

我们以各年龄组表达各义项的正确率为依据，得出方位词“上”空间义项的顺序是：上$_{水平接触}$—上部—上$_{垂直附着}$—上$_{倒置附着}$；“下”空间义项的顺序是：下部—下$_{接触}$—下$_{分离}$—下$_{包围}$。这和实验一理解结果基本一致，只有在“下$_{包围}$”的任务中儿童倾向于说“这里”、“树旁边”和“树上”（正确表达为“树下”），缺乏相应的词汇，不能准确地表达目标物（青蛙）和参照物（树）之间的空间关系。

（四）儿童对“上”空间义项的表达早于对“下”空间义项的表达

仍以各年龄组儿童表达各义项的正确率为依据，可以发现：儿童对“上”空间义项的总体表达水平要高于对“下”空间义项的表达水平。早期儿童受认知能力的局限，还不可能感知较为复杂的空间关系，成人在和儿童进行交往时也多从儿童的角度考虑，尽量使用一些表示简单位置关系的方位词，如“里”和“上”，同时，这两类方位词的使用也能达到指称物体空间位置的目的，满足和儿童交往的需要，这样，“上”也就成为成人最早向儿童输入的空间方位词。由于世界上的物体大都处于被包含或被支撑的状态，因此，在表达物体空间位置关系时，“里”、“上”又成为出现频率最高的方位词。儿童对方位词“上”听到的时间早、频率高，儿童最早理解“上”的空间义项，并最早可以表达“上”的空间义项。而方位词“下”儿童听到的频率较低，早期儿童得不到应有的语言刺激和强化，所以表达较晚。

（五）儿童对方位词“上/下”空间义项的理解早于表达

越是年幼的儿童，对方位词的理解和表达的差异就越大，随着年龄增长，两者的差异逐渐缩小。一般来说，方位词的表达需要儿童寻找在记忆中所储存的标志——他想要表达的概念的适当的词，这是一个积极提取的过程。理解需要儿童辨认他所听到的词，然后把该词和它所标志的概念等同起来。这是两个完全不同的过程，两者的关系并不是一种简单的逆转关系，表达更难些。

第四节　小结

一　研究结论

本研究旨在考察2—5岁儿童对方位词“上/下”多个空间义项是如何理解与表达的，实验结果表明：

（1）各年龄组儿童对方位词“上/下”空间义项的掌握数目随年龄增长而增多。儿童在3岁时基本可以理解“上/下”各空间义项，在4岁时基本可以表达“上/下”各空间义项，5岁时几乎全部掌握了“上/下”各空间义项。

（2）儿童掌握方位词“上/下”空间义项具有一定的顺序，对于“上”的各空间义项习得顺序为：$上_{水平接触}$ > 上部 > $上_{垂直附着}$ > $上_{倒置附着}$；“下”各空间义项习得顺序为：下部 > $下_{包围}$ > $下_{接触}$ > $下_{分离}$。

（3）2岁组和3岁组儿童对方位词“上”空间义项的掌握早于对“下”空间义项的掌握。2岁组和3岁组儿童在理解任务中采取趋“上”策略（在“下”的理解任务中幼儿倾向于把“被安放物”放在“参照物上”）。

（4）各年龄组儿童对方位词“上/下”空间义项的理解早于生成，

两者的差异随年龄增长而逐渐减小。

“上/下”方位概念是儿童基本空间概念之一，对儿童空间方位词习得规律进行研究，既可以从整体上把握儿童空间认知发展的规律，也可以为儿童的空间认知能力和空间词汇教育活动提供心理学依据和指导。幼儿教师和家长应该共同配合，注重早期儿童方位认知能力的培养。

幼儿教师需要重视以下几方面：

（1）创设丰富的空间环境。

蒙台梭利认为，儿童学习最好是在“有准备”的环境中进行。我们可以在教室、活动室等场所创设这种“有准备”的环境，比如放些有抽屉的小桌子、墙上贴些图片、天花板上挂些鲜艳的饰物等。在这个环境中，儿童可以自由地探索他们所关心的材料，依据自己的兴趣吸收信息。儿童可以体会到物体与物体之间的位置关系，并可以自由地摆弄操作这些物体。儿童在这个“有准备”的环境中不断地感知物体之间的空间关系，并积累摆放物体的空间经验，促进空间认知能力的发展。

（2）注重方位词的语言教育活动。

儿童在掌握“上/下”空间意义时遵循着一定的顺序。首先为“水平接触的‘上’”，例如：“桌上有本书”；其次为“上部”；再次为“垂直附着的‘上’”，例如：“墙上有你的照片”；最后为“倒置附着的‘上’”，例如：“天花板上有彩带”等。因此，教师在设置活动时也要遵循这样的顺序，设置相应的场景，由易到难，层层递进。

把“上/下”方位词各空间义项编进儿歌、游戏或故事，使儿童在多样的语言活动中多看、多听、多说、多练，进而使他们逐渐掌握方位词“上/下”的全部空间义项。

（3）注意与其他学科教学活动的相互配合。

教师不仅仅在语言教育活动中培养儿童的方位概念，在健康、艺术和数学等教育活动中也要进行相应地渗透。在健康活动中，儿童可以配合着做向上跳和蹲下等动作；在艺术活动中，画出树上和树下的小动物；在数学活动中，说出小猴子上面的小猫住在几楼。在这些领域的相互渗透下，可以巩固并完善儿童空间认知能力的发展。

（4）重视日常生活中的培养。

儿童方位概念的学习并非仅仅存在于教育活动中，而是存在于幼儿园的所有日常生活中。儿童与教师、儿童与儿童之间的交流对话中，都会发现方位词的使用。儿童在 2 岁时只可以听懂方位词“上 / 下”的某些空间义项，因此，教师在说到“上 / 下”时要清晰，要缓慢，尤其是遇到儿童不太理解的义项时，教师可以通过演示使儿童明白。3 岁时儿童可以听懂“上 / 下”的所有空间义项，但只可以表达出某些义项，因此，教师在儿童遇到困难时可以给些引导和帮助。4 岁时儿童基本可以表达出“上 / 下”的所有空间义项，教师需继续锻炼儿童的方位表达能力，巩固儿童的空间认知成果，为儿童空间语言能力的进一步发展准备条件。

家长也应注意和幼儿教师配合，在家庭环境和生活中培养儿童的空间认知能力。引导孩子学习空间方位时，注意指示要明确和详细。比如：要求孩子拿东西时，要明确告诉他具体的位置（“桌子的下面”），而非简单的“在那边”或用手一指。这样才可以锻炼并提高儿童对空间词汇的理解能力和表达能力。

总之，了解儿童方位词“上 / 下”多个空间义项的习得顺序和发展规律，并按照符合儿童空间认知的方式来开展活动，必将更好地促进儿童空间认知和空间语言能力的发展。

二　本研究的不足

在现代汉语中，“上 / 下”的义项纷繁复杂（吴念阳 2009）。本研究对学龄前儿童的研究仅仅涉及“上 / 下”的静态空间义项：上$_{水平接触}$、上部、上$_{垂直附着}$、上$_{倒置附着}$、下部、下$_{包围}$、下$_{接触}$、下$_{分离}$。事实上，“上 / 下”还有动态空间义项，比如“结合 / 分离”义项、“运动 / 静止”义项，以及隐喻义项，比如隐喻时间概念、道德概念、社会地位概念……这些本研究都没有涉及。

三　今后研究展望

从词频角度看，“上 / 下”的空间义占极少数，隐喻义占大多数（吴念阳 2008）。因此，对学龄前儿童“上 / 下”各义项习得的研究还有很大的拓展空间。

从研究方法角度来看，本研究使用的实验手段以及数据处理模式都相对简单。随着计算机模拟、脑电仪器设备的发展，可以对学龄前儿童进行更精细的认知科学实验，这也是现代儿童语言研究的发展趋势。

附件 1　实验一测试材料

（1）上 A：小朋友，请你把黄积木放在红积木上。

（2）上 B：小朋友，请你把青蛙放在抽屉上层。

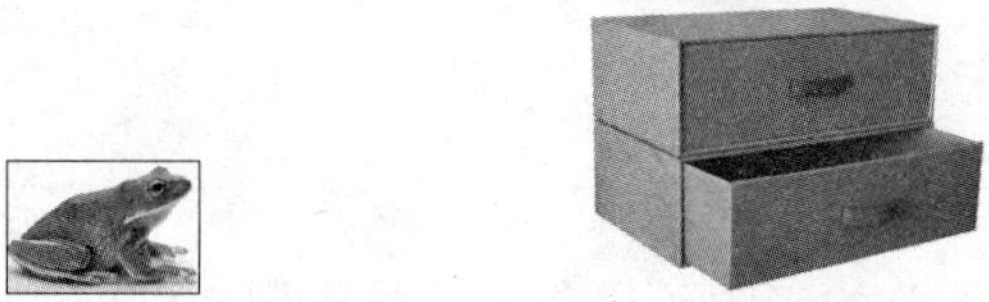

（3）上 C：小朋友，请你把青蛙放在墙上。

干扰：小朋友，你喜欢和老师做游戏吗？

（4）上 D：小朋友，请你把青蛙放在天花板上。

（5）下 E：小朋友，请你把鱼放在抽屉下层。

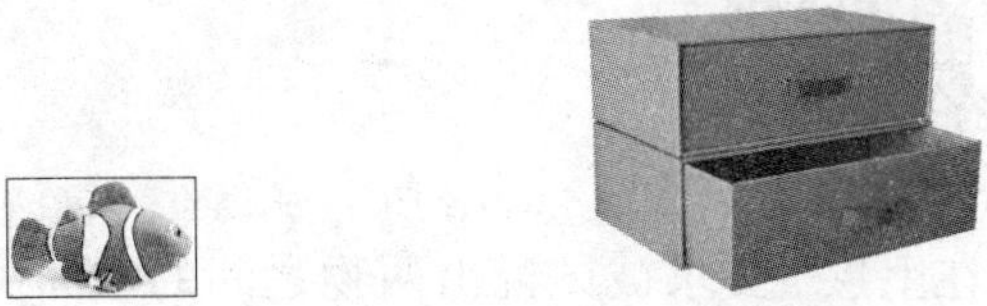

（6）下 F：小朋友，请你把鱼放在树下。

干扰：小朋友，你喜欢和大家一起唱歌吗？

（7）下 G：小朋友，请你把黄积木放在红积木下。

（8）下 H：小朋友，请你把鱼放在桌子下。

附件 2　实验二测试材料

（1）上 A：（主试把黄积木放到红积木上面，要求被试说出两物之间的空间关系）小朋友，请你告诉我，黄积木在红积木的哪里？

（2）上 B:（主试把鱼放在上层，要求被试说出两物之间的空间关系）小朋友，请你告诉我，鱼在抽屉的哪层？

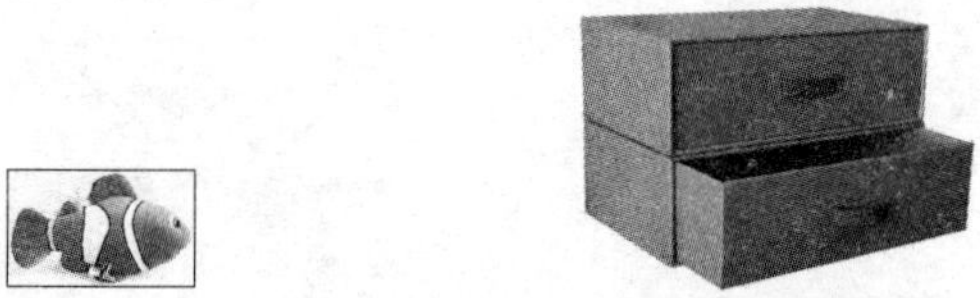

（3）上 C:（主试把鱼放在墙上，要求被试说出两物之间的空间关系）小朋友，请你告诉我，鱼在墙的哪里？

干扰：小朋友，请你告诉我，小鱼是什么颜色的？

（4）上 D：（主试把鱼放在天花板上，要求被试说出两物之间的空间关系）小朋友，请你告诉我，鱼在天花板的哪里？

（5）下 E：（主试把青蛙放在下层，要求被试说出两物之间的空间关系）小朋友，请你告诉我，青蛙在抽屉的哪层？

（6）下 F：（主试把青蛙放在树下，要求被试说出两物之间的空间关系）小朋友，请你告诉我，青蛙在树的哪里？

干扰：小朋友，请你告诉我，你喜欢吃鱼吗？

（7）下 G：（主试把红积木放在黄积木下面，要求被试表达两物之间的空间关系）小朋友，请你告诉我，红积木在黄积木的哪里？

（8）下 H：（主试把青蛙放在桌子的下面，要求被试说出两物之间的空间关系）小朋友，请你告诉我，青蛙在桌子的哪里？

实验报告二　2—5 岁儿童“前 / 后”的语义认知研究

第一节　研究意义

研究儿童对“前 / 后”的语义认知，对于掌握儿童语言和认知的发展规律有很大的意义。现代汉语对方位词“前 / 后”单篇研究很少，已有研究存在以下几个方面的问题：

（1）对儿童语言中方位词“前 / 后”的实证研究很少，多关注于理解以及表达的习得年龄和习得顺序，对“前 / 后”的空间义项以及时间义项没有分辨。

（2）对儿童习得方位词“前 / 后”的研究中，已有研究大多只用了儿童自己以及有“前 / 后”的物体（比如洋娃娃、电视机就是有“前 / 后”的物体，下文称为“有方向物体”）作为参照物，对没有“前 / 后”的物体（比如橘子、皮球就是没有“前 / 后”的物体，下文称为“无方向物体”）为参照物的情况较少关注，对儿童“前 / 后”的语义掌握的测试不全面。

本研究将在以往研究基础上，探讨以下几个问题：

（1）采用实证方法，考察儿童对“前 / 后”的空间义项和时间义项的认知情况。

（2）以儿童自己、有方向物体和无方向物体为参照物来测试儿童的“前 / 后”空间方位概念，揭示儿童的“前 / 后”空间义项语义发展规律以及概念。

（3）设计“空间方向—运动方向一致”以及“空间方向—运动方向不一致”两种情景，用精细实验探索儿童的“前 / 后”时间义项语义发展规律。

第二节 实验一 儿童对“前/后”空间义项的认知研究

一 实验目的

考察儿童对“前/后”空间义项的语义认知，儿童对自己的“前/后”方位和有方向物体、无方向物体的“前/后”方位的认知。

二 实验假设

（1）儿童对自己的“前”的认知比对自己的“后”的认知早。

（2）儿童对自己的“前/后”的认知比对有方向物体的“前/后”的认知早。

（3）儿童对无方向物体的“前/后”的认知，彼此之间有分化。

三 实验材料

本实验中使用的材料都是儿童在日常生活和游戏中熟悉的物体。材料分为两类：一类是参照物，即被试需要按照主试的指导语对其空间方位做出反应的物体，包括被试自己、有方向物体、无方向物体三种；另一类是安放物，即被试按照指导语做出反应，将其放到参照物的方位上的物体。为了防止安放物自身的方向性对被试的反应产生影响，本研究用无方向物体作为安放物。

四 实验被试

被试来自上海市科技幼儿园集团下的田林园和桂林园两家幼儿园，共133人。2岁组1名被试因故未能参加全部试验，最终有效被试132人，其中女生63人，男生69人。2岁组30人，3岁组30人，4岁组35人，5岁组37人。

五　实验主试

每组两名主试，主试A和主试B都与被试同向。主试A随机坐在被试的左侧或者右侧，按照统一指导语与被试交流，并请被试根据听到的指导语做出相应反应；主试B随机站在其背面、左边或者右边，负责如实记录被试的反应。为了防止因为主试位置的变动影响被试的行为反应，同一名被试进行测试时，两名主试的位置保持不变。

六　实验程序

首先，要求被试熟悉参照物和安放物，请被试对参照物和安放物进行命名。命名结束后，根据被试的命名继续进行实验。主试A将安放物放在被试手里，参照物放置于桌子上，被试的正前方。然后请被试仔细听指导语，并且按照指导语的内容做出相应反应。

实验指导语：

小朋友，请你将积木放到你（小狗/橘子）的前面（后面）。

主试B负责如实记录被试的反应数据。参照物若为自己以及有方向物体，被试对参照物的“前/后”的反应有正确与错误之分，正确则记录为“正确”，错误则详细记录被试的行为；当参照物为无方向物体时，被试对参照物的“前/后”的任何反应都无正确与错误之分。参照物周围的区域分为四块，被试与参照物之间的区域标记为“1”，被试的右边区域标记为“2”，参照物远离被试的对面区域标记为“3”，被试的左边区域标记为“4”，不会和无反应标记为“5”。

七　结果与分析

（一）儿童对自己的“前 / 后”认知正确率及其比较

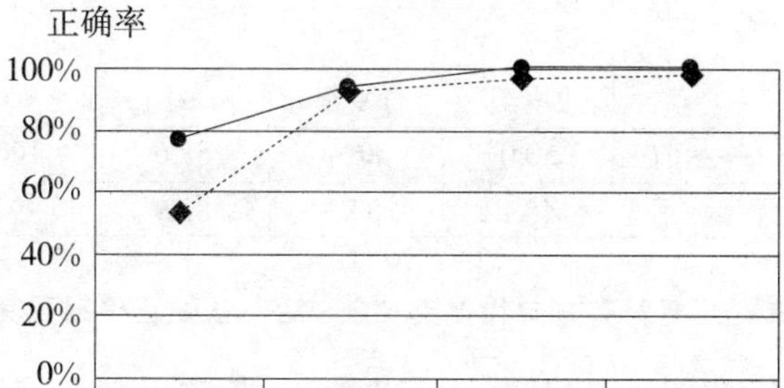

	2岁组	3岁组	4岁组	5岁组
—●— 前	76.7	93.3	100	100
···◆··· 后	53.3	93.3	97.1	100

图 3-27　儿童对自己的“前 / 后”认知正确率及其比较（%）

图 3-27 列出了 4 个年龄组儿童对自己的“前 / 后”方位的认知正确率。从图 3-27 可以看出，儿童对自己的“前 / 后”的认知正确率随着年龄的增长逐年提高。2 岁时，“前”的认知正确率大于“后”的认知正确率。可见，儿童先掌握自己的“前”，然后掌握自己的“后”。到 3 岁组之后，约 93% 的儿童能识别自己的“前 / 后”。可以说，儿童在 3 岁之后基本掌握自己的“前 / 后”方位，5 岁之后全部掌握。这表明，2 岁到 3 岁这个时间段是儿童掌握以自己为参照点的“前 / 后”方位的关键时期。

（二）儿童对有方向物体的“前 / 后”认知正确率及其比较

图 3-28 列出了 4 个年龄组儿童对有方向物体的“前 / 后”方位的认知正确率。由图 3-28 可以看出，儿童对有方向物体的“前 / 后”的认知正确率随着年龄的增长逐年提高。儿童对有方向物体的“后”的认知一直比对“前”的认知略微差一点，但是差别不大。也就是说，每个组都有少数儿童能识别有方向物体的“前”，却不能识别有方向物体的“后”。但对于约 83% 的儿童来说，3 岁就能识别有方向物体的前后方位了。

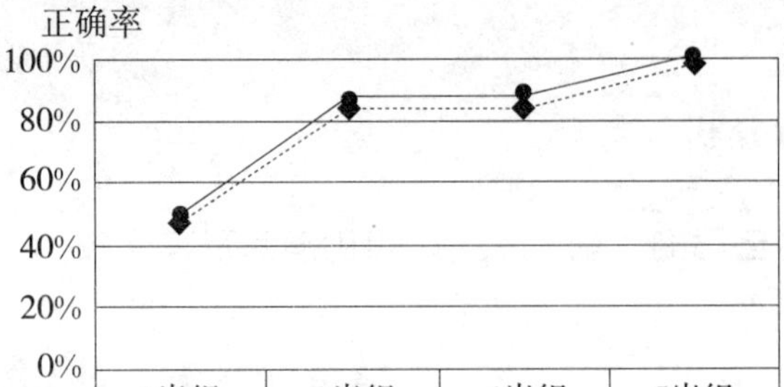

	2岁组	3岁组	4岁组	5岁组
—●— 前	50.0	86.7	88.6	100
···◆··· 后	46.7	83.3	82.9	97.3

图 3-28　儿童对有方向物体的“前 / 后”认知正确率及其比较（%）

将图 3-27 和图 3-28 比较，可以看到，儿童识别自己的“前 / 后”方位，稍稍好于识别有方向物体的“前 / 后”方位。这两项语义的发展关键期是 2 岁到 3 岁之间。

（三）儿童对无方向物体的“前”的认知

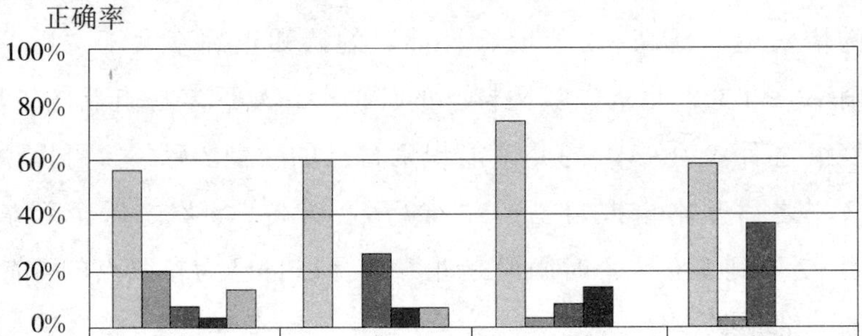

	2岁组	3岁组	4岁组	5岁组
1	56.7	60.0	74.3	59.5
2	20.0	0	2.9	2.7
3	6.7	26.7	8.6	37.8
4	3.3	6.7	14.3	0
5	13.3	6.7	0	0

图 3-29　儿童对无方向物体的“前”的认知（%）

注：图 3-29 中，1= 儿童自己与参照物之间的区域；2= 儿童的右边区域；3= 参照物远离儿童的对面区域；4= 儿童的左边区域；5= 不会和无反应。（下同）

图 3-29 列出了 4 个年龄组儿童对无方向物体的“前”的认知。由图 3-29 可以看出，每个组半数以上的儿童都认为无方向物体的“前”是参照物与自己之间的区域；其次，有部分儿童认为“参照物远离自己的对面区域”是“前”；选择左右区域的人数占少数。

这个研究结果很有意义。在对外汉语教学中，经常发现中西方人对“某物的前面”存在理解差异。比如“请站到话筒前面”，中国人都理解为话筒在自己和观众之间，自己朝向观众，同时也朝向话筒；可是有很多美国学生理解为人站在话筒和观众之间，面向观众，话筒在自己脑后。这种认知差异在幼儿期就已经存在了。随着年龄的增长，中国人都掌握了“话筒前面”的语义，而放弃了自己幼时天然的认知模式。

（四）儿童对无方向物体的“后”的认知

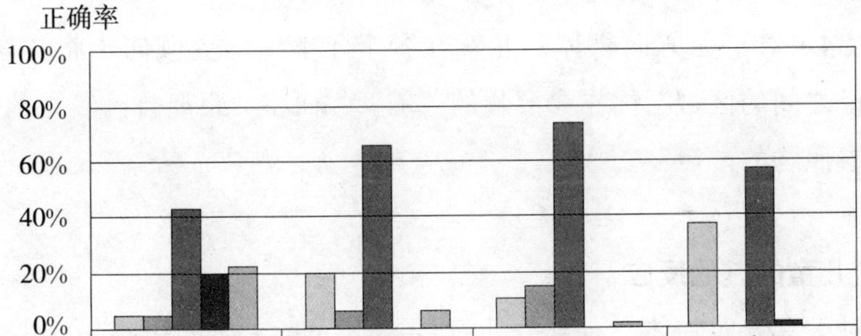

	2岁组	3岁组	4岁组	5岁组
1	6.7	20.0	11.4	37.8
2	6.7	6.7	14.3	0
3	43.3	66.7	71.4	59.5
4	20.0	0	0	2.7
5	23.3	6.7	2.9	0

图 3-30　儿童对无方向物体的“后”的认知（%）

图 3-30 列出了 4 个年龄组儿童对无方向物体的“后”的认知。由图 3-30 可以看出，各年龄组儿童中的大多数都认为无方向物体的“后”是“参照物远离自己的对面区域”，有少部分儿童认为参照物的“后”是“参照物与自己之间的区域”。选择左右区域的人数占少数。

八 实验结论

（一）儿童对“前 / 后”的空间义项的认知规律

（1）在2岁时，儿童对自己的“前”的认知正确率已经高于75%，比对自己的“后”的认知正确率高出23.4%，在3岁以后两项正确率达到同步，基本接近正确掌握。

（2）儿童对有方向物体的“前”的认知正确率略高于对“后”的认知正确率。2岁时儿童对有方向物体的“前 / 后”的认知正确率约有50%，3岁以后均高于80%。

（3）儿童对自己的“前 / 后”的认知正确率在2岁组、3岁组和4岁组时均高于对有方向物体的“前 / 后”的认知正确率。在5岁时这两种“前 / 后”的认知正确率同步接近完全掌握。

（4）对于无方向物体，儿童在各个年龄组均更倾向于将“参照物与自己之间的区域”称作参照物的“前”，而将“距离自己较远的一面”称作参照物的“后”。

（二）儿童的其他反应

对于有方向物体，有部分儿童将“前”理解为“头部”、“头顶”或者“脸面”，将“后”理解为“尾部”、“背部”或者“下”。这种情形随着儿童年龄的增长而逐渐下降。

详细的实验记录表明，对于无方向物体，2岁组和3岁组分别有13.3%和6.7%的儿童将“前”理解为“上”，2岁组、3岁组和4岁组分别有23.3%、6.7%和2.9%的儿童把“后”理解为“下”，说明儿童对“后”的掌握难于对“前”的掌握。5岁组儿童已经没有这种错误。

总的结论：5岁组儿童已经能掌握主体和客体的“前 / 后”方位。

第三节　实验二　物体方向与运动方向对儿童认知“前 / 后”的时间义项的影响

一　实验目的

本实验的目的是考察在空间方向—运动方向相同或相反两种情况下，有方向物体运动时，儿童对“前 / 后”的时间义项的认知。

二　实验假设

（1）儿童掌握时间义项“前”早于掌握时间义项“后”。

（2）儿童掌握“前 / 后”的空间义项早于掌握“前 / 后”的时间义项。

（3）运动物体自身的方向影响儿童对“前 / 后”的时间义项的判断。

三　实验材料

本实验中使用的材料都是儿童在日常生活和游戏中熟悉的物体。材料分为两类：一类是反应物（玩具动物），即被试需要按照主试的指导语对其运动时间做出反应的物体。因为要让两个反应物赛跑，所以每种反应物都是两个，并且这两个反应物在大小、形状、颜色、材料等各方面均保持一致；另一类是终点指示物，即标记两个玩具动物赛跑终点的物体。为了防止终点指示物自身的“前 / 后”对被试反应产生干扰，本研究用无方向物体（积木）作为终点指示物。

四　实验被试

同实验一。

五 实验主试

同实验一。

六 实验程序

因为时间概念是很抽象的概念，不具备直观性，为了精细地检验被试的时间概念，本实验中设计了两种实验任务，即理解任务和操作任务；两种实验情境，即玩具动物正向赛跑（玩具动物面部朝向与运动方向一致）和倒退赛跑（玩具动物面部朝向与运动方向相反）。

理解任务是：主试用动作表现两个玩具动物的运动，请被试指认谁在前面到达，谁在后面到达。

操作任务是：主试用语言表达两个玩具动物的运动，一个玩具在另外一个玩具的前面（或者后面）到达目的地，请被试用动作表演这个句子的场景。

各组主试都经过指导语培训，在指导语以及身体语言等各方面均保持一致。四种条件的指导语如下：

空间方向一运动方向相同时的理解任务的指导语：

> 小朋友，有两匹小马（或者长颈鹿、梅花鹿等）想赛跑回家，看看谁先跑到家。它俩有一匹跑得快，有一匹跑得慢，请你仔细看，哪一匹在前面（或“后面”，两种问法顺序随机）回到家。现在请你指给老师看。

终点指示物放置于桌面上被试的正前方，距离被试40—50厘米，主试将两个玩具动物头朝向“家”的方向拿在手里，以不同的速度赛跑，然后将两个玩具动物按照“快的先到、慢的后到”的顺序到达“家”的位置。

空间方向—运动方向相反时的理解任务的指导语：

小朋友，有两匹小马（或者长颈鹿、梅花鹿等）想倒退着赛跑，看看谁先跑回家。它俩有一匹跑得快，有一匹跑得慢，请你仔细看，哪一匹在前面（或“后面”，两种问法顺序随机）回到家。现在请你指给老师看。

主试将两个玩具动物尾部朝向“家”的方向拿在手里，以不同的速度赛跑，然后将两个玩具动物按照“快的先到、慢的后到”的顺序到达“家”的位置。

空间方向—运动方向相同时的操作任务的指导语：

小朋友，有两匹小马（或者长颈鹿、梅花鹿等）想赛跑回家，看看谁先跑到家。它俩有一匹跑得快，有一匹跑得慢。请你按老师的话的意思表演出来：这匹小马在前面到家，这匹小马在后面到家。

主试把两个玩具动物分别递给被试的左手和右手，玩具的头朝向“家”的方向。主试边说指导语，边指向被试手中的玩具，随机指定左（右）手里的玩具“快”或者“慢”。

空间方向—运动方向相反时的操作任务的指导语：

小朋友，有两匹小马（或者长颈鹿、梅花鹿等）想倒退着赛跑，看看谁先跑回家。它俩有一匹跑得快，有一匹跑得慢，请你按老师的话的意思表演出来：这匹小马在前面到家，这匹小马在后面到家。

终点指示物放置于桌面上被试的正前方，距离被试40—50厘米，主试按照随机的顺序把两个玩具动物分别递给被试的左手和右手，玩具的尾部朝向“家”的方向。主试边说指导语，边指向被试手中的玩具，随机指定左（右）手里的玩具“快”或者“慢”。

必须确保被试能够理解并且能够做倒退赛跑的游戏，请被试将一个玩具倒退行走演示一遍，演示正确后开始进行实验。

七 结果与分析

（一）空间方向—运动方向一致时，儿童对“前/后”的时间义项的认知正确率及其比较

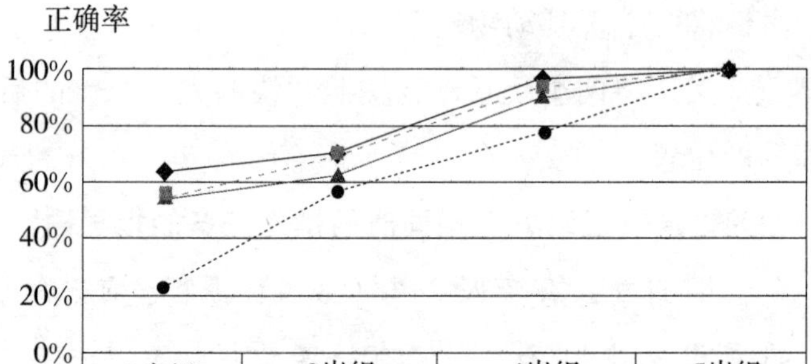

	2岁组	3岁组	4岁组	5岁组
理解任务“前”	63.3	70.0	97.1	100
操作任务“前”	53.3	70.0	94.3	100
理解任务“后”	53.3	63.3	91.4	100
操作任务“后”	23.3	56.7	77.1	100

图 3-31　空间方向—运动方向一致时儿童对“前/后”的时间义项的认知正确率比较（%）

图 3-31 列出了 4 个年龄组儿童在空间方向—运动方向一致时，两种实验任务中“前/后”的时间义项的认知正确率比较。由图 3-31 可以看出，两种实验任务对儿童的认知能力要求是不一样的，理解任务更容易，操作任务更难。儿童掌握“前”的时间义项更容易，掌握“后”的时间义项更难。2 岁组和 3 岁组掌握“前/后”的正确率以及两种任务的正确率，差异都很大。但是到了 4 岁组，除了还有约 23% 的儿童不能完成操作任务的“后”，其余 3 个数据都已经接近 100%。5 岁组儿童所有任务中的正确率均达到 100%。

（二）空间方向—运动方向相反时，儿童对“前/后”的时间义项的认知正确率及其比较

图 3-32 列出了 4 组被试在空间方向—运动方向相反时，两种实验任务中“前/后”的时间义项的认知正确率比较。理解任务中儿童的表现优于

操作任务中的表现，比较图 3–31 和图 3–32 可以看出，运动物体自身的方向性严重干扰了儿童对“前 / 后”时间义项的理解。物体方向—运动方向相反时，2 岁组和 3 岁组儿童在操作任务中的正确反应率大幅下降。

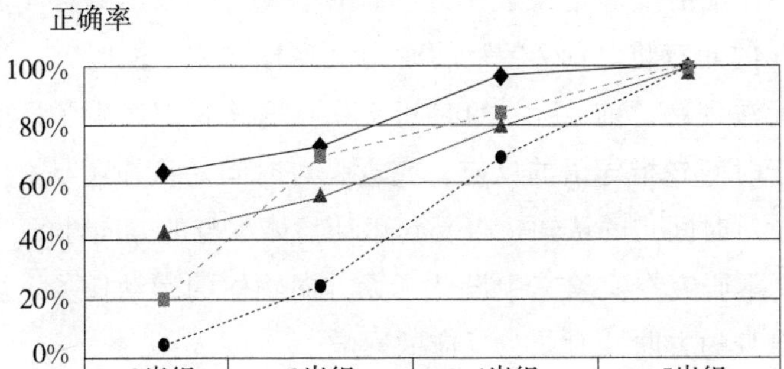

	2岁组	3岁组	4岁组	5岁组
—◆— 理解任务“前”	63.3	70.0	97.1	100
--■-- 操作任务“前”	20.0	66.7	85.7	100
—▲— 理解任务“后”	43.3	53.3	80.0	97.3
···●··· 操作任务“后”	6.7	30.0	68.6	97.3

图 3–32　空间方向—运动方向相反时儿童对“前 / 后”的时间义项的认知正确率比较（%）

八　实验结论

（一）儿童对“前 / 后”的时间义项的认知规律

空间方向—运动方向一致时，儿童对“前 / 后”的时间义项的认知有如下趋势：

（1）物体的空间方向—运动方向是否一致，影响了儿童对“前 / 后”的时间义项的认知。物体的空间方向—运动方向一致时，儿童对“前 / 后”的时间义项认知正确率高。这说明，儿童对时间“前 / 后”的认知会受到物体自身空间的“前 / 后”的影响，直到 5 岁组，儿童才可以不受物体自身空间“前 / 后”的影响而正确地认知时间的“前 / 后”。

（2）儿童在理解任务中的表现要优于在操作任务中的表现，说明在理解任务中，儿童即便反应正确，也不能证明他们完全理解了“前 / 后”的时间义项，操作任务更能准确测量到他们的语义认知。他们需要到 5

岁才能完全掌握“前 / 后”的时间义项。

（二）儿童的其他反应

详细的实验记录表明，在操作任务中，2 岁组至 4 岁组都有百分之十几的儿童将“前 / 后”的时间义项操作成“同时”。这说明，他们根本无法理解“前 / 后”的时间义项。这让我们产生了疑问，此时，儿童对于时间句指导语的反应，究竟是对时间的认知还是对空间的认知呢？儿童对时间句的认知是否受到运动物体本身的方向性的干扰了呢？

本研究在实验三中设计了无方向物体的运动任务，可以规避运动物体自身的方向性对儿童反应的影响。

第四节　实验三　儿童对无方向物体运动时间的“前 / 后”的认知

一　实验目的

用无方向物体作为运动材料，规避运动物体自身的方向性对儿童反应的影响，进一步探究儿童对物体运动时间的认知。

二　实验假设

（1）儿童对无方向物体运动时间的“前”的掌握早于对“后”的掌握。

（2）无方向物体运动时间的认知正确率，低于“运动物体与运动方向一致”的情境，但是高于“运动物体与运动方向相反”的情境。

三　实验材料

本实验中使用的实验材料都是儿童在日常生活和游戏中熟悉的物体。

材料分为两类：一类是反应物（如四方体或圆柱体的积木、橘子），即被试需要按照主试的指导语对其到达终点的时间“前/后”做出反应的物体。每种反应物数量都是两个，并且这两个反应物在大小、形状、颜色、材料等各方面均保持一致；另一类是终点指示物，即指示两个反应物赛跑时到达终点的物体。为了防止终点指示物本身的方向影响被试的反应，本研究采用的是本身没有方向的积木作为终点指示物。

四　实验被试

同实验一。

五　实验主试

同实验一。

六　实验程序

首先，要求被试熟悉参照物和安放物，请被试对参照物和安放物进行命名。命名结束后，根据被试的命名继续进行实验。主试A将安放物放在被试手里，参照物放置于桌子上被试的正前方。然后请被试仔细听指导语，并且按照指导语的内容做出相应反应。

理解任务的指导语：

小朋友，有两个积木想赛跑回家，看看谁先跑到家。它俩有一个跑得快，有一个跑得慢，请你仔细看，哪一个在前面（或“后面”，两种问法顺序随机）回到家。现在请你指给老师看。

主试将两个积木拿在手里，以不同的速度赛跑，然后将两个积木按照“快的先到、慢的后到”的顺序到达“家”的位置。

操作任务的指导语：

小朋友，有两个积木想赛跑回家，看看谁先跑回家。它俩有一个跑得快，有一个跑得慢。请你根据老师的话，做给老师看：这个积木在前面到家，这个积木在后面到家。

主试让两个积木以不同的速度赛跑，然后分别按照速度快慢的顺序到达“家”的位置。主试呈现指导语时要明确指示是哪只手中的积木在前面 / 后面到“家”。

七　结果与分析

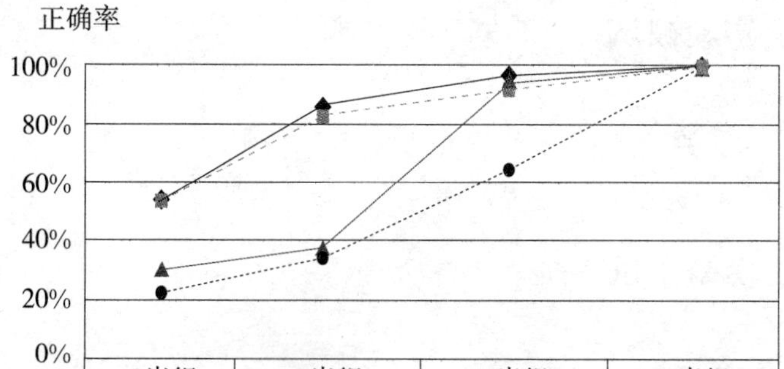

	2岁组	3岁组	4岁组	5岁组
理解任务“前”	50.0	86.7	94.3	100
操作任务“前”	50.0	83.3	88.6	100
理解任务“后”	30.0	36.7	94.3	100
操作任务“后”	23.3	33.3	65.7	100

图 3–33　两种任务中儿童对无方向物体运动时间的“前 / 后”的认知正确率比较（%）

图 3–33 列出了 4 个年龄组在无方向物体运动情境下，儿童在两种实验任务中“前 / 后”的时间义项的认知正确率比较。图 3–33 表明：各年龄组儿童在理解任务中的表现好于在操作任务中的表现，对“前”的时间义项的认知正确率优于对“后”的认知正确率。3 岁组对无方向物体运动时间的“前”和“后”的认知正确率差异最大，对运动时间“前”的认知发展关键期是 2 岁到 3 岁之间，而对运动时间“后”的认知发展主要在 4 岁到 5 岁之间完成。

对比图 3–31 和图 3–33 的数据，明显可以看到，儿童对无方向物体运动时间的“前 / 后”的认知正确率随年龄增加而上升，但 2 岁组低于“物体方向—运动方向一致”情境中的认知正确率，3 岁组和 4 岁组则相反。

对比图 3-32 与图 3-33 的数据，可以看到：无方向物体运动时间的“前 / 后”，与“物体方向—运动方向相反”的情境相比，2 岁组、3 岁组和 4 岁组三个年龄组的正确率差异没有规律，有的是无方向物体情境正确率高，有的是有方向物体情境正确率高。但是无论怎样，到 5 岁组都能实现全部掌握。

这个结果表明：确实有部分儿童对包含“前 / 后”的时间句的理解受运动物体自身方向的影响，部分儿童在一个实验中反应正确，却有可能在另一个实验中反应错误。这说明，儿童对“前 / 后”的时间义项的认知是非本质的。

八　实验结论

（一）儿童对无方向物体运动时间的“前 / 后”的认知规律

在无方向物体运动时，儿童先掌握运动物体时间的“前”，对“后”的掌握要晚 1 到 2 年。2 岁组的正确率低于有方向物体做正向运动的结果，再次说明儿童对“前 / 后”的时间义项的判断，受运动物体自身方向的影响。

（二）儿童的其他反应

详细的实验记录表明，操作任务中 2 岁组、3 岁组和 4 岁组都各有百分之十几的儿童把含“前 / 后”的时间句操作为“同时”。这类儿童几乎完全不理解“前 / 后”的时间义项。

第五节　小结

一　研究结论

（1）在现代汉语中，“前 / 后”是多义项方位词。儿童对“前 / 后”的空间义项的认知，早于对时间义项的认知。

（2）对于“前 / 后”的空间义项，儿童对以自己为参照物的“前 / 后”方位认知，早于对以客体为参照物的认知，对“前”的认知早于对“后”的认知。以无方位客体为参照物时，儿童更倾向于将“距离自己更近的区域”，也就是儿童和参照物之间的区域称作它的“前”，而将“距离自己较远的区域”称作它的“后”。

（3）对于“前 / 后”的时间义项，儿童对“前”的认知早于对“后”的认知。

（4）儿童对“前 / 后”的时间义项的认知，受运动物体自身方向的干扰。

（5）儿童对“前 / 后”的时间义项的认知，受任务方式的影响，在理解任务中的表现优于在操作任务中的表现，操作任务能更准确地测试儿童的认知水平。

（6）儿童在 5 岁之后完全掌握对“前 / 后”的空间义项以及时间义项的认知。

这些结论弥补了 H.H.Clark（1973）、张仁俊（1986）、朱曼殊（1986）、周国光（2004）、孔令达（2004）研究的空白。

二　本研究的不足

（1）中国学者周国光（2004）、孔令达（2004）的研究表明，儿童在 1 岁 8 个月时口语中出现空间方位词“上面”、“里面”，2 岁时开始出现“上”、“前面”，3 岁 6 个月时开始出现“下”、“后”，这些词汇出现时都是空间义。本研究缺少 2 岁之前的被试，不能对儿童 2 岁之前的认知发展规律做出描述。

（2）本研究根据儿童的注意力持续时间短的特点，运用预实验筛选了实验材料。这虽然使得被试能够在有效的注意力时间中参与实验，使实验获得比较精准的数据，但是由此而造成实验材料的单一，不能更全面地揭示儿童的认知发展规律。

（3）本研究在探讨儿童对无方向物体“前 / 后”方位的认知时，仅仅探讨了一个无方向物体，而生活中常见的是多个无方向物体方位的判断任务。这使得本研究对儿童认知规律的揭示有所欠缺。

（4）本研究探讨了儿童对“前/后”的空间义项和时间义项的语义认知，但是现代汉语中“前/后”还有很多其他义项（吴念阳2009），如社会地位、公开性等等，这些还没有能在本研究中涉及。

三　今后研究展望

对儿童空间方位词认知的发展仍然有很多工作要做。陈瑶（2003）指出，现在对于方位词的研究，从形式入手的研究较多，但是从概念表达和方位词文化内涵入手的研究较少；方位词的个案纵向研究较多，但年龄横向研究较少。汉语和英语以及其他外国语的方位词比较研究都是可以开拓的领域。

对于“前/后”的空间义项的研究，可以向低龄延伸，对更低龄组被试的认知特点进行深入的探讨，并且可以用丰富的实验材料，避免由于受到实验材料单一而导致的不足。对于无方向物体，可以进一步探讨出现两个或者更多无方向物体时，儿童对“前/后”的判断。

另外，可以探讨儿童对方位词“前/后”的很多其他义项的认知，甚至可以探讨儿童的方位隐喻概念系统。

笔者期待今后的实证研究能够使用更新颖、精准的研究方法。

实验报告三　3—5 岁儿童空间维度词“大 / 小”的认知研究

第一节　研究意义

从已有研究来看，对空间维度词“大 / 小”的认知研究受到了语言学界和心理学界的共同关注，而且在众多研究者的努力下，也获得了宝贵的研究成果。这些研究成果以及研究方法都为本研究的开展提供了先决条件。已有研究存在一个空白：国内研究还没有涉及学前儿童“大 / 小”的认知规则和对“大 / 小”进行判断的认知标准。而从国外的资料发现，对这两方面的考察集中在 20 世纪 80 年代，其研究成果因研究者所运用研究方法的不同存在很大差异，所以对以上两个相关领域的考察还有待进一步地深入。

本研究的思路是：在已有研究成果的基础上，采用实证研究方法，探讨 3—5 岁中国儿童对“大 / 小”的认知规则和语义认知参考标准。包括两方面的研究内容：

第一，中国儿童对“大 / 小”的认知从开始在口语中出现到正确理解的过程中，是否遵循一定的规则？如果是，在年龄上又会呈现怎样的规律？按照 Siegler（1976，1981，1983）所介绍的规则评估方法，以及国外对“大 / 小”认知规则的考察测试，学前儿童认知两维面积的“大 / 小”，可能有如下五种规则，这五种规则是各自独立的，没有交叉。

表 3-3　儿童认知面积“大 / 小”可能运用的五种规则

	大	小
面积规则	两维的大的区域	两维的小的区域
高度规则	高的	低的
宽度规则	宽的	窄的
凸显维度规则	拥有最大尺寸的维度	相反
凸显维度不同规则	拥有最大差别维度	相反

前人关于幼儿认知规则的研究中，很多是只关注“大”，只有极少数涉及“小”，有些研究证明“小”是较早习得（Bartlett 1976；Eilers，Oller & Ellington 1974）。由于本文的研究对象有一定年龄跨度，所以将分别考察“大”和“小”的认知规则。

第二，3—5 岁儿童判断客体“大 / 小”时运用怎样的参考标准，以及这些标准随年龄增长的发展规律。这里的参考标准包括：知觉的标准和内在化原型标准。知觉标准是当判断目标客体的大小时，与眼前其他同类物体相比较；内在化原型标准即判断目标客体时，与自己脑中形成的原型形象相比较。

此研究将丰富国内相关领域的研究成果，指导幼儿空间认知的教学。作为母语为汉语的儿童的研究成果，将对海外华文教学、跨文化比较研究具有实用价值。

第二节　实验一　儿童对“大”的认知规则

一　实验目的

考察 3—5 岁儿童对“大”的认知是否遵循某种认知规则，并且在年龄上呈现怎样的规律。

二　实验假设

本研究有两个研究假设：

（1）儿童对“大”的认知会遵循多种认知规则。

（2）儿童年龄越大，对“大”的认知规则就越趋于统一。

三　实验材料

实验材料为 14 对由厚纸板切割成的矩形。以下是所有成对出现矩形的尺寸（高 × 宽；单位：厘米）：

除了预测试，其他组的大小比例均为 1.8 : 1 或者更大。图 3-34 显示所有的呈现材料。

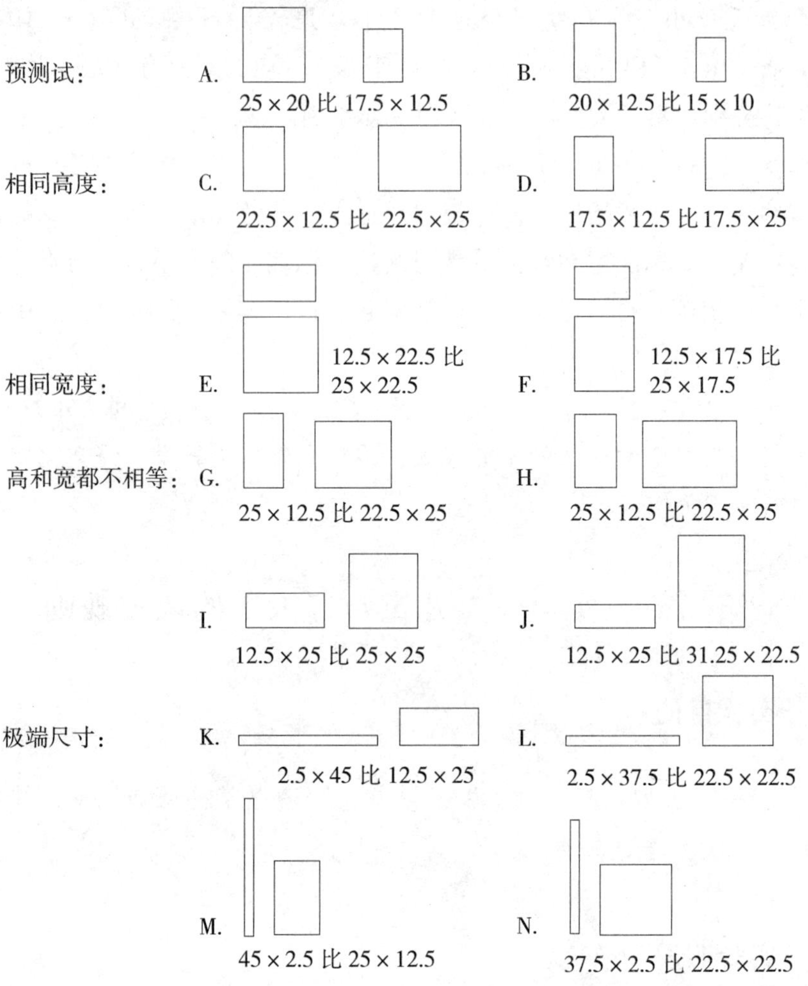

图 3-34 实验一的呈现材料

四 实验被试

随机抽取上海市某幼儿园 3—5 岁儿童 108 人，各个年龄组均为 36 人，男女各半。其中 2 名 3 岁儿童和 1 名 4 岁儿童没有通过预测试，有效被试 105 人，3 岁组 34 人，4 岁组 35 人，5 岁组 36 人。另外还有 20 位成人被试完成相同的实验任务。

五　实验程序

首先，让被试进行A组材料和B组材料的预测试，目的是让被试做练习，同时决定被试是否进入接下来的实验。只要儿童能运用任何一种认知规则，都能正确判断这两组的大小，能正确判断这两组材料的被试才可以继续下一步实验。A、B组的实验结果不参与结果分析。

每组矩形都是立在桌子上而不是平放，为了明显看出E、F组是宽度相同，这两组的纸板是叠加摆放的（见图3-34中E、F组），即一个立在另一个上方。其他不同尺寸的组都是并列摆放。矩形的相对位置（左右）和每组呈现的先后都是随机的，左边和右边呈现的频率相等。

儿童在一个安静的房间里参与实验。主试和被试面对面坐在一张矮桌两侧。测试的具体过程如下：首先进行预测试，主试呈现给儿童A组或者B组（这两组的顺序也是随机的，但是被试必须全部答对才进入下面的测试）的矩形并且问被试："××小朋友，我要让你看一些东西，你告诉我是不是有一个是大的？"如果被试回答"是的"，主试就接着问："哪一个是大的？"接下去的其余实验，主试只要简单问："这两个纸板哪一个是大的？"对儿童任何的回答，主试不评价对与错，只要简单说"好"。每一个问题问完后，立即移走所呈现材料。

主试的记录纸上显示所有14组矩形纸板的缩小图形，被试反应后，主试在对应的图形上做标记"∨"。

六　结果与分析

在全部试验材料中，E、F两组由于采取成对矩形上下叠放，多数儿童把放在上面的矩形认为是大的，不能明确考察出其是否运用了高度规则，A、B两组属于预测试，所以A、B、E、F这四组材料不参与统计。

在理论上，本文所考察的五种认知规则中，任何一种规则对于其余十组实验材料都会产生一个可预知的反应模式（见表3-4）。

表 3-4　认知规则对每组矩形的预知反应模式

	矩形组									
	C	D	G	H	I	J	K	L	M	N
面积规则										
大	1	1	1	1	1	1	1	1	1	1
小	1	1	1	1	1	1	1	1	1	1
高度规则										
大	S	S	0	0	1	1	1	1	0	0
小	S	S	0	0	1	1	1	1	0	0
宽度规则										
大	1	1	1	1	0	0	0	0	1	1
小	1	1	1	1	0	0	0	0	1	1
凸显维度										
大	1	1	S	1	S	1	0	0	0	0
小	1	1	S	1	S	1	0	0	0	0
凸显维度不同										
大	1	1	1	1	1	1	0	1	0	1
小	1	1	1	1	1	1	0	1	0	1

注：1= 被试的正确反应；0= 被试的不正确反应；S= 被试反应矩形一样大。其中不包括 E、F 组，因为在分析时把其排除，后面有详述。

本实验的计分方式是：每个被试五种认知规则分别计分。对每一个规则，被试对极端尺寸组做出预知的反应计 2 分，对其他组做出预知反应计 1 分，对任何组的非预知反应计 0 分。按照这一标准，每一个规则的最高得分是 14 分。极端尺寸组 K、L、M、N 之所以计分加倍是因为它们能更好地测试所运用的规则。根据 Siegler（1976，1981）规则运用评价体系，我们设立了一个区分儿童所运用规则的标准，其分数是 12，意味着每个被试至少在某种规则的计分下得到 12 分才可以认定其运用了这种规则，也可以理解为至多两组普通组不统一，而至多一组极端组不统一才可以认定其运用了规则。

结果显示，所有的成人被试都是运用面积的认知规则判断“大”。儿童被试中，79.41% 的 3 岁被试、85.71% 的 4 岁被试和 94.44% 的 5 岁被试在判断“大”时运用了认知规则。各个年龄组在每种认知规则上的人数和比率详见表 3-5。

表 3-5　3—5 岁儿童认知“大”时所运用规则的人数及百分比

	3 岁组	4 岁组	5 岁组
面积规则	10（29.41%）	19（54.29%）	28（77.78%）
高度规则	11（32.35%）	8（22.86%）	5（13.89%）
宽度规则	0	0	0
凸显维度	5（14.71%）	3（8.57%）	1（2.78%）
凸显维度不同	1（2.94%）	0	0
无任何规则	7（20.59%）	5（14.29%）	2（5.56%）

图 3-35 可以更清楚地分辨各个年龄组被试运用五种认知规则的人数分布。

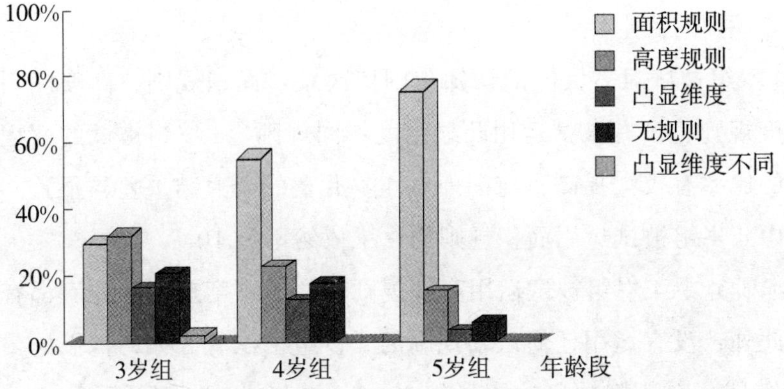

图 3-35　各年龄组被试判断“大”时所运用认知规则情况

七　讨论

由表 3-5 看出，3 个年龄组的被试都没有运用宽度规则，这与国外的研究结果相同，可见学前儿童在判断“大”时不会把单维的宽度作为自己的参考标准。对 3 岁组被试所考察出的认知规则按照比率的高低依次为：高度规则、面积规则、凸显维度规则和凸显维度不同规则。可见，3 岁儿童虽然口语中开始使用“大”，但对其认知并不是完全以两维面积为依据，多数还是依赖于单维的高度来判断客体的“大”。但是与国外研究相比，面积规则的使用比率 29.41% 高于国外的研究结果中的不足 10% 的比率。这可能与对学前儿童的教育方式有关。

另外 3 岁组中 5 人运用凸显维度规则，即两个矩形相比较，哪个矩形高或者宽就判断为大。与凸显维度相比，凸显维度不同规则更加复杂，因为要考虑到两个维度之间的差别大小，但是在 3 岁组被试中，有 1 名被试运用了这一规则，而在 4 岁和 5 岁组中都没有发现运用的凸显维度不同的情况。

3 岁组被试中还有 7 人没有考察出运用任何规则，占到总人数的 20.59%。这些被试最突出的反应为，对矩形组 C、D、G、H、I、J 的判断往往是在遵循某种认知规则，而到判断极端尺寸的 K、L、M、N 组时则出现了混乱，可以认为，极端尺寸的四组矩形最能考察出学前儿童运用认知规则的稳定性。

4 岁组被试对“大”的认知规则依次是：面积规则、高度规则和凸显维度规则，没有被试运用凸显维度不同规则。4 岁组被试的面积规则运用的比率有较大提高，与国外对 4 岁儿童的研究结果差异很大。国外研究中 4 岁组被试运用面积规则的比率依然不足 10%。

本研究中 4 岁组被试运用高度规则和凸显维度规则的比率都有所降低。此外，没有运用任何认知规则的 4 岁组被试有 5 人，他们的突出反应依然是在判断极端尺寸矩形组 K、L、M、N 时出现了混乱，因为这四组矩形具有十分凸显的高度或者宽度，3 岁组被试和 4 岁组被试在判断时往往受凸显维度的影响而呈现出运用凸显维度规则，但只是在这四组极端尺寸矩形中比较统一，总的计分则达不到运用任何一种规则的分数标准。

对 5 岁组被试所考察出的认知规则与 4 岁组相同，依然是面积规则、高度规则和凸显维度规则。运用面积规则的人数大幅上升，同样没有出现凸显维度不同规则。与国外研究相比，其运用面积规则的比率仍远远高于国外对 5 岁组儿童统计的 12.5%。本研究中 5 岁组被试对矩形组判断“大”的实验时间明显缩短，平均每个被试所花费时间约 45 秒，即使对四组极端尺寸的 K、L、M、N 组的判断也是明确的，并且多以正确的方式判断。但是仍有 13.89% 的被试运用高度规则。另外，有 2 人没有运用任何规则，同样是判断极端尺寸组时出现不一致。

综合以上论述，实验一的主要结论有以下几点：

（1）3 岁组被试在判断“大”时，运用了四种认知规则，包括面积规则、高度规则、凸显维度规则和凸显维度不同规则，其中运用高度规则的人数最多。

（2）4 岁组被试运用了三种认知规则，包括面积规则、高度规则和凸显维度规则，其中对面积规则的运用已经占到总人数的 50% 以上。

（3）5 岁组被试运用了三种认知规则，包括面积规则、高度规则和凸显维度规则，其中对面积规则的运用达到了总人数的 75% 以上。不运用任何规则的人数最少，仅 2 人。

（4）三个年龄组均没有发现运用宽度规则的情况。

以上结果与 Siegler 的研究结果最大的不同在于，三个年龄组运用面积规则的比率都明显高于 Siegler 的结果。本研究的被试取样人数更多，可以认为这个结果更可信。

第三节　实验二　儿童对“小”的认知规则

一　实验目的

考察 3—5 岁儿童对“小”的认知是否遵循某种认知规则，并且在年龄上呈现怎样的规律。

二　实验假设

本实验有两个研究假设：

（1）儿童对“小”的认知会遵循多种认知规则。

（2）儿童年龄越大，对“小”的认识规则就越趋于统一。

三　实验材料

同实验一。

四　实验被试

实验一中的被试除 5 岁组有 1 名因身体原因没有参与实验二，其余 104 名儿童和 20 名成人全部参与了实验二。

五　实验程序

整个过程与实验一相同，唯一的区别是指导语中所有出现“大”的地方改为“小”。例如：“××小朋友，我要让你看一些东西，你告诉我是不是有一个是小的？”如果被试回答“是的”，主试就接着问：“哪一个是小的？”主试同样是把被试的反应用“√”标记在记录纸上。

六　结果与分析

计分过程与实验一相同，所有的成人被试都运用面积规则判断“小”，儿童被试运用每种认知规则的人数和百分比详见表 3-6。

表 3-6　3—5 岁儿童认知“小”时所运用规则的人数及百分比

	3 岁组	4 岁组	5 岁组
面积规则	4（11.76%）	15（42.86%）	24（68.57%）
高度规则	14（41.18%）	12（34.29%）	8（22.86%）
宽度规则	0	0	0
凸显维度	6（17.65%）	4（11.43%）	2（5.71%）
凸显维度不同	1（2.94%）	1（2.86%）	0
无任何规则	9（26.47%）	3（8.57%）	1（2.85%）

图 3-36 可以更清楚地分辨各个年龄组被试运用五种认知规则的人数分布。

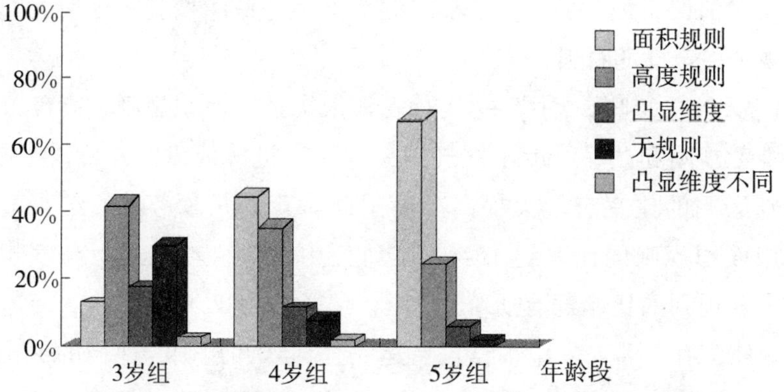

图 3-36　各年龄组被试判断“小”时所运用认知规则情况

七　讨论

由表 3-6 看出，三个年龄组的被试在判断“小”时都未运用宽度规则，这与 Siegler 的研究结果相同，可见学前儿童在判断“小”时也不会把单维的宽度作为自己一贯的参考标准。

3 岁组被试在判断“小”时运用的认知规则按照比率的高低依次为：高度规则、面积规则、凸显维度规则和凸显维度不同规则。可见 3 岁儿童虽然口语中开始使用“小”，但对其认知同样不是依据整体两维的面积，多数仍是依赖于单维的高度来判断客体的“小”。对于“小”的研究结果与国外相比，其面积规则的使用比率 11.76% 略高于国外的研究结果中的约 10% 的比率。

另外，有 6 名 3 岁组被试运用凸显维度规则，即两个矩形相比较，哪个矩形低或者窄就判断为大。与凸显维度相比，判断“小”时，凸显维度不同规则更加复杂，因为要考虑到两个维度之间的差别大小，但是这次在 3 岁组和 4 岁组被试中，均有 1 名被试运用了这一规则，而在 5 岁组中则没有发现运用凸显维度不同规则的情况。

3 岁组被试中还有 9 人没有运用任何规则，这些被试中最突出的反应仍然为：对矩形组 C、D、G、H、I、J 的判断往往是在遵循某种认知规则，而到判断极端尺寸的 K、L、M、N 组时则出现了混乱。可以认为，极端尺寸的四组矩形对“大 / 小”的考察都是最能检验出学前儿童运用认知规则稳定性的材料。

4 岁组被试判断“小”的认知规则依次是：面积规则、高度规则、凸显维度规则和凸显维度不同规则。与 3 岁组被试相比，4 岁组被试面积规则运用的比率有较大提高。而国外对 4 岁儿童考察的结果显示，其运用面积规则的比率约 15%。本研究中 4 岁组被试运用高度规则和凸显维度规则的比率都有所降低。

此外，有 3 名 4 岁组被试没有运用任何认知规则，他们的突出反应依然是在判断极端尺寸矩形组 K、L、M、N 时出现了混乱，因为这四组矩形具有十分凸显的高度或者宽度，在 3 岁组被试和 4 岁组被试判断时往往都易受凸显维度的影响而呈现出运用凸显维度规则，他们对“大 / 小”的判断都是在这四组极端尺寸矩形中比较统一，而总的计分则达不到运用任何一种规则的分数标准。

5 岁组被试判断“小”的认知规则依次是：面积规则、高度规则和凸显维度规则，没有人运用凸显维度不同规则。与国外研究相比，其运用面积规则的比率仍远远高于国外对 5 岁组儿童统计的 17%。本研究 5 岁组被试对矩形组判断“小”的实验时间明显缩短，平均每个被试所花费时间约 50 秒，比 3 岁组和 4 岁组被试减少了约 15 秒。即使对四组极端尺寸的 K、L、M、N 组的判断也是相对明确，并且能以正确的方式判断，但仍有 22.86% 的被试运用高度规则。另外 1 名没有运用任何规则的 5 岁组被试同样在是判断极端尺寸组时出现不一致。

综合以上论述，实验二的主要结论有以下几点：

（1）3 岁组被试在判断“小”时，运用四种认知规则，包括面积规则、高度规则、凸显维度规则和凸显维度不同规则，其中运用高度规则的人数最多。

（2）4 岁组被试运用了四种认知规则，包括面积规则、高度规则、凸显维度规则和凸显维度不同规则，其中，对面积规则的运用已经占到运用规则总人数的 40% 以上。

（3）5 岁组被试运用了三种认知规则，包括面积规则、高度规则和凸显维度规则，其中，对面积规则的运用达到了总人数的 65% 以上，并且没有运用任何规则的人数最少，仅 1 人。

（4）3 个年龄组均没有发现运用宽度规则的情况。

以上结果与国外同类研究最大的不同在于，三个年龄组运用面积规则的比率都高于国外，只有 3 岁组被试在测试“小”的实验阶段使用面积规则的比率与国外相接近。

八　实验一与实验二的结果对比

首先比较运用面积规则的人数比例。图 3–37 很清楚地表明，三个年龄组从面积上认知“大 / 小”的人数比率都随着年龄的增长而增长，对“大”的判断所运用面积规则的人数比率均高于对“小”的判断，说明学前儿童对“大”的整体掌握和认知更容易，这与语言学上对“大 / 小”的习得顺序是相符合的。对于成对空间维度词，儿童先掌握无标记词。随着年龄的增长，学前儿童对“大 / 小”的面积认知的人数比率差别呈逐步缩小的趋势。由于本研究未能继续扩展至小学，儿童此项发展的交点暂时无法得到。

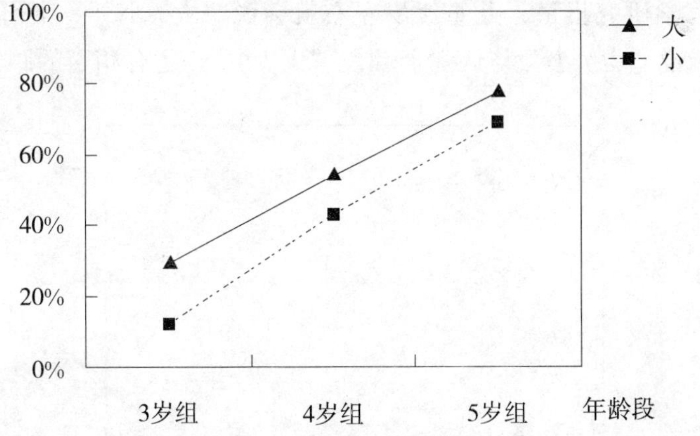

图 3–37　各年龄组被试判断“大 / 小”时运用面积规则的人数比率

儿童在判断“大 / 小”时，运用高度规则的人数比率呈逐年下降的趋势。参见图 3–38。

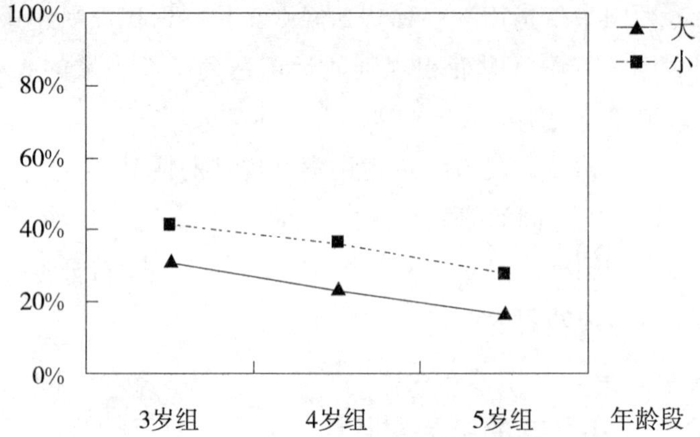

图 3–38　各年龄组被试判断“大 / 小”时运用高度认知规则的人数比率

随着思维的发展，儿童的注意广度在逐渐变得全面，而集中关注客体高度的现象也就越来越少。三个年龄组对“小”的判断运用高度规则的人数比率均高于对“大”的判断，说明较之“大”，学前儿童对“小”的判断更易选择单维的高度作为唯一的标准，这也同样反映了儿童整体认知“小”难于整体认知“大”。

对比图 3–37 和图 3–38 可以发现，3 岁时儿童以高度规则为优势认知规则，随年龄增长，优势规则向面积规则转移。3 岁儿童对“大 / 小”的认知还不是从整体考虑，“大”就是指最高的，“小”就是相对低的。一些语言学研究报道，儿童 2 岁左右就会说“大 / 小”。本研究表明，口语中能说“大 / 小”与认知上掌握“大 / 小”，还有相当的距离。

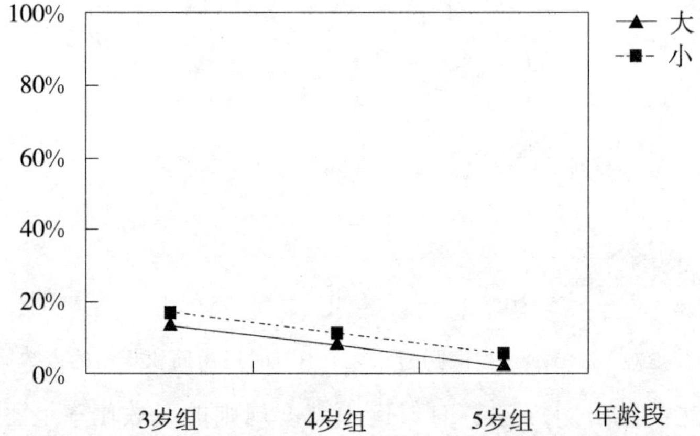

图 3–39　各年龄组被试判断“大 / 小”时运用凸显维度规则的人数比率

图 3-39 和图 3-40 表明，儿童判断“大 / 小”时运用凸显维度规则和无规则的人数比例随年龄减少。

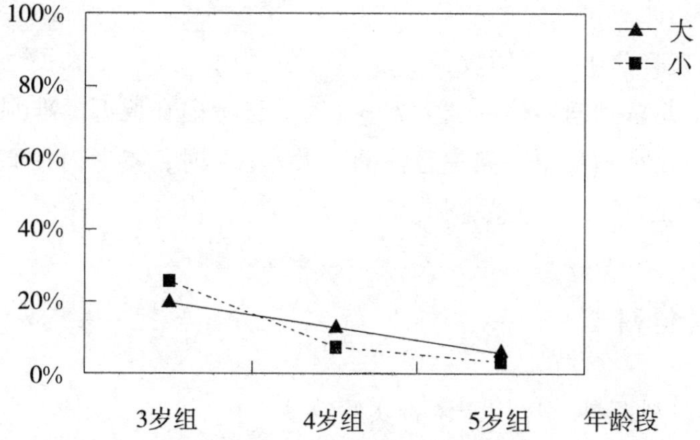

图 3-40　各年龄组被试判断“大 / 小”时无任何规则的人数比率

实验一和实验二主要考察了 3-5 岁的学前儿童对“大 / 小”的理解中所运用的认知规则，以及在年龄上所呈现的规律。那么，学前儿童比较客体“大 / 小”时运用怎样的参考标准，这些标准随年龄的增长又有哪些发展规律？这是实验三所要解决的问题。

第四节　实验三　儿童判断单个物体“大 / 小”的参考标准

一　实验目的

3-5 岁儿童比较单个客体“大 / 小”时是否运用内在原型参考标准，以及这种标准随年龄增长的发展规律。

对客体“大 / 小”判断的参考标准有知觉标准和内在化原型标准。知觉标准是指，当判断目标客体的大小时，与眼前其他同类物体相比较；内在化原型标准即判断目标客体时，与自己脑中形成的原型相比较。

二　实验假设

本研究有两个研究假设：

（1）儿童判断客体的“大 / 小”时，参考内在原型标准判断。

（2）儿童判断单个熟悉客体的“大 / 小”时，参考内在原型标准的稳定性高于对单个不熟悉客体。

三　实验材料

实验材料两种，以用于两种实验情境：

一种是画有连指手套的图片，共九张。九张图片样式完全相同，图案尺寸从最小到最大递增。为了方便统计，把它们从 1（最小）到 9（最大）编号。分成三组：1—3 属于小尺寸（依次为：3.5cm 长 ×3cm 宽；5cm 长 ×3.5cm 宽；6.5cm 长 ×4cm 宽），4—6 属于中等尺寸（依次为 9cm 长 ×5cm 宽；10.5cm 长 ×5.5cm 宽；12cm 长 ×6cm 宽），7—9 属于大尺寸（依次为 15cm 长 ×7cm 宽；16.5 长 ×7.5cm 宽；18cm 长 ×8cm 宽）。

另外一种图片是新奇形状的图片，也是九张，图片形状和连指手套形状接近，尺寸与手套图片一样，只是多了两个直角代替手套手腕和拇指的连接部分。仍然从最小到最大进行 1—9 的编号并分成相应的三组：1—3 属于小尺寸，4—6 属于中等尺寸，7—9 属于大尺寸。与手套相比，这些形状对于被试较新奇。

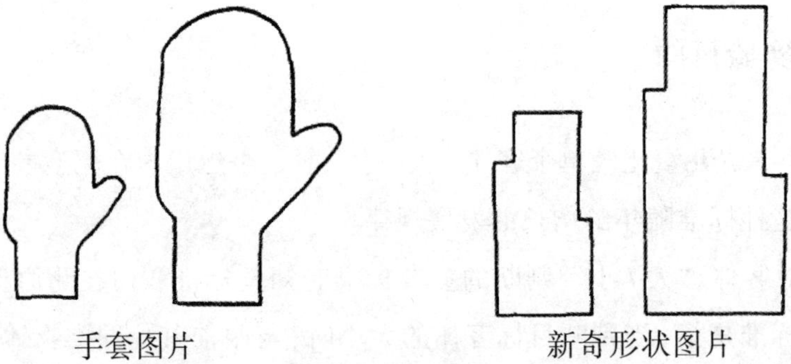

图 3-41　实验三刺激材料的图例

四　实验被试

随机抽取了上海市某幼儿园3—5岁儿童180人，各个年龄组均为60人，男女各半。

五　实验程序

两种情境：一种刺激物是连指手套图片，另一种刺激物是形状（新奇的形状）图片。每个年龄组随机选择30名被试进行实验情境一，使用连指手套图片。另外30名被试进行实验情境二，使用新奇形状图片。

下面以手套图片情境的实验步骤为例进行详细阐述。

被试在一个安静的房间内单独接受测试。该任务的研究目的是探讨被试在判断一个物体大小时是否运用内在原型标准。研究假设是若刺激物是被试熟悉的，被试就会与脑中已经形成的原型形象相比较。若是不熟悉的，被试大脑中没有储存的标准，可能判断起来更难。在手套图片情境，给被试呈现2号（小的）和8号（大的）手套图片，一次一张图片，呈现的次序随机。这里之所以没有选“中等大小”的手套图片，是为了让被试更清晰地判断。

第一次呈现手套图片的指导语：“××小朋友，这个图片是什么？”当被试回答出“手套”后，主试接着问：“那么，这是一只大的手套还是小的手套/这是一只小的手套还是大的手套？”如果是第二次呈现手套图片则直接问：“这是一只大的手套还是小的手套/这是一只小的手套还是大的手套？”由于实验时间是冬季，儿童被试会比较熟悉手套。如果被试对2号手套反应为“小的”，对8号手套反应为“大的”则是正确反应，反之为错误反应。

新奇形状情境的实验过程与手套情境相同。第一次呈现新奇形状给被试时首先问：“××小朋友，这是什么？”无论被试回答什么，主试只要回应“好”。如：被试回答是“方块”，主试说“好”。在该被试接下来的实验中，把指导语中的“手套”改成“方块”就可以。有被试还会回答“不知道”，主试回应：“没关系。”在该被试接下来的实验中，把指导语中的“手套”改成“这样东西”。

六 结果与分析

被试在命名手套图片时，所有的被试都能正确说出“手套”；命名新奇图片时，85%的被试不知道新奇形状是什么，15%的被试说出了多种名称，如“白布、方块、积木、墙壁”等等，但都不肯定。这与预期的结果相一致，说明两组图片制造了熟悉、不熟悉两种不同情境。

表3-7是3-5岁儿童在手套情境和新奇形状情景中的正确判断人数以及百分比。

表3-7 3—5岁儿童在原型标准任务中判断正确的人数及百分比

	3岁组	4岁组	5岁组
手套情境	27（90%）	30（100%）	30（100%）
新奇形状情境	22（73.33%）	29（96.67%）	30（100%）

4岁组和5岁组被试中只有1名4岁儿童在新奇形状情境中出错，说明在判断单个熟悉或者不熟悉客体“大/小”时，4岁以上的儿童已经可以自由调用原型标准。这一结果与国外的研究相一致。3岁组被试在手套情境和新奇形状情境的正确率分别达到了90%、73.33%，说明3岁组被试已经出现了内在原型标准，并且对于熟悉事物，这一参考标准的运用准确率较高。

第五节 实验四 两种参考标准冲突时儿童对“大/小”的判断

一 实验目的

探讨3—5岁儿童是否都有能力运用知觉标准，当内在原型标准与知觉标准产生矛盾时，儿童怎么对熟悉和不熟悉的客体进行“大/小”的判断。

二　实验假设

本研究有两个假设：

（1）当两种参考标准出现冲突时，儿童对客体的“大 / 小”判断更加困难。

（2）儿童在两种情境下都更倾向于参考知觉标准。

三　实验材料和被试

同实验三。

四　实验程序

两种情境：一种刺激物是连指手套图片，一种刺激物是形状（新奇的形状）图片。每个年龄组随机选择 30 名被试进行实验情境一，使用连指手套图片；另外 30 名被试进行实验情境二，使用新奇形状图片。

给每名被试随机呈现三组手套图片中的一组。例如，一名被试随机抽到中等尺寸的三张手套图片，即 4、5 和 6 号，接下来的具体步骤是：主试一次呈现两张图片，4 和 5 或者 5 和 6，共呈现两次，两种组合的呈现次序随机，但是每次组合里一定包括中间号码——5 号图片，作为目标刺激物。主试指着 5 号图片问：“×× 小朋友，这个是大的手套还是小的手套 / 这个是小的手套还是大的手套？”接下来的两组手套图片（小尺寸和大尺寸）的实验步骤与之相同。研究假设为，如果被试判断“大 / 小”时参考的是知觉标准，被试会把同一个手套在两种组合中分别判断成大或小，是“大”还是“小”则取决于与之相比较物体的尺寸。仍以中等尺寸的手套图片为例，如果被试以知觉标准进行判断，当呈现 4 号和 5 号时，被试对 5 号的正确反应是“大”，而呈现 5 号和 6 号后，被试对 5 号的正确反应是“小”。如果被试参考内在原型标准，那么在两种情境中，对 5 号图片的反应应该是相同的。

新奇形状情境的实验过程与手套情境相同。

五　结果与分析

统计三个年龄组被试在两个情境中参考内在原型标准和知觉标准的人数，结果见表3-8。

表3-8　3—5岁儿童在冲突任务中对小尺寸材料的参考标准人数及百分比

	3岁组	4岁组	5岁组
知觉标准			
手套	17（56.67%）	18（60%）	16（53.33%）
形状	23（76.67%）	25（83.33%）	16（53.33%）
内在原型标准			
手套	13（43.33%）	12（40%）	14（46.67%）
形状	7（23.33%）	5（16.67%）	14（46.67%）

由表3-8可以看出，在手套情境中，三个年龄组的被试参考知觉标准的人数比例比较稳定（56.67%、60%、53.33%），说明在熟悉情境中，这个年龄段的儿童判断“大/小”的标准，基本是一种稳定参考标准；在新奇形状情境下，三个年龄组的人数比例有比较大的波动（76.67%、83.33%、53.33%），说明在新奇形状情境中，3岁组、4岁组被试参考的是知觉标准，到了5岁组，有近半数被试参考的是内在原型，内在原型标准在4岁到5岁年龄段得到了成长。

表3-9是三个年龄组被试对大尺寸刺激材料的反应人数及百分比。

表3-9　3—5岁儿童在冲突任务中对大尺寸材料的参考标准人数及百分比

	3岁组	4岁组	5岁组
知觉标准			
手套	18（60%）	19（63.33%）	24（80%）
形状	22（73.33%）	15（50%）	16（53.33%）
内在原型标准			
手套	12（40%）	11（36.67%）	6（20%）
形状	8（26.67%）	15（50%）	14（46.67%）

结果显示，在两种情境下，三个年龄组被试判断大尺寸刺激物（7、8、9号图片）参考知觉标准和内在原型标准的人数比率与对小尺寸材料的判断几乎完全相同，说明被试对大尺寸和小尺寸刺激物的判断具有稳定性。

但是对中等尺寸刺激材料（4、5、6号）的判断，在两种情境中，三个年龄组都有部分儿童，不能确定其参考标准。他们说“不知道”、“不是大手套也不是小手套”、“中等大小”。表3-10比表3-9的表格增加了一项“其他反应”。

表3-10　3—5岁儿童在冲突任务中对中等尺寸材料的参考标准人数及百分比

	3岁组	4岁组	5岁组
知觉标准			
手套	18（60%）	19（63.33%）	20（66.67%）
形状	22（73.33%）	15（50%）	16（53.33%）
内在原型标准			
手套	10（33.33%）	3（10%）	6（20%）
形状	8（26.67%）	12（40%）	13（43.33%）
其他反应			
手套	2（6.67%）	8（26.67%）	4（13.33%）
形状	0	3（10%）	1（3.33%）

结果显示，在判断中等尺寸图片时，尽管三个年龄组在参考标准上的人数比率有变化，但整个年龄发展趋势与另外两组材料相同。

六　讨论

综合以上结果，实验三和实验四的主要结论为：

（1）3岁组儿童已经可以参考内在原型标准判断单个客体大小，对单个熟悉客体的判断正确率高于单个不熟悉客体；4岁组和5岁组儿童判断熟悉和不熟悉的单个客体时都能正确参考内在原型标准。

（2）当知觉标准和内在原型标准有冲突时，三个年龄组儿童在两种情境下参考知觉标准的人数比率均高于参考内在原型标准的人数比率，并且年龄越大对熟悉客体的判断越倾向于参考知觉标准，而随着年龄的增长，儿童对不熟悉客体也逐渐产生原型形象。

（3）对中等尺寸材料的考察，两种情境都出现不能直接确定其参考标准的被试，并且在4岁组最多。

由于手套图片材料的设计参考了学前儿童双手的大小，中等尺寸的三只手套刚好与儿童双手的大小相符，因此在对中等尺寸材料的考察中，儿童看到图片中的手套与自己平日所戴手套很相像，就导致出现了“其他反应”。此外，在对中等尺寸材料的实验中，被试也表现出反应时间长、犹豫不决等现象。还有一个疑问是，为什么4岁组儿童出现最多“其他反应”？笔者认为3岁儿童的注意力和判断力都不及4岁儿童，3岁儿童偏好于知觉判断，因为这是一种直接感知的策略（Sera & Smith 1987），让他们在当前的情境下直接利用眼前的信息。而知觉标准与内在原型标准间的冲突让4岁组儿童比3岁组儿童又多了一层思考，使其对中等尺寸的判断变得模糊。5岁组儿童从这种思考中又逐渐回到了运用直接感知策略。故4岁成为一个转折点。

第六节　小结

一　研究结论

综合实验一和实验二，本研究得出如下结论：

（1）学前儿童对两维“大/小”的认知判断遵循一定的认知规则。3岁组儿童在判断“大/小”时用到四种认知规则，包括面积规则、高度规则、凸显维度规则和凸显维度不同规则，其中运用高度规则的人数最多。

（2）4岁组儿童对“大”的判断遵循三种认知规则：面积规则、高度规则和凸显维度规则，而对“小”的判断还包括凸显维度不同规则。对“大/小”判断运用面积规则的人数最多，其比率达到总人数的50%以上。

（3）5 岁组儿童对“大 / 小”的判断遵循三种认知规则：面积规则、高度规则和凸显维度规则，其中对面积规则运用的人数比率达到总人数的 75% 以上。三个年龄组均没有发现运用宽度规则的情况。

（4）3 岁组儿童已经可以参考内在原型标准判断单个客体大小，对单个熟悉客体的判断正确率高于单个不熟悉客体；4 岁组和 5 岁组儿童对熟悉和不熟悉的单个客体都能正确参考内在原型标准。

（5）当知觉标准和内在原型标准有冲突时，三个年龄组儿童在两种情境下参考知觉标准的人数比率均高于参考内在原型标准的人数比率，并且年龄越大对熟悉客体的判断越倾向于参考知觉标准。随着年龄的增长，儿童对不熟悉客体也逐渐产生原型形象。对中等尺寸材料的考察，两种情境都出现不能直接确定其参考标准的被试，并且在 4 岁组最多。

二　本研究的不足

对客体“大 / 小”的认知判断是个体对外界事物大小的反映，包括物体长短、面积、体积的大小。本研究考察了学前儿童认知平面矩形，即面积大小时所运用的认知规则，而没能全面考察儿童对三维客体的体积大小判断。

本研究根据儿童注意持续时间短、转移快的特点筛选了实验材料，这虽然使被试能够在有效的注意集中时段内参与实验，使实验获得比较精准的数据，但是由此而造成的实验材料单一成为研究的局限。

随着年龄的增长，学前儿童对面积“大”和“小”的认知判断，人数比率差别呈逐步缩小的趋势，增长速度也比较平稳。但是本研究最大年龄组被试——5 岁组被试对“大 / 小”认知所运用面积规则的人数比率都还未达到 100%，如能继续扩展研究至小学阶段，便可以了解儿童完全从面积上整体认知“大 / 小”的年龄段。

Ebeling & Gelman（1994）提出对客体“大 / 小”的判断还包括一项参考标准，就是客体在发挥其自身功用时的“大 / 小”。例如一个直径为 3 厘米的碗让成人使用，显然是一只“小碗”，但如果拿给只有 20

厘米高的布娃娃使用，则又成了“大碗”。这一参考标准确实是普遍存在的，但本研究实验三和实验四只对学前儿童判断客体“大 / 小”时参考的内在原型标准和知觉标准进行了对比，由于材料的不充足，实验三和实验四没能考察客体自身功能这一参考标准。

为了在尺寸规格上更加精确，本研究采用的是图片材料，也许和实物材料的认知规则有差异，这点也成为本研究的不足。

三 今后研究展望

（1）对儿童习得、认知空间维度词“大 / 小”的实证研究能更加丰富，并对“大”和“小”做出更为细致的比较研究，挖掘深层次的认知机制，而不单单是对表象的归纳。比如，对“大 / 小”各个隐喻义项的实证研究便是很好的切入点。

（2）对三维客体“大 / 小”的判断是生活当中普遍存在的，怎样能从客体的长、宽、高三个维度了解儿童判断“大 / 小”的认知规则也是未来需要进行的一项有意义的探究。而实验材料的制作也应更精细，充分考虑到儿童的心理特点。

（3）对本领域的被试年龄段可以向小学延伸。

（4）除了本研究已经考虑到的认知标准和内在原型标准，在实验中可以引进客体自身功能标准，这需要巧妙的实验设计、丰富的实验材料和对实验数据的精确处理。这些给以后的研究者提出了新的挑战。

实验报告四　2—5 岁儿童空间维度形容词“高 / 低”的语义认知研究

第一节　总述

一　问题的提出

已有的关于空间维度词“高 / 低”语义认知的研究，至少存在以下几点不足：

（1）对儿童语言的研究多关注儿童习得词汇的时间，对儿童空间维度词的研究也不例外，更多关注大小类、高矮类、长短类、高低类、宽窄类、厚薄类、深浅类等空间维度词的发展顺序。国内关于空间维度词“高 / 低”的实证研究很少，而且关于儿童对“高 / 低”的各义项的先后习得顺序没有研究。

（2）关于儿童对“高 / 低”的认知受多种主客观因素的影响，国外的研究多从物体特性、语义一致性等角度研究，但关于儿童对相同高度物体的判断是否受影响没有研究。

（3）李艳（2006）的研究表明 5 岁儿童的空间概念系统中已形成了垂直型空间意象图式，但儿童具体何时开始形成垂直型空间意象图式没有探讨。

二　研究意义

理论意义上，空间包括空间范畴和空间关系，是客观世界和人类社会存在着的无数范畴和关系中的一种，是人的认知系统中最早最基本的认知系统，对人的思维和语言具有十分重要的意义。

近年，对空间维度词的研究在认知语言学界获得了重视，本研究将以实证研究手段，考察儿童空间维度词“高/低”的发展规律，解释空间维度词的习得与认知发展的关系，探索语言发展的影响因素，为促进儿童语言教学、促进儿童认知发展提供科学根据。

本研究拟从以下几方面进行探讨：

（1）采用实证研究的方法，研究儿童对空间维度词“高/低”义项的先后习得顺序，儿童在即时加工中优先选择哪种义项，这种选择是否随年龄的增长有所变化。

（2）儿童对“高/低”的认知通常以自我为中心，本研究从多角度探讨儿童在习得空间维度词“高”后，对等高圆柱体的判断是否受物体颜色、新旧、人物正反面等物理特性的影响。

（3）通过呈现与儿童日常经验相关的空间维度词“高/低”6个隐喻域义项的图片，研究儿童何时开始形成“高/低”的垂直型空间意象图式，以及对“高/低”各隐喻域的先后习得顺序，以弥补目前研究中的缺憾。

第二节　实验一　儿童对“高/低”各义项的习得顺序

一　问题的提出

现代汉语中，“高”、“低（矮）”的释义是：

高：从下向上距离大；离地面远。

低：从下向上距离小；离地面近。

矮：身材短；高度小的。

从释义中可以看出，“高”有两个含义，它既可以指物体的本体，也可以指物体的位置。例如，一个人站在飞机场，指着身边的飞机说“这飞机真高”，这里的“高”是指飞机本身的“高”。如果一个人指着在天空中飞翔的飞机说“飞机飞得真高”，这里的“高”是指飞机离地面的位置很高。

与“高”的两个含义相对应，“低”往往表示物体的位置，而“矮”往往表示物体的本体，即“低”表示物体的底端与地面的距离，“矮”表示物体的底端到顶端的距离（任永军 2000）。

E.V.Clark（1972）、朱曼殊（1986，1990）等人的研究表明儿童空间维度词的习得顺序是：大小类—高矮类—长短类—高低类—宽窄类—厚薄类。具有反义关系的一对空间维度词，无标记的不在有标记的之后出现。

但是，现有的研究大多是对儿童自发语言的记录，并没有对“高 / 低”各义项的详细辨析。事实上，“高 / 低”的多个义项的认知规则是不同的。本研究设计了精细的实验室实验，探讨儿童习得“本体高 / 低”、“位置高 / 低”的先后顺序和规律，以及儿童在即时加工中优先选择加工物体的本体高还是位置高。

二　实验目的

（1）获得儿童“高 / 低”各义项的习得顺序。

（2）探讨当“本体高”与“位置高”发生冲突时，儿童的优势认知加工义项。

三　实验被试

随机抽取上海市某幼儿园 120 名被试，2 岁组 30 人，3 岁组 30 人，4 岁组 30 人，5 岁组 30 人。

四　实验材料

实验材料是白色的圆柱体和蓝色的方凳各两个。圆柱体一个是半径 4 厘米，高 16 厘米；另一个是半径 2.5 厘米，高 10 厘米。两个方凳的表面积都是 8 平方厘米，一个高 30 厘米，一个高 45 厘米。

五　实验程序

将高 10 厘米的圆柱体放置在高 45 厘米的方凳上，将高 16 厘米的圆柱体放置在高 30 厘米的方凳上。也就是说，将矮的物体放置在高处（以下简称“上方”），将高的物体放置在低处（以下简称“下方”）。

主试是经过培训的 8 名有心理学或教育学背景的研究生。被试需要回答四个问题：

（1）小朋友，哪个更高呢？

（2）小朋友，哪个更低呢？

（3）小朋友，哪个本身更高些？

（4）小朋友，哪个位置更高些？

这四个问题是随机出现的，要求被试仔细听清指导语，并按照他自己的理解指认上方或下方的圆柱体。

六　结果与分析

（一）儿童对“本体高”、“位置高”、“位置低”的认知

图 3–42 列出了不同年龄段对本体高、位置高、位置低的认知情况。如图所示，首先，2 岁组和 3 岁组对本体高的正确认知率都已经达到了 80%，4 岁组本体高的正确率反而下降到 70%，5 岁组的正确率上升至 87%。其次，儿童对位置高的正确认知率随年龄的增长不断上升，2 岁组 30%，3 岁组 47%，4 岁组 77%，5 岁组 93%。由此可以看出：第一，儿童在 2 岁时就认知了本体高（80%），而到 4 岁时才认知了位置高（77%）。第二，儿童对本体高的正确率在 4 岁组时略有下降，从 80% 下降到 70%。相对而言，对“位置低”的正确认知率随年龄而增加，2 岁组儿童是 40%，3 岁组是 43%，4 岁组是 57%，5 岁组是 67%，增长速度较慢。

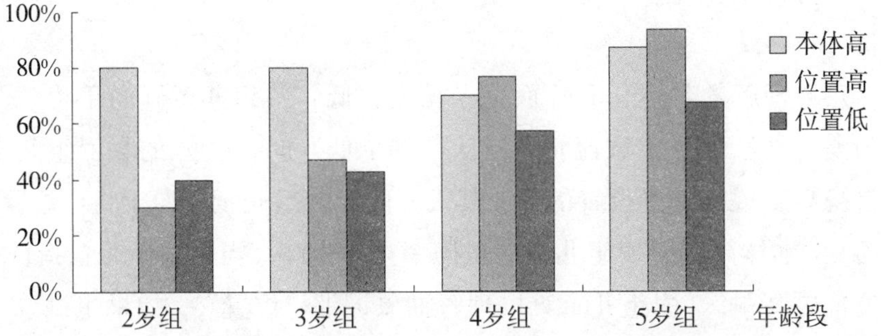

图 3-42　儿童对本体高、位置高、位置低的正确认知率的比较

(二)儿童在即时加工中的优先选择倾向

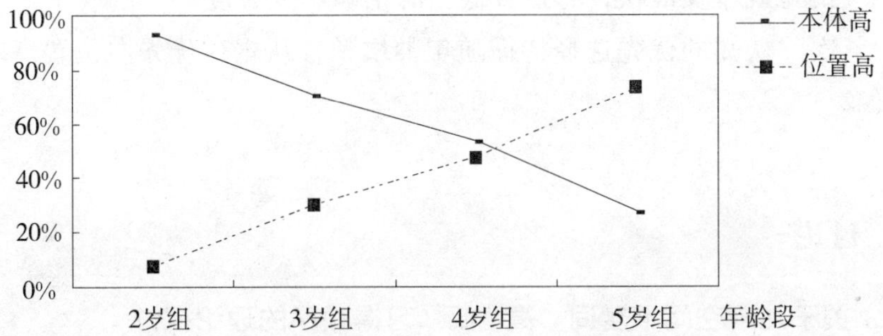

图 3-43　儿童在即时加工中优先选择本体高、位置高的比较

如图 3-43 所示，2 岁组儿童在即时加工中优先选择本体高（93%），随着年龄的增长而下降，3 岁组是 70%，4 岁组是 53%，5 岁组是 27%。与此相反，儿童在即时加工中对位置高的优先选择随年龄的增长而增加，2 岁组是 7%，3 岁组是 30%，4 岁组是 47%，5 岁组是 73%。可见，认知的优先选择特征随年龄增长发生了变化，从本体优先向位置高度优先转移了。

(三)其他反应

儿童完全不懂或乱指认。个别低年龄组的儿童对指导语茫然，不理不睬，经主试劝导后，随意指认。比如，2 岁组儿童会一直指向“下方”

或“上方”的圆柱体，或这次指“下方”，下次指向“上方”，带有随机性。

儿童理解的具体化和片面化。首先，低年龄组儿童倾向于将“低”认为是“矮”，当主试让儿童指认“哪个低”时，60% 的 2 岁组儿童认为自身高度矮的就是位置的低。其次，低年龄组儿童倾向于将“位置高”认为是“本体高”，2 岁组儿童的正确率只有 30%。当主试让儿童指认“哪个位置更高”，2 岁组儿童难以理解抽象词汇“位置”，如果主试说“哪个放得更高些？”儿童指认的正确率会提高。

针对以上结果，笔者认为可以从以下两个角度进行分析：

首先，前文假设儿童先习得“本体高”，接着是“位置高”，最后是“位置低”。儿童对“位置高 / 低”的认知正确率的发展速度差异显著，“位置高”的正确率发展快，“位置低”的正确率发展慢。

其次，认知的优先选择特征随年龄增长，从本体优先向位置高度优先转移。

七　讨论

（一）关于儿童空间维度词“高 / 低”习得顺序的理论探讨

1. 语义复杂性的影响

决定空间词的获得因素可能是词本身所表达的空间方位关系的复杂性。空间维度词的词义复杂性表现在指称维度时受到的限制程度的大小上：限制越少，词义复杂性越低；限制越多，词义复杂性越高。（刘金花 1997）“高”能够指称本体高，也可以指称位置高，所受的限制少，词义复杂性最低；相比之下，“低”只能指称位置，所受限制多，语义复杂性高。所以，儿童先习得“高”，5 岁时才初步习得“低”。

2. 认知难度的影响

“本体高”、“位置高”都表示在空间中的垂直维度，但是儿童对它们的习得时间相差很大，这与它们描述的对象在限制程度上的差异有关。“本体高”是物体本身的上下距离，如一座山，是从山脚到山顶的距离，中间是实的；“位置高”是物体所处位置的高度，如墙上挂着的一幅画，其高度是其位置离地面的垂直距离，从地面到这幅画中间是空的、虚的。“本体高”是恒定的，参照点是物体的底部；位置高度是相对于参照点而言的，是变动的，参照点不在物体自身，而在物体之外。这个参照点会因为环境的变化而改变。如，“气球是高的”内在参照点和“架子是高的”内在参照点可能完全不同。理解“架子高”和“气球高”都要求变化参照点以适合特定的判断环境。这两种高度理解难度差异显著，自身高度比位置高度更容易理解。

3. 无标记词“高”的包容性及其使用频次的影响

无标记项“高”包含了有标记项“低”的语义，因此，无标记项“高”在使用中比有标记项“低”受到的限制少，如问“这棵树有多高？”中的“高”的询问范围包括了从上到下的任何高度，即也包括了“低”的高度。（黄国营、石毓智 1993）

同时，儿童对语言的理解和习得与成人的语言输入有较大的相关性，语言输入的频度在一定程度范围内影响了儿童对词汇的习得顺序。成人使用无标记词“高”的频次显著高于有标记词“低”，这在一定程度上决定了儿童对“高”的优先习得。

（二）儿童优先选择的变化趋势的探讨

儿童在掌握词语的全部意义之前就开始使用它们。2 岁组儿童已经习得了本体高，但还不能正确认知位置高，此时，当客体的位置高和本体高发生冲突时，2 岁组儿童理所当然地选择了本体高。随着儿童年龄的增长，5 岁组儿童习得了位置高，完全掌握了高的两种义项——本体高和位置高。此时，5 岁组儿童优先选择位置高。至于儿童为什么这么选择，尚需要进一步的研究探讨。

八　小结

（一）儿童对本体高、位置高、位置低的习得顺序

本研究从实证研究的角度，以各年龄组通过空间词汇的人数百分比

为依据，得出儿童“高 / 低”空间概念的发展经过三个阶段：

2 岁儿童掌握“本体高”。

4 岁儿童掌握“位置高”。

5 岁儿童初步掌握“位置低”。

（二）儿童在即时加工中优先选择的变化趋势

2 岁组儿童已经习得了本体高，还不能认知位置高，此时，当客体的位置高和本体高发生冲突时，2 岁组儿童优先选择本体高。随着儿童年龄的增长，5 岁组儿童已完全习得了位置高，此时，5 岁组儿童优先选择位置高。

第三节　实验二　物体属性对儿童判断“高 / 低”的影响

一　问题的提出

儿童最初将相对的形容词看作是名词性的词或者绝对性的词（Blewitt 1982）。例如，名词“狗”是环境中一个独立的实体，而相对形容词“高”是表示关系，理解关系要求更复杂的比较。H. H. Clark（1973）认为儿童对形容词的认知是极端的，例如，他们认为“高”就是极端的高才是高。儿童认知“气球高”和“桌子高”的内在参照点是不同的，对他们的判断要依赖于对特定环境的判断。

Smith 等（1986）的研究表明：客体特性会影响儿童对“高 / 低”的判断。例如，同样的高度，如果放置小兔子，儿童更可能会认为是高；如果放置小鸟，儿童更可能认为是低。这是因为小鸟的特性是高的，儿童给予更高的期望，需要将小鸟放置得更高，儿童才认为是高；兔子的特性是低的，需要将兔子放置得更低，儿童才认为是低。

同时，实验一表明 2 岁组儿童已经正确认知了“本体高”。儿童的思维是以自我为中心。实验二采用实证研究的方法，选择与儿童日常生活经验相关的实验材料，检验物体的特有属性是否会影响儿童对等高圆柱体的判断。

二　实验目的

物体除高度以外的其他物理属性是否会影响儿童对等高物体的判断？儿童心理学的研究表明，物体的新旧颜色会影响儿童对高度的判断。本研究拟用严格的实验设计探讨儿童语言理解的这个年龄特征。

三　实验被试

同实验一。

四　实验材料

实验材料是6个半径1厘米，高10厘米的圆柱体，分为三组。第一组一个圆柱体的表面粘贴图片“奥特曼”，另一个表面粘贴相同高度的图片“怪兽”；第二组一个圆柱体的表面粘贴图片“新鞋子”，另一个表面粘贴相同大小的“旧鞋子”；第三组一个圆柱体表面是黄色，另一个表面是黑色。

五　实验程序

主试是经过培训的有心理学或教育学背景的研究生。主试每次向被试出示一组圆柱体，共呈现三组，随机呈现。首先，主试问被试：“这是两个瓶子，一个上面贴着 ××，一个上面贴着 ××，看清楚，这两个瓶子是一样高的吗？”如果被试说“是”，主试记录，实验停止；如果被试说“不是”，主试追问：“那哪个瓶子更高呢？”然后，主试根据被试的回答进行记录。

六　结果与分析

（一）儿童根据“鲜艳的颜色”判断“高”

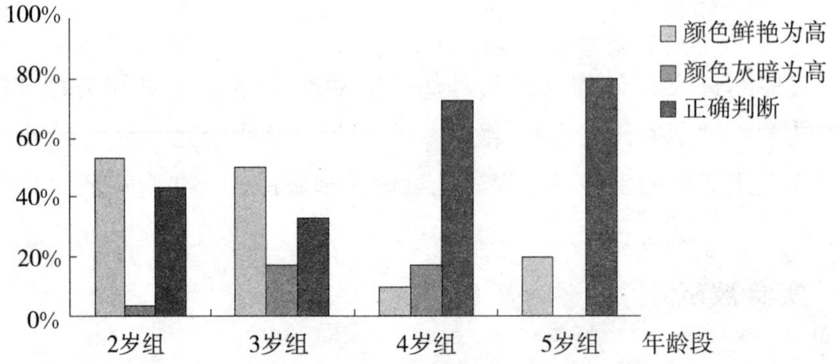

图 3-44　“鲜艳的颜色”影响儿童判断“高”的结果

如图 3-44 所示：儿童判断“高”受颜色明暗的影响，正确判断不同颜色的圆柱体是“一样高”的比例有随年龄增长而增加的趋势，分别是43%、33%、73%、80%。值得一提的是，3 岁组儿童的正确率略有下降；儿童认为鲜艳颜色的圆柱体更高的比例有随年龄的增长而下降的趋势，分别是 53%、50%、10%、20%；儿童认为暗色的圆柱体更高的比例分别是 3%、17%、17%、0%，到 5 岁组这种选择就不存在了。

以上数据可以看出，2 岁组、3 岁组儿童更倾向于认为鲜艳颜色的圆柱体为高（53%、50%），随着儿童正确认知空间能力的发展，这种自我为中心的判断倾向降低。值得一提的是，3 岁组、4 岁组认为暗色的圆柱体为高的比例略有上升（17%、17%）。笔者通过查阅实验数据发现，认为暗色圆柱体为高的儿童选择的是黑色，通常黑色看起来更高，这是视觉误差导致的，也就是说，这些儿童已经具备了正确认知的能力。

（二）儿童根据“物体的新旧”判断“高”

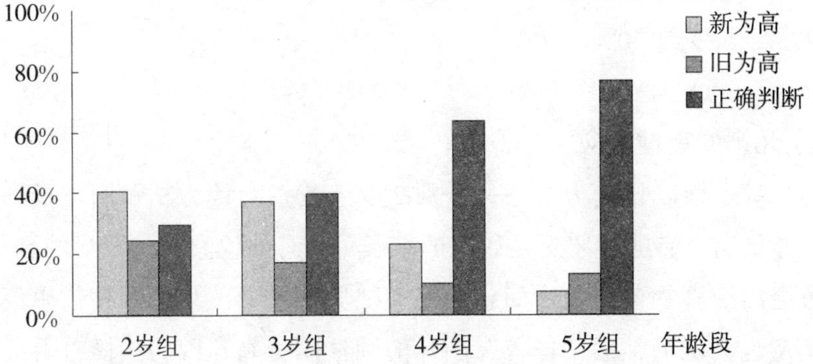

图 3-45　“物体的新旧”影响儿童判断“高”判断的结果

如图 3-45 所示，儿童的认知发展趋势与儿童根据自身喜好判断“高”的趋势相似。儿童在 2 岁组、3 岁组更倾向于认为粘贴新鞋子图片的圆柱体更高（40%、37%），但与同年龄段的儿童根据自身喜好判断相比，这种倾向更低。儿童会说“我喜欢旧的，我的鞋子就是旧的”、“这是我的鞋子”、“穿鞋长高”，儿童的认知以自我为中心，可能会认为因为他的鞋子是旧的，所以粘贴旧鞋子图片的圆柱体更高，这些与儿童日常生活相关的信息会影响儿童对新旧物体的判断。随着年龄增长，儿童正确认知“一样高”的比例逐年上升（33%、40%、60%、73%）。

（三）儿童根据“人物的正反面”判断“高”

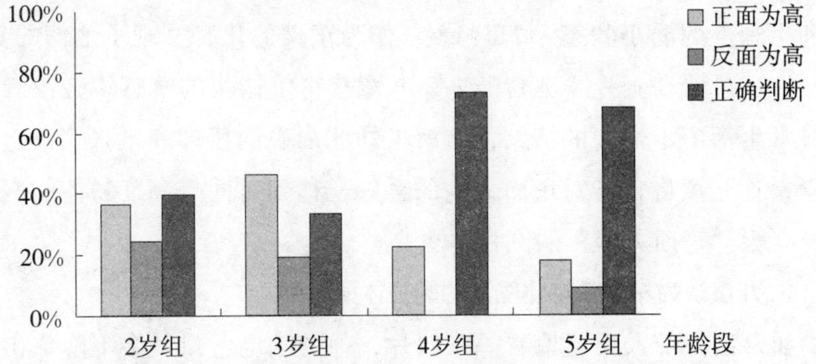

图 3-46　“人物的正反面”影响儿童判断“高”的结果

和前两个维度的分析结果相似，各个年龄段相对于反面人物，儿童更倾向于选择正面人物为高。随着儿童年龄的增长，儿童正确认知“一样高”的比例在总体上有增加的趋势，2 岁组 43%，3 岁组 33%，4 岁组 77%，5 岁组 70%。

（四）儿童的其他反应

儿童思维以自我为中心，个别 2 岁组儿童会认为粘贴旧鞋子图片的圆柱体更高，有的说“这是妈妈的鞋子”，有的说“这是我穿的鞋子”。儿童会因为喜欢奥特曼，而认为粘贴“奥特曼”图片的圆柱体更高，个别儿童也会认为粘贴“怪兽”图片的圆柱体更高，因为“怪兽看起来长得大”。儿童会认为粘贴“小偷”图片的圆柱体更高，因为“小偷站直”，或者“小偷拎着包”，或者“小偷不打人”，或者是因为小偷穿的衣服颜色是她喜欢的颜色。

七 讨论

（一）儿童选择偏好分析

1. 儿童认为粘贴正面人物图片的圆柱体更高

儿童喜欢“奥特曼”有两个原因：第一，他是宇宙战士，能战胜怪兽，有许多必胜的招数，能保护地球，是正义的。“奥特曼”这位宇宙英雄具有男子汉的象征，孩子们渴望自己变得强大，但又意识到自己在心理和生理上的弱小状态，“奥特曼”作为正义的化身实现了他们的梦想。第二，通过看动画片《奥特曼》，儿童获得了愉快的情感体验或者发泄了日常生活中不愉快的情绪，缓解了幼儿内心的压抑和紧张。以上两种因素，让儿童将自己对正面人物的喜好迁移到对同等高度物体的判断上来，认为“正面人物”的圆柱体更高。

2. 儿童认为粘贴新物体图片的圆柱体更高

如果让一个人反复地看一张照片，他的脑电子量就会下降，出现疲乏。从生理上讲，人们都是不断地追求新信息的，喜新厌旧是生物界的基本特性之一。人类正是因为不断扬弃旧的东西，追求新的事物，社会才得以不断发展，人类才会不断进步。喜新厌旧的特性时时刻刻影响着我们的心理，影响着我们的生活。本研究中，新物体颜色的鲜艳、外观的优美吸引了儿童的注意力，即使儿童知道主试要求他判断圆柱体的高度，而不是新旧物体的高度，依旧按自己对新物体的喜好做出判断。

3. 儿童认为颜色鲜艳的圆柱体更高

色彩是一种视觉元素，是视觉感官所能感知到的最敏感的要素。中村吉朗（1987）在《建筑造型基础》一书中提到，“从有关的色彩实验中可以知道，在正常状态下观察物体时，首先引起视觉反应的是色彩”。当人眼最初观察一物体时，对色彩的注意力约为 80%，而对形体的注意力仅占 20%，这种情况一般持续 20 秒。当延续 2 分钟后，对形体的注意力可增加到 40%，对色彩的注意力会降到 60%，5 分钟后，形体和色彩各占 50%。也就是说，色先于形，色彩比形状更有吸引力。10 个月的婴儿开始喜欢看、听、触摸各种物体，对色彩鲜艳而会发声的玩具尤其感兴趣。相对于冷色系，儿童更偏好暖色系，如黄色、红色等。

实验中，同样高的圆柱体，儿童认为色彩鲜艳的圆柱体为高，可能是因为日常生活中暖色让儿童有舒适的感觉，儿童将这种对色彩的偏爱延伸到了实验中，以自己的喜好判断客体的高低。

（二）5 岁组儿童正确认知“同等高”

儿童的任何语言成分，都是在认知发展和语言能力发展的基础上，通过成人的言语示范和儿童自身的模仿练习而获得的。1 岁末的儿童已能把自己和周围的客体区分开来，产生了自我意识，以后又在不断进行的上下运动中形成了对垂直方位的感知能力。儿童从自身的模仿练习中而获得的自我中心是儿童早期自我意识发展的一个必然阶段，也是人类从幼年走向成熟的一个自然必经阶段。约在 2 至 3 岁时，儿童自我意识发展到自我中心阶段。受“自我中心化”的影响，儿童在进行方位辨别时首先选择自身作为参照基准。自我中心思维会影响幼儿对自己、对他人的正确认知和判断，比如认为自己喜欢的东西就是好的，别人的帽子和自己的一样，就是自己的。在本研究中，儿童根据自己对新物体、正面人物、鲜艳颜色的喜好判断物体的高低。

4岁组儿童开始摆脱这种以自我为中心的思维方式，按照客观标准认为两个圆柱体是相同高度的（约60%），5岁组儿童进步更为显著（约80%）。这是儿童认知发展过程中的进步。

八 小结

第一，与原假设相同，物体的属性会影响儿童对等高物体的判断。比如，2岁组的儿童已经认知了本体高，但是，对于相同高度的物体，儿童仍然会觉得颜色鲜艳的圆柱体更高。

第二，儿童认为呈现“鲜艳的颜色”、“新的物体”、“正面人物”的圆柱体是更高的。这种倾向性在2岁组、3岁组儿童中表现更显著。随着儿童年龄的增长，儿童开始不受物体特有属性的影响做出正确的判断。同时，在各个年龄段，儿童选择正面人物为高的比例都超过了反面人物，选择新物体为高的比例超过了旧物体，选择喜欢的颜色为高的比例超过了不喜欢的颜色。

第四节 实验三 儿童的垂直空间隐喻概念发展

一 问题的提出

空间经验是人类一切认知经验的基础，对社会现象、时间、精神活动等抽象领域的认知和表达都是建立在空间认知经验的基础之上。空间隐喻是以空间域为始源域，将空间域的意象图式结果映射到非空间、抽象域之上，使得我们可以通过空间概念来理解、思考和谈论非空间概念。

“高/低”空间概念向各抽象目标域映射时，形成了“高/低”垂直空间隐喻意象图式：“高”被映射到积极领域，“低”被映射到消极领域。也就是说，较为理想的、符合社会及人们利益的为“高”，不太理想、违背社会及人们利益的为“低”。

关于汉语垂直空间隐喻意象图式映射的研究多停留在语言文化记录，众多的结论建立在内省和思辨的基础上。李艳（2006）考察了垂直空间隐喻意象图式的心理现实性，研究表明，4—6岁儿童已形成“积极在上、消极在下”的垂直空间隐喻意象图式。但对于儿童何时开始习得垂直空间隐喻意象图式没有探讨。

吴念阳、杨艳芳、刘剑（2007）通过对儿童书面语的分析，进一步划分了“高/低”隐喻域的11个义项：（1）情绪、情感；（2）程度；（3）排行、等级；（4）数量；（5）声音、气流强度；（6）抽象的量度；（7）能力；（8）道德品质、素养；（9）个性特征；（10）社会地位；（11）年龄。以“高/低”的“情绪、情感”为例：积极的情绪、情感为高，消极的情绪、情感为“低”。并探讨了各年龄组儿童习得“高/低”各义项的先后顺序。

本研究选取和儿童生活经验较为相关的6个隐喻义项，分别是情绪、排行、数量、能力、地位、年龄，探讨儿童何时开始习得垂直空间隐喻意象图式，并以垂直空间隐喻意象图式的形成为依据，探讨儿童初步理解“高/低”各隐喻义项的先后顺序，揭示儿童空间概念和抽象概念发展之间的关系。

二　实验假设

儿童在学前期初步形成“高/低”的垂直空间隐喻意象图式。

三　实验被试

同实验一。

四　实验材料

实验材料为12张图片和1个盒子。图片均长10厘米，宽8厘米，分成六组，每组两张。情绪组的一张是开心的笑脸，一张是悲伤的哭泣表情；数量组的一张是 3 个苹果，一张是 1 个苹果；排行组的一张是大班的宝宝，一张是小班的宝宝；年龄组的一张是 6 岁孩子，一张是 1 岁孩子；地位组的一张是经理，一张是职员；能力组的一张图片里的宝宝可以自己吃饭，一张图片里的宝宝要老师喂饭。盒子分上下两层，长 20 厘米，宽 15 厘米，高 40 厘米。

五　实验程序

主试是 4 名经过培训的有心理学或教育学背景的研究生。主试每次向被试出示一组图片，并告诉被试图片的内容，如，“这个宝宝真伤心，他在哭”，“这个宝宝真开心，他笑啦”，确保被试理解图片的内容。然后，主试请被试将一组图片中的两张分别放在盒子的上方或者下方，指导语是：“××小朋友，现在请你将它们一个放在上面，一个放在下面，你想怎么放？”最后，主试根据儿童的摆放位置进行记录。

六　结果与分析

（一）儿童对“高 / 低”隐喻各义项的判断

儿童从 2 岁开始就已经部分掌握了“高 / 低”的隐喻义，比如，儿童将老板放在上面，“因为他有钱”；将职员放在下面，“因为他没有钱”。表 3-11 报告了四个年龄组儿童掌握各项隐喻义的比率。

表 3-11　儿童掌握“高 / 低”各项隐喻义的比率获得（%）

	2 岁组	3 岁组	4 岁组	5 岁组
能力	36	90	87	80
地位	43	87	93	83
年龄	57	80	80	87
情绪	60	87	93	87
数量	66	83	77	77
排行	67	87	87	87

3岁组儿童将“高/低”映射到“排行、数量、情绪、年龄、地位、能力”的比率均在80%以上。也就是说，3岁组儿童已经形成了“高/低”向这几个抽象域的映射。

（二）其他反应

1. 儿童任意选择

低年龄组儿童，特别是2岁组儿童这种情况较为显著。比如，主试将两张意义相反的图片（如，开心—悲伤）放置在儿童的面前，个别儿童会始终将放在“左边”或“右边”的图片放在盒子的上面（即为“高”），完全不理会图片的内容。

2. 儿童解释的随意性

低年龄组儿童选择随意性大，主试在儿童做出选择后问他们为什么这么选，个别3岁组儿童一直重复说“我想清楚了”，或者说“我喜欢这样”。

七　讨论

在儿童摆放实验中有很多的口语报告。记录这些语言事实有益于我们理解儿童的思维。

（1）关于“开心放在上面，悲伤放在下面”的理由陈述。

2岁组儿童由于语言能力的限制很难给出解释。

3岁组儿童的理由有：“不一样的”、“不知道”、“她很高”、“和瓶子一样”、“我们家是高的，我喜欢”、“胖”。

4岁组儿童的理由有：“这个低”、“哭”、“这样是对的”、“就这么放”、“不知道”、“人长得低”、“不高兴在下面”、“伤心难看”、“哭了在下面”、“高兴放在上面”。也有的儿童说“哭放在高的地方”。

5岁组儿童的理由有：“大姐姐开心”、“开心的很高兴”、“哭了比较矮，像小弟弟一样的人”、“开心总比痛苦好”、“开心就会跳起来”、“开心比较好”、“她很高兴”、“她快乐”、“要帮助她”、“伤心的没劲，所以放下面”。

（2）关于“大班放在上面，小班放在下面”的理由陈述。

3岁组儿童的理由有：“看起来不一样”、“大的，小的”、“她很高”、“长大了”、“那么低”、“她比我还要高”。也有的儿童不能说出什么道理，只说“大班的，小班的”。

4岁组儿童的理由有：“小班放底下”、“一个大一个小”、“大班大”、“矮”、“小班小”、“小班长得低”、“小班小在二楼，大班在下面”、“小班比大班少两班”。

5岁组的理由有：“大班的大”、“我们大班都在下面，小班都在上面”、“先从小班，再到大班”、“大班个子高”、“个子长得高”、“小朋友大”。

（3）关于“三个苹果放在上面，一个苹果放在下面”的理由陈述。

3岁组儿童的理由有：“不一样的”、“这个高”、“很大”、“有三个”、“它比它还要高三个高”。

4岁组儿童的理由有：“太少”、“一个少”、“不为什么”。

5岁组儿童的理由有：“一个比三个少两个”、“三个多”、“买苹果时，少的放上面”、“一个苹果小，要放上面”、“多的放上面”。

（4）关于“会吃饭放在上面，不会吃饭放在下面”的理由陈述。

3岁组儿童的理由有：“不一样”、“这个高”、“人很小”、“能吃饭”、“吃得多”、“妈妈喂，不会吃”。

4岁组的理由有：“会吃骄傲”、“会吃的大了”、“会吃的给不会吃的吃饭”、“会吃饭人大”、“会吃饭的高，放上面”、“会吃的放高处”、“会自己吃饭”、“不会吃饭是小班，小班都在下面”。

5岁组的理由有：“会吃饭了，是姐姐，放上面”、“不会吃饭小，在下面，从小到大”、“厉害”、“本领大”、“大的喂小的吃”、“不会吃饭的可以玩”。

（5）关于“经理放在上面，职员放在下面”的理由陈述。

3岁组儿童的理由有：“办公室里的”、“大的”、“这个高，这个低”、“老板高会撞到头”、“他比他高”、“不知道”。

4岁组儿童的理由有：“职员低”、“没钱”、“职员不好”、“有钱”、“老板富有”、“经理高”、“没钱在下面”、“没钱在低的地方”。

5岁组儿童的理由有：“老板管小职员”、“老板要管住门，不能让小偷进来”、“工作比较多”、“老板管的事多”、“大的让小的”。

（6）关于“6岁放在上面，1岁放在下面”的理由陈述。

3岁组儿童的理由有：“我很高”、“她6岁了”、“她高了”、“太高了把窗户打破”、“1年就长高了”。

4岁组儿童的理由有：“1岁小”、“6岁大”、“6岁高”、“1岁低”。

5岁组儿童的理由有：“6岁比1岁高”、“小的在下面，大的在上面”、“从小到大”、“6岁的高”。

从这些理由的陈述来看，虽然儿童在摆放行为上已经表现出“高/低”的隐喻映射，但是在思维上并没有明确意识。

通过以上的分析，我们至少得到两个结论：

（1）2岁组儿童部分习得“高/低”各隐喻义项。随着年龄的增长，3岁组儿童对“高/低”各义项的掌握约80%，也就是说，3岁组儿童基本实现了将“高/低”的空间概念映射到抽象隐喻域。3岁是个转折期。

（2）儿童对“高/低”各隐喻义项的先后习得顺序是：排行、数量、情绪、年龄、地位、能力。

第五节 小结

一 结论

实验一表明：首先，儿童对空间维度词“高/低”的先后习得顺序为：本体高——位置高——低，即2岁时儿童已经习得了本体高（80%），4岁时才习得位置高（77%），直到5岁时才初步习得低（67%）。

当客体的位置高和本体高发生冲突时，2岁组儿童优先选择本体高。随着儿童年龄的增长，儿童开始习得位置高。5岁组儿童已完全习得了位置高，此时，儿童优先选择位置高。

实验二表明：物体的属性会影响儿童对等高圆柱体的判断。5岁组儿童（约 80%）已经可以不受物体鲜明属性的影响做出正确的判断。

实验三表明：首先，3 岁组儿童初步形成了垂直空间隐喻意象图式；其次，儿童对与日常生活经验相关的“高 / 低”隐喻义项习得的先后顺序为：排行、数量、情绪、年龄、地位、能力。

二 今后研究展望

笔者希望今后有机会探讨其他空间维度词如“矮、长 / 短、宽 / 窄、厚 / 薄、深 / 浅”等的儿童习得问题。若有机会，希望可以进行空间维度词的跨文化研究，对比来自不同文化背景的儿童空间维度词的发展规律，对空间概念和空间语言以及空间语言的语义延伸有一个更全面系统的了解。

参考文献

安汝磐、赵玉玲编　2003　《新编汉语形容词词典》，北京：经济科学出版社。

白丽芳　2004　儿童隐喻性思维的特点及其发展，《外语与外语教学》第4期。

北京语言学院语言教学研究所编著　1986　《现代汉语频率词典》，北京：北京语言学院出版社。

蔡华俭　2003　Greenwald提出内隐联想测验介绍，《心理科学进展》第3期。

蔡笑岳　2000　《心理学》，北京：高等教育出版社。

曹先擢　1999　《汉字形义分析字典》，北京：北京大学出版社。

陈昌来　1991　“V上”结构的分析，《青海教育学院学报》第2期。

———　1994a　动后趋向动词性质研究评述，《汉语学习》第2期。

———　1994b　论动后趋向动词的性质——兼谈趋向动词研究的方法，《烟台师范学院学报》第4期。

———　2003　《现代汉语语义平面问题研究》，上海：学林出版社。

陈道明　2004　“过去”与“未来”何者在前？《外国语言文学》第2期。

陈家旭　2007　《英汉隐喻认知对比研究》，上海：学林出版社。

陈　俊、刘海燕、张积家　2007　Stroop效应研究的新进展——理论、范式及影响因素，《心理科学》第2期。

陈淑梅　2008　2—5岁儿童关于方位词“上/下”空间多义项习得研究，上海师范大学硕士学位论文。

陈淑敏　1989　儿童隐喻理解能力之发展，《屏东师院学报》第13期。

陈新葵、莫　雷、张积家　2006　隐喻在文章语境中的理解——概念隐喻理论探讨，心理科学》第1期。

陈　燕、黄希庭　2006　时间隐喻研究述评，《心理科学进展》第4期。

陈　瑶　2003　方位词研究五十年，《深圳大学学报》第2期。

陈　勇　2005　原型人物在英语空间性状概念隐喻中的认知分析，《外语与外语教学》第5期。

陈幼贞、陈　莹、张志杰　2006　时间隐喻表征研究现状及展望，《心理科学》第3期。

陈　忠　2005　《认知语言学研究》，济南：山东教育出版社。

程琪龙　2001　《认知语言学概论——语言的神经认知基础》，上海：外语教学与研究出版社。
储泽祥　1996　汉语空间方位短语历史演变的几个特点，《古汉语研究》第1期。
———　1997　名字的空间义及其对句法功能的影响，《语言研究》第2期。
———　2003　《现代汉语空间方所系统研究》，武汉：华中师范大学出版社。
崔希亮　2001a　汉语空间方位场景与论元的凸显，《世界汉语教学》第4期。
———　2001b　空间方位场景的认知图式与句法表现，《中国语言学报》第10期。
———　2002a　空间关系的类型学研究，《汉语学习》第2期。
———　2002b　认知语言学：研究范围和研究方法，《语言教学与研究》第5期。
戴浩一　1989　以认知为基础的汉语功能语法刍议，叶蜚声译，《国外语言学》第3期。
戴耀晶　1998　"前"的空间意义和时间意义，《语言研究的新思路》，上海：上海教育出版社。
邓永红　1999　"在X下"格式与"在X上"之比较，《湖南教育学院学报》第4期。
董　莉　2000　空间隐喻的辩证思考，《解放军外国语学院学报》第6期。
董为光　2004　汉语时间顺序的认知基础，《当代语言学》第2期。
杜桂枝　2003　认知语言学中的若干相关概念，《外语学刊》第3期。
恩斯特·卡西尔　1985　《人论》，甘阳译，上海：上海译文出版社。
范继花　2006　方位概念"前/后"在汉语中的隐喻运用，《北京航空航天大学学报》第1期。
范文芳　1997　隐喻理论探讨，《山东外语教学》第1期。
范　晓　1991　"V上"及其构成的句式，《营口师专学报》第1期。
方　格、方富熹　1991　4.5—7.5岁儿童对年龄认知发展的实验研究，《心理学报》第1期。
方　格、方富熹、冯　刚　1994　再探儿童对年龄的认知发展，《心理学报》第4期。
方　格、冯　刚、方富熹、姜　涛　1994　学前儿童对短时时距的区分及其认知策略，《心理科学》第1期。
方　格、冯　刚、姜　涛、方富熹　1993　学前儿童对时间的估计及其策略，《心理学报》第4期。
方　格、田学红　2002　小学儿童对日常生活事件时间关系推理能力的初探，《心理学报》第6期。
方经民　1987　现代汉语方位参照聚合类型，《语言研究》第2期。
———　1999　汉语空间方位参照的认知结构，《世界汉语教学》第4期。
———　2000　汉语空间方位参照认知过程中的语义理解，陆俭明主编《面临新世纪挑战的现代汉语语法研究》，济南：山东教育出版社。
———　2002a　论汉语空间区域范畴的性质和类型，《世界汉语教学》第3期。
———　2002b　现代汉语空间方位参照系统认知研究，上海师范大学博士学位论文。
———　2004　现代汉语方位成分的分化和语法化，《世界汉语教学》第2期。

冯清高 2003 介词空间语义的“静态”与“动态”,《西安外国语学院学报》第3期。
符淮青 2006 《词义的分析和描写》，北京：外语教学与研究出版社。
高莉莉 1999 西方隐喻认知研究理论评价，《山西大学师范学院学报》第1期。
高月梅、张 泓 1993 《幼儿心理学》，杭州：浙江教育出版社。
葛 婷 2004 “X上”和“X里”的认知分析，《暨南大学文学院学报》第1期。
葛 新 2004 方位词“上”、“下”的意义及其演变,上海师范大学硕士学位论文。
缑瑞隆 2004 方位词“上”、“下”的语义认知基础与对外汉语教学,《语言文字应用》第4期。
关 玲 2002 后置时间词刍议，《汉语学习》第5期。
桂诗春 2000 《新编心理语言学》，上海：上海外语教育出版社。
郭建恩、许百华、吴旭晓 2004 国外隐喻的理论研究与实践应用，《心理学进展》第4期。
郭永刚 2005 零转换移动动词与移动表现，《科学教育论坛》第11期。
韩世辉 2000 视知觉中的整体优先性，《心理学报》第3期。
郝 静 2007 空间意象图式在时空隐喻理解中的作用,上海师范大学硕士学位论文。
侯 岩、叶平枝 1992 学前儿童空间认识能力发展的实验研究,《心理发展与教育》第2期。
胡德明 2003 儿童空间维度形容词发展顺序理论解释，《世界汉语教学》第3期。
胡壮麟 2004 《认知隐喻学》，北京：北京大学出版社。
黄国营、石毓智 1993 汉语形容词的有标记和无标记现象，《中国语文》第6期。
黄 华 2001 试比较概念隐喻理论和概念整合理论，《外语与外语教学》第6期。
贾 钰 1998 “来/去”作趋向补语时动词宾语的位置，《世界汉语教学》第1期。
贾志高 2001 隐喻语言理解的语用和心理学阐释，《西南师范大学学报》第1期。
姜 涛、方 格 1997 小学儿童对习俗时间的时距判断，《心理学报》第2期。
蒋 华 2003 趋向动词“上”语法化初探，《东方论坛》第5期。
金立鑫 2000 《语法的多视角研究》，上海：上海外语教育出版社。
孔李茜 2008 多义范畴“深”、“浅”及其在对外汉语教材中的编排策略，上海师范大学硕士学位论文。
孔令达 2004 《汉族儿童实词习得研究》，合肥：安徽大学出版社。
——— 2005 《汉语研究论集》，合肥：安徽大学出版社。
孔令达、王祥荣 2002 儿童语言中方位词的习得及相关问题,《中国语文》第2期。
匡芳涛 2003 图形—背景的现实化，《外国语》第4期。
赖小林 2005 2—4岁儿童对“大”“小”空间形容词词义掌握的研究，《心理科学》第4期。
蓝 纯 1999 从认知角度看汉语的空间隐喻，《外语教学与研究》第4期。
——— 2005 《认知语言学与隐喻研究》，北京：外语教学与研究出版社。
李伯约 2001 认知心理学关于时间推理研究，《湖南师范大学学报》第1期。

李福印 2000 介绍《当代隐喻理论：从汉语的视角谈起》，《外语教学与研究》第3期。
——— 2004 当代国外认知语言学研究的热点，《外语研究》第3期。
李计伟 2007 方位词前后的语义认知基础与对外汉语教学，《语文知识》第1期。
李晋霞 2002 “V来V去”格式及其语法化，《语言研究》第2期。
李 军 2002 空间维度词“大、小”的隐喻义认知分析，《青岛海洋大学学报》第4期。
李其维 2008 “认知革命”与“第二代认知科学”刍议，《心理学报》第12期。
李诗平 2003 隐喻的结构类型与认知功能，《外语与外语教学》第1期。
李文馥、徐 凡、郗慧媛 1989 3—7岁儿童空间表象研究——并与8—13岁儿童空间表象特点比较，《心理学报》第4期。
李文莉 2004 “上”、“下”隐喻映射的对称与不对称现象分析，《零陵学院学报》第2期。
李向农 1997 《现代汉语时点时段研究》，武汉：华中师范大学出版社。
李向农、周国光 1992 1—5岁儿童运用方位句及方位介词情况的调查分析，《心理科学》第3期。
李 艳 2006 上—下意象图式影响垂直性空间隐喻表达式理解的实验研究，上海师范大学硕士学位论文。
李 瑛 2004 容器图式与容器隐喻，《西南民族大学学报》第5期。
李 莹、王瑞明、莫 雷 2005 物体隐含的形状信息对图片再认的影响，《心理科学》第3期。
李宇明 1995 《儿童语言的发展》，武汉：华中师范大学出版社。
——— 1999 空间在世界认知中的地位——语言与认知关系考察，《湖北大学学报》第3期。
李志华 2003 空间隐喻的认知思维，《石家庄师范专科学校学报》第4期。
梁爱林 2003 道德的比喻体系与中英文语言的隐喻用法，《惠州学院学报》第4期。
梁宁建 2003 《当代认知心理学》，上海：上海教育出版社。
梁泳致 2002 “动＋出”句的谓语动词及其语义特征，《柳州职业技术学院学报》第2期。
廖秋忠 1989 空间方位词和方位参照点，《中国语文》第1期。
廖志鸿 2001 现代汉语的准方位标，《常德师范学院学报》第1期。
林肖瑜 1994 隐喻的抽象思维能力，《现代外语》第4期。
刘广和 1999 说“上$_2$下$_2$……起来$_2$”——兼谈趋向补语、动趋式，《汉语学习》第2期。
刘 剑、吴念阳、刘慧敏 2008 儿童空间认知中参考框架的实验研究，《现代中小学教育》第7期。
刘 津 1998 对物体固有的方位特征“前后左右”的考察，《面临新世纪挑战的现代汉语语法学研究——98现代汉语语法学国际学术会议论文集》，济南：山东教育出版社。
刘金花 1997 《儿童发展心理学》，上海：华东师范大学出版社。
刘 菁 2002 本体和喻体在隐喻句理解中的作用，《心理科学》第3期。
刘 菁、冯 涛、韩 骏 2006 两种隐喻理解的认知理论研究，《首都师范大学学报》（社会科学版）第4期。
刘俊莉 2006 认知模式的差异对“上”“下”二词使用的影响，《湖北社会科学》第1期。
刘丽虹、张积家、王惠萍 2005 习惯的空间术语对空间认知的影响，《心理学报》第4期。
刘宁生 1994 汉语怎样表达物体的空间关系，《中国语文》第3期。
——— 1997 读《汉语功能语法研究》，《汉语学习》第6期。
刘月华 2001 《实用现代汉语语法》（修订版），北京：商务印书馆。
刘振前 2000 隐喻的传统理论与理解模式，《外语与外语教学》第10期。
刘正光 2001 莱柯夫隐喻理论的缺陷，《外语与外语教学》第1期。
——— 2003 隐喻映射的本质特征，《外语学刊》第3期。
卢 植 2006 《认知与语言——认知语言学引论》，上海：上海外语教育出版社。
陆俭明 1993 《八十年代中国语法研究》，北京：商务印书馆。
——— 2001 《陆俭明选集》，长春：东北师范大学出版社。
——— 2004 《汉语和汉语研究十五讲》，北京：北京大学出版社。
陆俭明主编 2000 《面临新世纪挑战的现代汉语语法研究》，济南：山东教育出版社。
吕叔湘 2002 方位词使用情况的初步考察，《汉语语法论文集》，北京：商务印书馆。
——— 2003 《现代汉语八百词》，北京：商务印书馆。
罗瑞球 2003a 概念隐喻理论和汉语成语运用中的隐喻性思维结构，《广西社会科学》第7期。
——— 2003b 介词AT—ON—IN的认知语义研究，《湖南工程学院学报》第2期。
麻彦坤 2003 心理隐喻的变迁与心理学的发展，《西南师范大学学报》第6期。
马庆株 1997 “V来/去”与现代汉语动词的主观范畴，《语文研究》第3期。
——— 2002a 时量宾语和动词的类，《著名中年语言学家自选集——马庆株卷》，合肥：安徽教育出版社。
——— 2002b 自主动词和非自主动词，《著名中年语言学家自选集——马庆株卷》，合肥：安徽教育出版社。
——— 2004 《汉语动词和动词性结构》，北京：北京大学出版社。
马小玲 2003 语言运用研究中的对称与不对称——读沈家煊的《不对称和标记论》，《修辞学习》第1期。
孟 琮、郑怀德、孟庆海、蔡文兰编 1999 《汉语动词用法词典》，北京：商务印书馆。

牟炜民　1999　自我中心结构中的空间方位效应，《心理科学》第22期。
尼　采　1993　《哲学与真理》（尼采1872—1876年笔记选），田立年译，上海：上海社会科学出版社。
倪传斌　2003　从说话者和听话者互动角度评塞尔的隐喻理论，《外语与外语教学》第9期。
潘海峰　2005　动后“上”的语法化过程和“V上”结构的句法语义问题研究，上海师范大学硕士学位论文。
潘开祥、张铁忠　1997　4—10岁儿童理解大小概念的发展研究，《心理科学》第5期。
庞丽娟、李　辉　1993　《婴儿心理学》，杭州：浙江教育出版社。
彭聃龄　1997　《汉语认知研究》，济南：山东教育出版社。
彭宣维　2004　认知发展、隐喻映射与词义范畴的延伸，《北京师范大学学报》第3期。
皮亚杰　1980　《儿童心理学》，吴福元译，北京：商务印书馆。
齐沪扬　1994　“N＋在＋处所＋V”句式语义特征分析，《汉语学习》第6期。
———　1998a　位移句中VP的方向价研究，《现代汉语配价语法研究》第2期。
———　1998b　现代汉语的空间系统，《世界汉语教学》第1期。
———　1998c　《现代汉语空间问题研究》，上海：学林出版社。
———　1999a　空间位移中客观“P＋N”的语用含义，《中国语言学报》第9期。
———　1999b　空间位移中客观参照“D＋Q＋M”的语用含义，《汉语现状与历史的研究——首届汉语言学国际研讨会文集》，北京：中国社会科学出版社。
钱　萍　2006　空间图式影响时序概念理解的发展性研究，上海师范大学硕士学位论文。
邱　斌　2008　《汉语方位词相关问题研究》，上海：学林出版社。
邱广君　1995　谈“V上”所在句式中的“上”意义，《汉语学习》第4期。
———　1997　谈“V下＋宾语”中的宾语的类、动词的类和“下”的意义，《语文研究》第4期。
饶　萍　2003　介词under的意向图式及其投射意义，《四川师范学院学报》第3期。
任永军　2000　现代汉语空间维度词语义分析，延边大学硕士学位论文。
———　2001a　空间维度词“粗、细”的认知语义分析，《聊城师范学院学报》第3期。
———　2001b　空间维度词“高、低（矮）”的认知语义分析，《聊城师范学院学报》第2期。
———　2001c　空间维度词“深、浅”的认知语义分析，《柳州师专学报》第4期。
———　2003　直线型空间维度词的认知语义分析，《中国海洋大学学报》第5期。
———　2006　直线型空间维度词隐喻义认知分析，《聊城大学学报》第3期。
商务印书馆编辑部编　1998　《辞源》，北京：商务印书馆。
沈家煊　1995　“有界”与“无界”，《中国语文》第5期。
———　1999　《不对称和标记论》，南昌：江西教育出版社。

沈家煊 2000 认知语法的概括性，《外语教学与研究》第 1 期。
——— 2002 英汉方所概念的表达，《著名中年语言学家自选集——沈家煊卷》，合肥：安徽教育出版社。
——— 2005 《现代汉语语法的功能、语用、认知研究》，北京：商务印书馆。
沈贤淑 2002 汉、朝空间维度词的隐喻义对比，《延边大学学报》第 3 期。
师 璐 2004 试论意向图式及其在词义延伸中的作用，《四川外语学院学报》第 5 期。
石洛祥、李 力 2008 超越字面意义的疆域——隐喻歧义的理解及消解，《外语与外语教学》第 6 期。
石毓智 1995 《女人，火，危险事物——范畴揭示了思维的什么奥秘》评价，《国外语言学》第 2 期。
——— 2000 《语法的认知语义基础》，南昌：江西教育出版社。
——— 2001 表物体形状的量词的认知基础，《语言教学与研究》第 1 期。
——— 2004 认知语言学的“功”与“过”，《外国语》第 2 期。
史佩信 2004 汉语时间表达中的“前后式”与“来去式”，《上海师范大学学报》第 2 期。
史锡尧 1993 动词后“上”、“下”的语义和语用，《汉语学习》第 4 期。
史 鑫 2002 隐喻的思维本质与认知功能——由隐喻与隐喻思维看语言与思维的关系，《解放军外国语学院学报》第 4 期。
疏德明、刘电芝 2009 隐喻认知机制的 ERP 研究，《心理科学》第 1 期。
舒邦新 2003 “前”“后”对称说，《江汉大学学报》第 4 期。
——— 2004 “前”“后”的时间指向及其构成机制，《江汉大学学报》第 4 期。
束定芳 2000a 论隐喻产生的认知和语言学原因，《外语学刊》第 2 期。
——— 2000b 论隐喻的基本类型及句法和语义特征，《外国语》第 1 期。
——— 2000c 论隐喻的理解过程及特点，《外语教学与研究》第 4 期。
——— 2000d 《隐喻学研究》，上海：上海外语教育出版社。
——— 2001 论隐喻的认知功能，《外语研究》第 2 期。
——— 2002a 论隐喻的运作机制，《外语教学与研究》第 2 期。
——— 2002b 隐喻研究中的若干问题与研究课题，《外语研究》第 2 期。
——— 2004 《语言的认知研究——认知语言学论文集》，上海：上海外语教育出版社。
唐世民 2007 隐喻理解的特征赋予模型，《外语与外语教学》第 9 期。
陶文好 1997 论 over 的空间和隐喻认知，《外语与外语教学》第 4 期。
——— 1998a 几个方位词对 TR 和 LM 看见意义的影响，《外语与外语教学》第 9 期。
——— 1998b 论“界标”（LM）的多维性和“射体”（TR）的途径，《宁波大学学报》第 1 期。

陶文好　2000a　论 up 的空间和隐喻意义认知，《外语学刊》第 4 期。

———　2000b　论象征结构——认知语法理论的核心，《外语与外语教学》第 2 期。

———　2001　论隐喻的层次——以方位介词 up 和 in 为例，《外语教学》第 6 期。

田学红、方　格　2000　国外有关儿童对地图表征的认知发展研究，《心理学动态》第 2 期。

田学红、方　格、方富熹　2001　4—6 岁儿童对有关方位介词的认知发展研究，《心理科学》第 1 期。

王建军　2001　“上馆子”与“下馆子”，《语文建设》第 1 期。

王瑞明、莫　雷　2005　知识表征的新观点——知觉符号理论，《心理科学》第 3 期。

王瑞明、莫　雷、伍丽梅、李　利　2006　空间信息表征对语义相关判断的影响，《心理科学》第 6 期。

王希杰　2002　“心”和方位词语——说“心上、心下、心中、心里、心头、内心”等，《毕节师范高等专科学校学报》第 1 期。

王祥荣　2000　儿童语言中的“上”、“下”类方位词，《安徽师范大学学报》第 4 期。

王小潞　2007　汉语隐喻认知的神经机制研究，浙江大学博士学位论文。

王晓澎　1995　《汉语形容词的有标记和无标记现象》商榷，《汉语学习》第 3 期。

王永红　2001　从汉英时间隐喻之异同看隐喻与文化的关系，《武汉理工大学学报》（社会科学版）第 2 期。

王　寅　2002　认知语言学的哲学基础：体验哲学，《外语教学与研究》第 3 期。

———　2003　中西隐喻对比及隐喻工作机制分析，《解放军外国语学院学报》第 2 期。

———　2004　体验哲学和认知语言学对词汇和词法成因的解释，《外语学刊》第 2 期。

———　2006　《认知语法概论》，上海：外语教育出版社。

———　2007　《认知语言学》，上海：外语教育出版社。

魏景汉、罗跃嘉　2002　《认知事件相关脑电位教程》，北京：经济日报出版社。

文　炼　1957　《处所、时间和方位》，上海：新知识出版社。

文　旭　2002　认知语言学的研究目标、原则和方法，《外语教学与研究》第 2 期。

———　2003　概念隐喻的系统性和连贯性，《外语学刊》第 3 期。

———　2004　语言空间系统的认知阐释，《四川外语学院学报》第 3 期。

吴格奇　2005　汉英时间顺序表达与思维方式对比分析，《咸阳师范学院学报》第 2 期。

吴　静　2001　空间隐喻的英汉对比研究，《山东外语教学》第 3 期。

吴　平　2005　莱文森的空间参照系理论，《外语与外语教学》第 4 期。

吴念阳　2008　现代汉语空间隐喻认知研究——基于儿童书面语发展和心理现实性的研究，上海师范大学博士学位论文。

———　2009　《隐喻的心理学研究》，上海：百家出版社。

吴念阳、郝　静　2006　以道德为本体的概念隐喻，《上海师范大学学报》第 3 期。

吴念阳、徐凝婷、张 琰 2007 空间图式加工促进方向性时间表述的理解，《心理科学》第4期。

吴念阳、杨艳芳、李海荣 2007 儿童书面语中空间维度词“大/小”使用的认知发展，《孝感学院学报》第2期。

吴念阳、杨艳芳、刘 剑 2007 儿童书面语空间维度词“高/低”隐喻域的认知，《集美大学学报》第3期。

吴念阳、杨艳芳、张 琰 2008 儿童书面语中空间维度词“深/浅、厚/薄”隐喻域的认知发展研究，《现代汉语虚词研究与对外汉语教学》（第二辑），上海：复旦大学出版社。

吴淑雄 1998 汉语方位构词的隐喻认知结构，陆俭明主编《面临新世纪挑战的现代汉语语法学研究》，济南：山东教育出版社。

吴晓彤 2005 汉语方位名词上/下的两种意象图式，《安徽理工大学学报》第2期。

吴 云 2003 认知框架下的空间隐喻研究，《修辞学习》第4期。

伍丽梅、莫 雷、王瑞明 2005 视角在时间语言理解中的影响，《心理科学》第4期。

伍丽梅、莫 雷、王瑞明 2006 动词理解中空间表征激活的过程，《心理学报》第5期。

《现代汉语大词典》编委会编纂 2000 《现代汉语大词典》，上海：汉语大词典出版社。

肖双荣 2002 汉语时间概念的空间隐喻系统，《湖南经济管理干部学院》第4期。

谢之君 2002 图示隐喻与语义互补模型，《外国语》第2期。

邢福义 1996 方位结构“X里”和“X中”，《世界汉语教学》第4期。

熊学亮 1999 《认知语用学概论》，上海：上海外语教育出版社。

徐凝婷、吴念阳 2008 析现代汉语中“时间是空间隐喻”及其心理现实性，《上海师范大学学报》（基础教育版）第2期。

严辰松 1989 英美社会语言概述，《现代汉语》第4期。

杨恩华 2004 方位词多义现象的认知分析，《莱阳农学院学报》第3期。

杨继芬 2009 2—5岁儿童空间维度形容词“高/低”的语义认知研究，上海师范大学硕士学位论文。

杨 宁 1998a 从看见到时间的汉语情景和参与者，《语文研究》第2期。

——— 1998b 从空间到时间的汉语语义结构塑造，《语言研究的新思路》，上海：上海教育出版社。

杨信彰 1998 隐喻的两种解释，《外语与外语教学》第10期。

杨 艳 2001 汉语中的时间隐喻，《东南大学学报》第8期。

叶 绚、方芸秋 1958 学前儿童方位知觉的初步实验研究，《心理学报》第2期。

游顺钊 1985 视觉语言学，《中国语文》第5期。

——— 1988 口语中时间概念的视觉表达——对英语和汉语的考察，《国外语言学》第2期。

余 维 1997 时间指示的语用对比分析，《世界汉语教学》第2期。

袁毓林　1994　关于认知语言学的理论思考，《中国社会科学》第1期。
———　2004　《汉语语法研究的认知视野》，北京：商务印书馆。
曾传禄　2005a　汉语空间隐喻的认知分析，《云南师范大学学报》第3期。
———　2005b　“里、中、内、外”方位隐喻的认知分析，《贵州师范大学学报》第1期。
曾　蕾　2003　论系统功能语法中“透射”概念隐喻句构及其语义特征，《现代外语》第4期。
张　斌主编　2001　《现代汉语虚词词典》，北京：商务印书馆。
张　华　2004　“上/下”语义演化的认知考察，华中科技大学硕士学位论文。
张　焕　2004　从隐喻认知角度析汉民族时间词语，《语文学刊》第3期。
张建理　2003　汉语时间系统中的“前”、“后”认知和表达，《浙江大学学报》第5期。
张建理、丁展平　2003　时间隐喻在英汉词汇中的对比研究，《外语与外语教学》第9期。
张　捷、曾翠萍　2004　从认知语言学的角度看英汉有关时间的隐喻表达，《湘潭师范学院学报》（社会科学版）第4期。
张金桥　2004　汉语空间关系复杂句心理表征项目互换效应，《暨南大学华文学院学报》第4期。
张京生　2004　认知语言学的理论与应用——George Lakkoff 2004年北京系列讲座综述，北京大学外国语学院语言学研究所编，《语言学研究》（第3辑），北京：高等教育出版社。
张璟光、丁慧韵、林菁　1987　2—6岁儿童对空间词汇的理解和产生的初步实验研究，《福建师范大学学报》第1期。
张　菁、张必隐　2001　隐喻理解认知加工的几种主要理论，《宁波大学学报》（教育科学版）第1期。
张　黎　1988　谈表时的“前”和“后”，《中国语文》第2期。
张丽娜　2008　2—5岁儿童方位词“前/后”的语义认知研究，上海师范大学硕士学位论文。
张　敏　1997　从类型学和认知语法的角度看汉语重叠现象，《国外语言学》第2期。
———　1998　《认知语言学与汉语名词短语》，北京：中国社会科学出版社。
张其昀　1995　动义动词“上”、“下”用法考辨，《语言研究》第1期。
张仁俊　1985　国外关于儿童获得空间词汇的研究，《心理科学》第2期。
———　1986　幼儿对空间词汇的掌握，《心理发展与教育》第4期。
张　琰、吴念阳、徐凝婷　2007　时空隐喻的空间感知基础，《常熟理工学院学报》第7期。
张燕春　1995　“V＋上/下”中“上/下”的意义和V类，《赣南师范学院学报》第4期。

赵艳芳 1994 隐喻的认知基础，《解放军外语学院学报》第2期。
——— 1995 语言的隐喻认知结构——《我们赖以生存的隐喻》评介，《外语教学与研究》第3期。
——— 2001 《认知语言学概论》，上海：上海外语教育出版社。
郑怀德、孟庆海编 2003 《汉语形容词用法词典》，北京：商务印书馆。
中村吉郎〔日〕 1987 《建筑造型基础》，北京：中国建筑工业出版社。
中国社会科学院语言研究所词典编辑室编 2012 《现代汉语词典》(第6版)，北京：商务印书馆。
钟小佩 2000 隐喻概念系统探析，《语言学研究》第3期。
周国光 2001 《儿童句式发展研究和语言习得理论》，北京：北京语言文化大学出版社。
——— 2004 时间系统习得状况考察，《语言文字应用》第4期。
周 榕 2001 隐喻认知基础的心理现实性——时间的空间隐喻表征的实验证据，《外语教学与研究》第2期。
——— 2002 隐喻表征性质研究，《外语教学与研究》第4期。
——— 2003a 儿童时间隐喻能力发展趋势初探，《现代外语》第3期。
——— 2003b 隐喻的语义表征模型初探，《外语学刊》第2期。
周 榕、黄希庭 1999 隐喻理解加工机制的研究，《心理科学进展》第3期。
周 榕、黄希庭 2000 时间隐喻表征的跨文化研究，《心理科学》第4期。
周 榕、孙桂英 2006 隐喻的表象表征及其加工效应研究，《华南师范大学学报》（社会科学版）第5期。
周统权 2003 "上"与"下"不对称的认知研究，《语言科学》第1期。
周小兵 1995 谈汉语时间词，《语言教学与研究》第3期。
朱德熙 1980 《现代汉语语法研究》，北京：商务印书馆。
——— 1982 《语法讲义》，北京：商务印书馆。
朱曼殊 1982 儿童对几种时间词句的理解，《心理学报》第3期。
——— 1986 《儿童语言发展研究》，上海：华东师范大学出版社。
朱曼殊主编 1990 《心理语言学》，上海：华东师范大学出版社。
朱涌河 2003 一词多义现象和认知理论，《绍兴文理学院学报》第2期。
朱智贤主编 1990 《中国儿童青少年心理发展与教育》，北京：中国卓越出版公司。
朱智贤、陈帼眉、吴凤岗 1964 儿童左右概念发展的实验研究，《心理学报》第3期。
邹韶华 2001 《语用频率效应研究》，北京：商务印书馆。
Akhundov, M. 1986. *Conceptions of Space and Time*. Cambridge, Mass: The MIT Press.
Allbritton, D.W., McKoon, G.& Richard, J. 1995. Metaphor - Based Schemas and Text Representations: Making Connections Through Conceptual Metaphors. *Journal of Experimental Psychology: Learning, Memory, and Cognition, 21*（3），612—

625.

Alverson, H. 1994. *Semantics and Experience: Universal metaphors of time in English, Mandarin, Hindi, and Sesotho.* Baltimore: The Johns Hopkins University Press.

Arcedolo, L.P. 1978. Development of spatial orientation in infancy. *Developmental Psychology, 14*（3）, 224—234.

Arcedolo, L.P. & Evans, D. 1980. Developmental changes in the effects of landmarks on infant spatial behavior. *Developmental Psychology, 16*（4）, 312—318.

Arzouan ,Y., Goldstein, A. & Faust, M. 2007. Brainwaves are stethoscopes: ERP correlates of novel metaphor comprehension. *Brain Research,1160*, 69—81.

Banks, W. P. 1977. Encoding and processing of symbolic information in comparative judgments. In G. H. Bower（Ed.）*The psychology of learning and motivation.* New York: Academic Press.

Barsalou, L.W. 1999a. Language comprehension: Archival memory or preparation for situated action? *Discourse Processes, 28,* 61—80.

Barsalou, L.W. 1999b. Perceptual symbol system. *Behavioral and Brain Science, 22,* 577—660.

Bartlett, E. 1976. Sizing things up: The acquisition of the meaning of dimensional adjectives. *Journal of Child Language, 3,* 205—219.

Bartlett, F.C. 1932. *Remembering Cambridge:* Cambridge University Press. 转引自 M.W. 艾森克等　2004　《认知心理学》（第四版），上海：华东师范大学出版社：534—536。

Bausano, M. & Jeffrey, W. 1975. Dimensional salience and judgment of bigness by three - year - old children. *Child Development, 46,* 988—991.

Bickel, B. 1997. Spatial operations in deixis, cognition, and culture: Where to Orient Oneself in Belhare. In Nuyts & Pederson（eds.）*Language and Conceptualization.* Cambridge: Cambridge University Press.

Bierwisch, M. 1967. Some semantic universals of German adjectivals. *Foundations of Language, 3,* 1—36.

Black, M. 1962. *Models and Metaphors.* Ithaca: Cornell University Press.

Blade, M. & Spencer, C. 1986. The implications of psychological theory and methodology for cognitive cartograghy. *Cartographica, 23,* 1—13.

Blade, M. & Spencer. C. 1986. Map use by young children. *Geograghy, 71*: 47—52.

Blade, M. & Spencer. C. 1986. The implications of psychological theory and methodology for cognitive cartogragh, *Cartographica, 23*, 1—13.

Blewitt, P. 1982. Word meaning acquisition in young children: A review of theory and research. *Advances in Child Development and Behavior, 17*, 139—195.

Bluestein, N. L. & Acredolo, L. P. 1979. Developmental changes in map - reading skills. *Child Deveplpment, 50*, 691—697.

Bornstein, M. H. 1984. A descriptive taxonomy of psychological categories used by infants. In C. Sophian (Ed.) *Origins of cognitive skills*, 313—338.

Boroditsky, L. 2001. Does Language Shape Thought? Mandarin and English Speakers Conceptions of Time. *Cognitive Psychology, 43*,1—22.

Boroditsky, L.& Ramscar, M. 2002. The Roles of Body and Mind in Abstract Thought. *Psychological Science, 13* (2) ,185—189.

Boroditsky, L. 2000. Metaphoric Structuring: Understanding Time Through Spatial Metaphors. *Cognition, 75*, 1—27.

Bowdle, B. F. & Gentner, D. 2005. The career of Metaphor. *Psychological Review,112* (1) , 193—216.

Bremner, J. G. 1978. Spatial errors made by infants: In adequate spatial cues or evidence for egocentrism? *British Journal of Psychology, 69*, 77—84.

Broderick, V. K. 1984. The Development of Metaphor Comprehension. *Paper presented at the Annual Meeting of the Eastern Psychological Association (55th, Baltimore, MD, April 12—15, 1984)* .

Bruner, J., Goodnow, J. & Austin, G. 1956. *A study of thinking*. New York: Wiley.

Bryant, D. J., Tversky, B. & Lanca, M. 2000. Retrieving spatial relations from observation and memory. In E. van der Zee and U. Nikanne (eds.) *Cognitive interfaces: Constraints on linking cognitive information*. Oxford: Oxford University Press, 94—115.

Buck. 1971. Mind, meaning and metaphor: the philosophy and psychology of metaphor in 19th - century Germany. *History of the Human Sciences*, 14 (2) , 39—61 (2001) .

Bushnell, E. W., Mckennie, B. E., Lawence, D.A. & Connell, S. 1995. The spatial coding strategies of 1 - year - old infants in a loco - motor Search task. *Child Development, 66*: 937—958.

Camac, M.K.& Glusberg, S. 1984. Metaphors do not use associations between concepts, They are used to create them. *Journal of Psycholinguistic Research, 13*, 443—455.

Casasanto, D. & Boroditsky, L. 2003. Do We Think about Time in Terms of Space? In:Richard Alterman, David kirsh (Eds.) , *Proceedings of the 25th Annual Meeting of the Cognitive Science Society*. Boston , MA : Cognitive Science Society.

Casasanto, D., Boroditsky, L. & Phillips, W. 2004. How Deep are Effects of Language on Thought? In: Kenneth Forbus, Dedre Gentner and Terry Regier(Eds.),

Proceedings of the 26th Annual Conference of the Cognitive Science Society. Chicago, Illinois.

Casasola, M. & Cohen, L. 2002. Infant categorization of containment, support and tight - fit spatial relationships. *Dev. Sci. 5*, 24—264.

Chiao, J. Y., Bordeaux, A. R. & Ambady, N. 2004. Mental representations of social status. *Cognition, 93*, B49—B57.

Clark, E.V. 1972. On the child's acquisition of antonyms in two semantic fields. *Journal of Verbal Learning and Verbal Behavior, 11*, 750—758.

Clark, E.V. 1978. Strategies for Communicating. *Child Development, 49*, 953—959.

Clark, E.V. 1980. Here's the Top: Nonlinguistic Strategies in the Acquisition of Orientational Terms. *Child Development, 51*, 329—338.

Clark, H. H. 1970. The Primitive nature of children's relational concepts. In: Hayes, J.R. (Ed.), *Cognition and the development of language* (pp.269—278). New York: Wiley.

Clark, H. H. 1971. More about "Adjectives, comparatives and syllogisms": A reply to Huttenlocber and Higgens. *Psychological Review, 78* (6), 505—514.

Clark, H. H. 1973. Space, Time, Semantics, and the Child. In Timonthy E. Moore (ed.) *Cognitive Development and the Acquisition of Language*. New York: Academic Press, 27—63.

Clark, H. H. & Clark, E.V. 1977. *Psychology and Language*. New York: Hacourt Brace Jovavich.

Clark, H. H. & Lucy, P. 1975. Understanding what is meant from what is said: A study in conversationally conveyed requests. *Journal of Verbal Learning & Verbal Behavior, 14* (1), 56—72.

Clark, J. M. & Paivio, A. 1991. Dual Coding Theory and Education. *Educational Psychology Review, 3*, 149—210.

Collins, A. M & Quillian, M. R. 1969. Retrieval time from semantic memory. *Journal of Verbal Learning and Verbal Behavor, 8*, 240—247.

Colston, H. L. & Gibbs, R.W. 2002. Are Irony and Metaphor Understood Differently? *Metaphor and Symbol, 17* (1), 57—80.

Coulson, S. & Van Petten, C. 2002. Conceptual integration and metaphor an event - related potential study. *Memory & Cognition, 30* (6), 958—968.

Coulson, S. 2007. A special role for the right hemisphere in metaphor comprehension? ERP evidence from hemifield presentation. *Brain research, 1146*, 128—145.

Coventry.K. R. & Mercè, P. 2001. Object - specic function, geometry, and the comprehension of in and on. *European journal of cognitive psychology.13* (4). 509—528.

Coventry, K. R., Mercè, P. & Richards, L. 2001. The interplay between geometry and function in the comprehension of over, under, above, and below. *Journal of memory and language, 44* (3) :376—398.

Dent, C. H. 1984. The developmental importance of motion information in perceiving and describing metaphoric similarity. *Child Development, 55,* 1607—1613.

Dyer, F. N. 1972. Latencies for morement naming with congruent and incongruent word stimuli. Perception & Psychophysics, *11* (5) , 377—380.

Ebeling, K. S. & Gelman, S. A. 1988. Coordination of size standards by young children. *Child Development, 59,* 888—896.

Ebeling, K. S. & Gelman, S. A. 1994. Children ' s Use of Context in Interpreting "Big" and "Little" . *Child Development, 65,* 1178—1192.

Ehri, L. 1976. Comprehension and production of adjectives and seriation. *Journal of Child Language, 3*: 369—384.

Eilers, R. E, Oller, D.K. & Ellington, J. 1974. The acquisition of word meaning for dimensional adjectives: The long and short of it. *Journal of Child Language, 1,* 195—204.

Elizabeth, A. 1994. Metaphor in context: An examination of the significance of metaphor for reflection and Educational Studies. *Carfax Publishing, 20* (3) , 357—367.

Elizabeth, A. 1997. Extengding the scope of metaphor: An examination of definitona old and new and their significance for education. *Educational Studies, 23* (2) , 195—208.

Fainsilber, L. & Kogan, N. 1984. Does imagery contribute to metaphoric quality? *Journal of Psycholinguistic Research, 13* (5) , 383—391.

Fauconnier, G. 1990. Domains and connections. *Cognitive Linguistics, 1* (1) , 151—174.

Fauconnier, G. 1997. *Mapping in Thought and Language.* Cambridge: Cambridge University Press.

Feist, M. I. & Gentner, D. 2003. Factors Involved in the Use of In and On. *Cognitive Science Society, 2003, 7, 31.* Boston, Massachusetts, USA: 390—395.

Friedman, A. 1979. Framing Picture, The Role of Knowledge in Automatised Encoding and Memory for Gist. *Journal of Experimental Psychology: General, 108,* 316—355.

Friedman, W. J. 1978. Development of Time Concepts in Children. *Advances in Child Development and Behavior,* 171—208.

Friedman, W. J. 1983. Image and Verbal Processes in Reasoning about the Months of the Year. *Journal of Experimental Psychology Learning, Memory and Cognition, 9* (4) , 650—666.

Friedman, W. J. 1989. The Representation of Temporal Structure in Children,

Adolescent and Adults. *Time and Human Cognition,* 259—302.

Friedman, W. J. 2000. The Development of Children' s Knowledge of the Time of Future Events. *Child Development, 71* (4), 913—932.

Friedman, W. J. 2003. Arrows of Time in Early Childhood. *Child Development, 74* (1),155—167.

Friedman, W. J., Gardner, A. G. & Zubin, Naomi, R. E. 1995. Children's Comparisons of the Recency of Two Events from the Past Year. *Child Development, 66,* 970—983.

Gelman, S. A. & Ebeling, K. S. 1989. Children 's use of non - egocentric standards in judgments of functional size. *Child Development, 60,*920—932.

Gentner, D. 1978. On relational meaning: The acquisition of verb meaning. *Child Development, 49,* 988—998.

Gentner, D. 1983. Structure Mapping: A Theoretical Framework for Analogy. *Cognitive Science, 7,* 155—170.

Gentner, D. 2001. Spatial Metaphor in Temporal Reasoning. In M. Gattis (Ed) *Spatial Schemas and Abstract Thought.* Cambridge, MA: MIT Press.

Gentner, D. 2003. Why we're so smart. In D. Gentner and S. Goldin - Meadow (Eds.) *Language in mind: Advances in the study of language and thought,* 195—235.

Gentner, D. & Boronat, C. 1991 *Metaphors are (sometimes) processed as generative domain mappings.* Paper persented at the Symposium on Metaphor and Conceptual Change, Meeting of the Cognitive Scicence Society, Chicago, IL.

Gentner, D. & Boronat, C. 1992. Metaphor as mapping. *Paper resented at the Workshop on Metaphor,* Tel Aviv, Israel.

Gentner, D. & Imai, M. 1992. Is the future always ahead? Evidence for system - mappings in understanding space-time metaphors. *Proceedings of the Fourteenth Annual Conference of the Cognitive Science Society,* 510—515.

Gentner, D., Imai, M. & Boroditsky, L. 2002. As time goes by: Evidence for two systems in processing space time metaphors. *Language and Cognitive Processes, 17,* 537—565.

Gibbs, R.W. & Colston, H. 1995. The cognitive psychological reality of image schemas and their transformations. *Cognitive Linguistics, 6,* 347—378.

Gibbs, R.W. & O'Brien, J. E. 1990. Idioms and Mental Imagery: The Metaphorical Motivation of Idiomatic Meaning. *Cognition, 36,* 35—68.

Gibbs, R.W. 1992a. Categorization and metaphor understanding. *Psychological Rev, 99* (3): 572—577.

Gibbs, R.W. 1992b. What do idioms really mean? *Journal of Memory and Language, 31,* 485—506.

Gibbs, R.W. 1994. The Poetics of Mind: Figurative Thought. *Language and*

Understanding. Cambridge: CUP.

Gibson, E. 1969. *Principles of Perceptual Learning and Development*. New Jersey: Prentice Hall Inc.

Glenberg, A. M. & Langston, W. E. 1992. Conprehension of Illustrated Text: Pictures Help to Build Mental Models. *Journal of Memory and language, 31*, 129—151.

Glucksberg, S., Brown, M. & McGlone, M. S. 1993. Conceptual Metaphors are not Automatically Accessed during Idiom Comprehension. *Memory & Cognition, 21*, 711—719.

Glucksberg, S., Keysar, B. & McGlone, M. S. 1992. Metaphor Understanding and Accessing Conceptual Schema: Reply to Gibbs. *Psychological Review, 99*, 578—581.

Greenwald, A. G., McGhee, E. & Schwartz, J. 1998. Measuring Individual Differences in Implicit Cognition: The Implicit Association Test. *Journal of Personality and Social Psychology, 74* (5), 181—198.

Gregory, L. M. 1996. On metaphoric representation. *Cognition, 60*, 173—204.

Gregory, L. M. 1997. Reasons to doubt the present evidence for metaphoric representation. *Cognition, 62*, 99—108.

Gregory, M. E. 1993. Metaphor Comprehension: From Literal Truth to Metaphoricity and Back Again. *Metaphor & Symbol, 8* (1), 1—21.

Grice, H. P. 1975. *Logic and Conversation* [A]. In A. P. M artinich (ed.) *The Philosophy of Language* [C]. Oxford: Oxford University Press.

Harris, P. L. 1974. Perseverative search at a visibly empty place by young infants. *Journal of Experimental Child Psychology, 18*, 535—542.

Hermer, L. & Spelke, E. S. 1994. A geometric process for spatial reorientation in young children. *Nature, 370*: 57—59.

Hespos, S. J. & Baillargeon, R. 2001. Infants' knowledge about occlusion and containment events. *Psychol. Sci. 12*, 141—147.

Hill, P. L. & Lapsley, D. K. 2009. The ups and downs of the moral personality: Why it's not so black and white. *Journal of Research in Personality, 43* (3): 520—523.

Holzman, M. 1981. Where is under: From memories of instances to abstract featural concepts. *Journal of Psycholinguistic Research, 10* (4), 421—439.

Huttenlocher, J., Hedges, L. & Duncan, S. 1991. Categories and particulars: Prototype effects in estimating spatial location. *Psychological Review, 98* (3): 352—376.

Huttenlocher, J., Newcombe, N. & Sandberg, E. H. 1994. The coding of spatial location in young children. *Cognitive Psychology, 27* (2): 115—147.

Johnson, A. T. 1996. Comprehension of metaphors and similes: Reaction time and memory studies. *Metaphor & Symbolic Activity, 11* (2) ,145.

Johnson, M. 1987. *The Body in the Mind: The Bodily Basis of Meaning, Imagination and Reason.* Chicago: The University of Chicago Press: 23.

Johnson, M.G. & Malgady, R. G. 1979. Some Cognitive Aspects of Figurative Language: Association and Metaphor. *Journal of Psycholinguistic Research, 8,* 249—265.

Johnston, J. R. & Slobin, D. I. 1979. The development of locative expressions in English, Italian, Serbo - Croatian, and Turkish. *Journal of Child Language, 6,* 529—546.

Keshavmuriti. 1991. *Space and Time.* New Delhi: Sterling Publishers.

Klatzky, R. L. 1998. Allocentric and egocentric spatial representations: Definitions, distinctions, and interconnections. In: Freksa C, Habel C, Wender K. (Eds.) *Spatial Cognition: An interdisciplinary approach to representing and processing spatial knowledge.* Berlin: Springer-Verlag, 1—17.

Kosslyn, S. M. 1975. Information representation in visual images. *Cognitive Psychology.* 7, 341—370.

Kosslyn, S.M., Ball, T. M. & Reiser, B. J. 1978. Visual images preserve metric spatial information: Evidence from studies of image scanning. *Journal of Experimental Psychology: Human Perception and Performance, 4,* 47—60.

Kovecses, Zoltan. 1986. *Metaphors of Anger, Pride, and Love: A Lexical Approach to the structure of concepts.* Amsterdam / Philadelphia: John Benjamins Publishing Company.

Lakoff, G. & Johnson, M. 1980. *Metaphors We Live by.* Chicago: University of Chicago Press.

Lakoff, G. 1986. The Meanings of Literal. *Metaphor and Symbolic Activities, 1* (4) .

Lakoff, G. 1987. *Women, Fire, and Dangerous Things.* Chicago: University of Chicago Press.

Lakoff, G. & Johnson, M. 1999. *Philosophy in the Flesh: The Embodied Mind and its Challenge to Western Thought.* New York: Basic Books.

Lakoff,G. & Turner, M. 1989. *More than Cool Reason: A Field Guide to Poetic Metaphor.* Chicago: University of Chicago Press.

Lakoff, G. 1993. The Contemporary Theory of Metaphor. In A. Ortony (eds.) *Metaphor and Thought.* Cambridge: Cambrige University Press.

Landau, B. 2003. Axes and Direction in Spatial Language and Spatial Cognition. In E. van der Zee and J. Slack (eds.) *Representing Direction in Language and Space.* Oxford: Oxford University Press.

Langacker, R. W. 1987/1991. *Foundtions of Cognitive Grammar, Vols.1 & 2.* Stanford University Press.

Langacker, R. W. 1993. Reference-point Constructions, *Cognitive linguistics*, 4—1.

Langston, W. 2002. Violating Orientational Metaphors Slow Reading. *Discourse Processes, 34* (3): 281—310.

Levinson, S. C. & Brown, P. 1994. Immaunuel Kant among the Tenejapans: Anthropolgy as applied philosophy. *Ethos, 22*, 3—41.

Levinson, S. C., Kita, S., Haun, D. B. M. & Rasch, B. H. 2002. Returning the tables: language affects special reasoning. *Cognition, 84*, 155—188.

Lindsay, S. 2003. Visual priming of language comprehension. *Unpublished master's thesis, University of Sussex.*

Lu, C. & Proctor, R. 1995. The influence of irrelevant location information on performance:A review of the simon and spatial stroop effects. *Psychonomic Bulletin & Review, 2* (2), 174—207.

Lumsden, E. A. & Poteat, B. 1968. The salience of the vertical dimension in the concept of "bigger" in five and six years old. *Journal of Verbal Learning and Verbal Behavior, 7,* 404—408.

MacLeod, C. 1991. Half a Century of Research on the Stroop Effect: An Integrative Review Psychological Bulletin. *Division of Life Sciences. 109* (2),163—203.

Mandler, J. M., Seegmiller, D. & Day, J. 1977. On the coding of spatial information. *Memory & Cognition, 5,*10—16.

Maratsos, M. P. 1973. Decrease in the understanding of the word "big" in preschool children. *Child Development, 44,* 747—752.

Maratsos, M. P. 1974. When is a high thing the big one? *Developmental Psychology, 10,* 367—375.

Marschark, M., Katz, A. N. & Paivio, A. 1983. Dimentions of metaphor. *Journal of Psycholinguistic Research, 12* (1), 229—259.

Matlock, T. 2004. Fictive Motion as Cognitive Simulation. *Memory & Cognition, 32* (8):1389—1400.

Matlock, T., Ramscar, M. & Boroditsky, L. 2003. The experiential basis of meaning. In: Richard Alterman , David kirsh (Eds.). *Proceedings of the 25th Annual Meeting of the Cognitive Science Society.* Boston , MA : Cognitive Science Society.

Matlock, T., Ramscar, M & Boroditsky, L. 2005. On the Experiential Link Between Spatial and Temporal Language. *Cognitive Science, 29,* 655—664.

McDonough, L., Choi, S. & Mandler, J. M. 2003. Understanding spatial relations: flexible infants, lexical adults. *Cogn. Psychol. 46,* 229—259.

McGlone, M. S. & Harding, J. L. 1998. Back to the Future: The Role of Perspective in Temporal Language Comprehension. *Journal of Experimental Psychology: Learning, Memory, and Cognition, 24* (5), 1211—1223.

McGlone, M. S. & Lafayette, C. 1996. Conceptual metaphors and figurative language interpretation: Food for thought? *Journal of Memory and Language, 35* (4), 544—565.

Meier, B. P. & Robinson, M. D. 2004. Why the Sunny Side Is Up: Associations Between Affect and Vertical Position. *Psychological Science, 15,* 243—247.

Meier, B. P. & Robinson, M. D. 2006. Does "feeling down" mean seeing down? Depressive symptoms and vertical selective attention. *Journal of Research in Personality, 40,* 451—461.

Meier, B. P., Hauser, D. J., Robinson, M. D., Friesen, C. K. & Schjeldahl, K. 2007. What's up with God? Vertical Space as a Representation of the Divine. *Journal of Personality and Social Psychology, 93* (5), 699—710.

Meier, B. P., Sellbom, M. & Wygant, D. B. 2007. Failing to Take the Moral High Ground: Psychopathy and the Vertical Representation of Morality. *Personality and Individual Differences, 43,* 757—767.

Meints, K., Plunkett, K., Paul, L. Harris and Dimmock, D. 2002. What is: "on" and "under" for 15-, 18- and 24- month-olds? Typicality effects in early comprehension of spatial prepositions. *British Journal of Developmental Psychology, 20*:113—130.

Miller, P. H. & Probert, J. S. 1991. Age Differences in the Capacity Demands of a Strategy among Spontaneously Strategic Children. *Journal of Experimental child Psychology, 52,*149—165.

Monica, E. G. 1993. Metaphor comprehension: From literal truth to Metaphoricity and Back again. *Metaphor and symbolic activity, 8* (1),1—21.

Monica, E.G. & Mergler, N. L. 1990. Metaphor Comprehension: In Search of Literal Truth, Possible Sense, and Metaphoricity. *Metaphor and Symbolic Activity, 5*(5), 151—173.

Murphy, G. L. 1996. On metaphoric representation, *Cognition*, *60* (20),173—204.

Nayak, N. P & Gibbs, R. W. 1990. Conceptual knowledge in the interpretation of idioms. *Journal of Experimental Psychology: General, 119,* 315—330.

Newcombe, N. S. 2002. Spatial cognition. In: Medin D. (Ed.) .*Cognition Volume, Stevens' Handbook of Experimental Psychology (3rd Edition)*. New York: John Wiley,113—163.

Núñez, R. E., Motz, B. & Teuscher,V. 2006. Time after time: The psychological reality of the Ego-and Time-Reference-Point distinction in metaphorical construals of time. *Metaphor and symbol, 21,* 133—146.

Ortony, A. 1993. *Metaphor and Thought.* (*2nd*) Cambridge: Cambridge University Press.

Petrusic, W. 1992. Semantic congruity effects and theories of the comparison process. *Journal of Experimental Psychology: Human Perception and Performance, 18*:962—986.

Piaget, J. 1927. *The children's conception of time*. London: Routledge and kegan Paul.

Piaget, J. & Inhelder, B. 1956. *The child's conception of space*. London: Routeledge and Kegan Paul.

Piaget, J., Inhelder, B. & Szeminska, A. 1960. *The child's conception of geometry*. London: Routeledge and Kegan Paul.

Pinker, S. 1979. Formal models of language learning. *Cognition, 7,* 217—283.

Plumert, J. M., Ewert, W. & Spear, S. J. 1995. The early development of children's communication about nested spatial relations. *Child Development, 66,* 959—969.

Pynte, J., Besson, M., Robichon, F. H. & Poli, J. 1996. The time-course of metaphor comprehension: an event-related potential study. *Brain Language, 55,* 293—316.

Ravn, K. E. & Gelman, S. A. 1984. Rule Usage in Childre's Understanding of "Big" and "Little". *Child Development, 55,* 2141—2150.

Reynolds, R. E. & Ortony, A. 1980. Some Issue in the Measurement of Childern's Comprehension of Metaphorical Language. *Children Development, 51,* 1110—1119.

Richards, I. 1936. *The philosophy of rhetoric*. New York: Oxford University Press.

Richardson, D. C., Spivey, M. J., Edelman, S. & Naples, A. J. 2001. "Language is Spatial": Experimental Evidence for Image Schemas of Concrete and Abstract Verbs. *Proceedings of Twenty-third Annual Meeting of he Cognitive Science Society,* 873—878.

Richardson, D.C., Spivey, M. J., Barsalou, L.W. & McRae, K. 2003. Spatial representations activated during real-time comprehension of verbs. *Cognitive Science, 27,* 767—780.

Ricoeur, P. 1978. The metaphorical process as cognition, imagination, and feeling. *Critical Inquiry, 5* (1), 141—157.

Rips, L. J. & Turnbull, W. 1980. How big is big? Relative and absolute properties in memory. *Cognition, 8*: 145—174.

Robb, M. & Lord, C. 1981. Early uses of "big" and "little" by mothers and children. *Papers and Reports on Child Language Development,* Stanford University, *20,* 108—115.

Robinson, M. D., Zabelina, D. L., Ode, S. & Moeller, S. K. 2008. The vertical nature of dominance-submission: Individual differences in vertical attention. *Journal of Research in Personality, 42,* 933—948.

Ryalls, B. O., Winslow, E. & Smith, L. B. 1998. A Semantic Congruity Effect in Children's Acquisition of High and Low. *Journal of Memory and Language, 39*: 543—557.

Schubert, T. W. 2005. Your Highness: Vertical Positions as Perceptual Symbols of Power. Journal of Personalityand Social Psychology. *American Psychological Association, 89* (1), 1—21.

Searle, J. 1978. *Metaphor, in Meaning and Expression.* Cambridge: Cambridge University Press.

Seitz, J. A. 1997. Metaphor, Symbolic Play, and Logical Thought in Early childhood. *Genetic, Social & General Psychology Monographs, 123* (4), 373—391.

Sera, M. & Smith, L. B. 1987. Big and little: "Nominal" and relative uses. *Cognitive Development, 2*, 89—111.

Sera, M. D., Troyer, D. & Smith, L. B. 1988. What Do Two - Year - Olds Know about the Sizes of Things? *Child Development, 59*, 1489—1496.

Siegler, R. S. 1976. Three aspects of cognitive development. *Cognitive Psychology, 8*, 481—520.

Siegler, R. S. 1981. Developmental sequences within and between concepts. *Monographs of the Society for Research in Child Development, 46*. (2, Serial No. 189)

Siegler, R. S. 1983. Five generalizations about cognitive development. *American Psychologist, 38*, 263—277.

Siltanen, S. 1986. Butterflies are rainbows? A developmental investigation of metaphor comprehension. *Communication Education, 35*, 1—12.

Siltanen, S. A. 1990. Effects of Explicitness On Children's Metaphor Comprehension. *Metaphor and symbolic activity, 5* (1), 1—20.

Sinha, C., Thorseng, L. A., Mariko, H. & Kim Plunkett. 1999. Spatial language acquisition in Danish, English and Japanese. Reprinted from Peter Broeder and Jaap Murre (eds.) *Language and Thought in Development Tü bingen*, Gunter Narr Verlag, 95—126.

Slobin, D. I. 1979. *Psycholinguistics (2nd Ed.)*, Palo Alto: Scott Foresman.

Smith, L. B., Cooney, N. J. & McCord, C. 1986 What Is "High"? The Development of Reference Points for "High" and "Low". *Child Development, 57*: 583—600.

Smith, L. B., Rattermann, M. J. & Sera, M. 1988. "Higher" and "lower": Comparative and categorical interpretations by children. *Cognitive Development, 3*: 341—357.

Sotillo, M., Carretie, L., Hinojosa, J. A. & Tapia, M. M. 2005. Neuralactivity associated with metaphor comprehension: spatial analysis. *Neuroscience Letters, 373*, 5—9.

Stanfield, R. A. & Zwaan, R. A. 2001. The Effect of Implied Orientation Derived From Verbal Context On Picture Recognition. *Psychology Science, 12* (2), 153—156.

Tartter, V. C., Gomes, H. B., Dubrovsky, S. M. & Vala-Stewart, R. 2002. Novel metaphors appear anomalous at least momentarily: evidence from N400. *Brain and Language, 80*, 488—509.

Tourangeau, R. & Rips, L. 1991. Inerpreting and Evaluating Metaphor. *Journal of Memory and Language, 30*, 152—472.

Tversky, A. 1977. Features of Similarity. *Psychological Review*, *84*, 327—352.

Ungerer, F. & Schmid, H. J. 1996. *Introduction to Cognitive Linguistic.* Addison Wes-ley Longman Limited.

Véronique Bonnaud. 2002. Metaphorical and non - metaphorical links: a behavioral and ERP study in young and elderly adults. *Neurophysiologie clinique*, *32*, 258—268.

Vosniadon, S. & Ortony, A. 1983. The Emergence of the Literal-Metaphorical - Anomalous Distinction in Young Children. *Child development*, *54*,154—161.

Vosniadou, S., Ortony, A., Reynolds, R. E. & Wilson, P. T. 1984. Sources of Difficuity in the Young Child's Uuderstanditin of Metaphorical Language. *Child Development.* *55*, 1588—1606.

Wang, R. F. & Spelke, E. S. 2000. Updating egocentric representations in human navigation.*Cognition*, *77*: 215—250.

Wang, R. F. & Spelke, E. S. 2002. Human spatial representation: insights from animals. *Trends in Cognitive Sciences*, *6* (9) : 372—382.

Wanska, S. 1984. The relationships of spatial concept development to the acquisition of Locative understanding. *The Journal of Genetic Psychology*, *145*, 11—20.

Washington, D. S. & Naremore, R. C. 1978. Children's use of spatial prepositions in two-and-three-dimensional task. *Journal of Speech & Hearing Research*, *21*(1), 151—165.

Western, A. S. 2001. Development of Time Concepts: Differentiating Clock and Calendar from Apparent Durations. *Journal of Genetic Psychology*, *148* (3) , 259—270.

Windmiller, M. 1976. Genetic Psychology Monographs, *94* (2) , 227—248.

Winner, E., McCarthy, M. & Gardner, H. 1980. The ontogenesis of metaphor. In R. P. Honeck & R. R. Hoffman (Eds.) *Cognition and figurative language*, 341—361.

Yu, Ning. 1998. *The Contemporary Theory of Metaphor: A Perspective from Chinese.* Amsterdam: John Benjamins.

Yu, Ning. 2001. What does our face mean to us? *Pragmatics and Cognition*, *9* (1) , 1—36.

Yu, Ning. 2003. Chinese metaphors of thinking. *Cognitive Linguistics*, *14* (2/3) , 141—165.

Yu, Ning. 2004. The eyes for sight and mind. *Journal of Pragmatics*, *36* (4) , 663—686.

Zwaan, R. A., Stanfield, R. A. & Yaxley, R. H. 2002. Language comprehenders mentally represent the shapes of objects. *Psychological Science*, *13*, 168—171.

Zwaan, R. A. & Yaxley, R. H. 2003. Spatial iconicity affects semantic relatedness judgments. *Psychonomic Bulletin & Review*, *10*, 954—958.

Zwaan, R. A., Madden, C. J., Yaxley, R. H. & Aveyard, M. E. 2004. Moving words: Dynamic mental representations in language comprehension. *Cognitive Science: A Multidisciplinary Journal*, 1551—6709, *28*（4）, 611—619.

Zwaan, R. A. & Lawrence, J. Taylor. 2006. Seeing, Acting, Understanding: Motor Resonance in Language Comprehension. *Journal of Experimental Psychology*, *35*（1）: 1—11.

后记一

这本书是继《隐喻的心理学研究》之后，我和我的学生们在隐喻研究领域的第二本书，是我和学生们在我的博士生导师齐沪扬先生的指导下，八年来在现代汉语空间认知领域不断探索的脚印。

2004年，我和我的团队开始现代汉语空间隐喻的心理语言学研究时，中国学术界对这个领域还非常陌生，在发表文章、学术研讨中我们明显地感到一种学术的孤独。近年来，越来越多的人关注到这个领域，特别是很多年轻学者进入了这个领域，我们在各学术会议上遇到了越来越多的同道，非常欣慰。

当我校对书稿的时候，我不断地回忆起每周四语言学博士沙龙上的争辩，每周五心理学硕士沙龙上的困惑，还有，我身边的朋友经常被“现在是八点钟，手表向前拨一个小时，是几点钟？”这样的问题折磨得见我就转身……很多次，我几乎怀疑自己选择的这条路，齐老师一直鼓励我坚持。直到今天，只要见面，齐老师还是会嘱咐我不要放弃对隐喻的研究。

空间概念是人类最初获得的系统概念，是儿童发展过程中建构各种抽象概念的基础。现代汉语空间问题，既是语言学的一个重要研究领域，也是认知心理学的一个重要研究领域。我把研究领域聚焦在儿童空间语言的认知和发展上，希望更多年轻学者在其中成长起来，语言学和心理学在这个领域的交会定能结出美丽的果实。

本书在基本理论探索的基础上，完成了许多以儿童为研究对象的语言实验研究，每一项实验的设计和实施都是我们团队集体的劳动成果。各实验报告的执笔人分别是：

徐凝婷：汉语时序概念表征的空间方向性感知基础

钱　萍：空间图式影响时序概念理解的发展性研究

郝　静：空间图式在时空隐喻理解中的作用

李　艳：上—下意象图式影响垂直性空间隐喻表达式理解的实验研究

刘慧敏：褒贬义形容词的垂直方位表征

陈淑梅：2—5岁儿童“上/下”空间多义项习得研究

张丽娜：2—5岁儿童“前/后”的语义认知研究

王　莉：3—5岁儿童空间维度词“大/小”的认知研究

杨继芬：2—5岁儿童空间维度形容词“高/低”的语义认知研究

另外，研究生马子凤、殷宏淼、何奇、卢宜园为文字校对付出了很多劳动，在此向他们表示感谢！

吴念阳

2012年9月于上海师大

后记二

我是1993年从上海师范大学中文系现代汉语专业毕业，获得博士学位的，我的博士论文做的就是《现代汉语空间位置系统》。1998年学林出版社将我的博士论文以《现代汉语空间问题研究》为名出版。正如我在这本书的后记里所写的:“感到幸运的是,我留在上海师范大学工作,能随时直接地聆听到我的导师张斌先生的教导，从而可以对我博士论文中的一些观点进行更加深入、更加广泛的思考，继而做出重大的修改，这样才能够有这本呈现在读者面前的拙作的问世”。尽管书出版了,然而,“更加深入、更加广泛的思考”这些年来一直陪伴着我，想在现代汉语空间问题上再做一番研究的想法也一直没有忘掉过。只是那时我已经担任一定的行政职务，想法归想法，实施起来却不那么容易，因为工作忙，因为在写其他书，这样的想法总是得不到实现，自己为自己找了不少可以推诿、拖延的理由。

直到2006年，我申报的国家社科基金项目“现代汉语空间范畴的认知与理解”批了下来，我没有任何理由可以让自己只想不做了。2004级的博士研究生吴念阳和2006级的博士研究生曾传禄都愿意跟我做这个课题。从2006年到2009年，三年时间里，三个人同心协力，把这个课题完成了。我完成的是对现代汉语现实空间的表达研究，曾传禄做的是与位移空间相关的表达研究，吴念阳则在大量的心理实验的基础上，提交了一份心理空间相关的实证研究。

但是，这个课题直到2011年才完成结项工作。做完研究后，书稿就束之高阁。那两年我没有时间顾及自己项目的结项，学科的重大项目“现代汉语描写语法”到了最后冲刺的时候，我在商务印书馆出版的另一部工具书《现代汉语语气成分使用词典》也在那个时候送来清样，时隔五年之久也来忙中添乱。为了《现代汉语描写语法》能赶在 2010 年 11 月出版，那两年上海师大整个语法学科，都是处在高负荷的运作之中。我在该书的后记中有一段描述："面对着桌子上堆积如山的纸质稿子，面对着电脑中从修改稿 1 到修改稿 7，再到定稿的各个文件夹，我们看到了岁月的流逝，看到了写作的艰辛"，就连九十高龄的张斌先生，也和我们一起努力着。这种时候去忙自己的课题结项，我觉得是对上海师大语法学科的亵渎，我说不出口，也不愿意去做。

2010 年 10 月做完《现代汉语描写语法》的最后校对工作，11 月出版，赶在 2010 年 11 月 27 日召开的"庆祝张斌先生 90 华诞从教 60 周年学术研讨会暨《现代汉语描写语法》首发仪式"上与读者见面；

2010 年 12 月做完《现代汉语语气成分使用词典》的校对工作，2011 年 2 月出版；

2011 年 3 月提交"现代汉语空间范畴的认知与理解"的课题结项报告书，为 60 万字的系列著作，2011 年 8 月收到全国哲学社会科学规划办公室的结项证书，鉴定等级为良好。

这是那一段时间的工作状况，如实记述。

"现代汉语空间范畴的认知与理解"为系列著作，其一为《现代汉语位移空间的认知研究》，作者是曾传禄；其二为《现代汉语心理空间的认知研究》，作者是吴念阳；其三为《现代汉语现实空间的认知研究》，作者是齐沪扬。我任三本著作的主编。

我很感谢我的这两位学生。

曾传禄 1998 年考过我的硕士研究生。那年竞争特别厉害，他没有被上海师大录取，转到贵州大学读宋宣教授的硕士研究生。经过贵州大学浓郁的人文气息和语言学学术氛围熏陶，曾传禄于 2006 年重又考回上海师大，攻读语法方向的博士学位。他语言学功底深厚，古汉语和近代汉语基础扎实，安于寂寞，甘于清贫，讷于言敏于行，粗茶淡饭却笔耕不辍，少言寡语然勤于思考。几年下来，他自然成为他们这一届博士研究生中的佼佼者，理论素养最好，科研成果最多。和这样的学生合作做课题，我感到高兴，感到放心。《现代汉语位移空间的认知研究》中的大部分章节作为博士论文参加过答辩，论文受到了答辩主席——北京语言大学赵金铭教授和其他答辩委员的一致称赞。

吴念阳是上海师大教育学院的教授，她跟我读博士研究生完全是一种机遇的巧合。2004年她进入HSK(旅游)课题组，负责数据统计这一块，这是由于她具有北大心理系本科和硕士的背景。然而在做课题的同时，她突然对语言学感兴趣了。她的博士论文整整做了四年，题目是《空间隐喻的认知研究》。为了博士论文，她带着自己的硕士研究生做了大量的有关空间隐喻的心理实验，正如她在著作中所说的，“仅有语言学证据是不够的”，“时序概念两种不同维度的空间隐喻是否具有心理现实性，即人们是否基于空间方向性建构、理解时序概念，需要进一步的实证、甚至神经生理的研究来提供充分的论证”。我觉得这些心理学的报告对深化语言学的研究是十分有用的。为此，我把吴念阳的这些实验报告作为课题的一个组成部分。

至于第三本《现代汉语现实空间的认知研究》，其中的很多章节都已经发表过，这次做了补充修改，另外还收了我的硕士研究生葛新、蔡瑱所写的部分成果。

我还要感谢本书的责编段濛濛女士。我在主编《现代汉语》的时候，责编就是濛濛。我很想摘录《现代汉语》后记里的一段话：“也感谢负责这项工作的袁舫女士和负责这本教材的段濛濛女士，她们的认真负责是这本教材质量的保证。我们之间的联系是最多的，我的电子邮箱里经常有她们的信。每次接到她们的信我都是战战兢兢，负担陡增；每次回她们的信时又都是如履薄冰，如释重负。这样的过程持续一年有余……我很盼望能够再次与两位新朋友进行合作。”《现代汉语》这本书后来获得上海市普通高校优秀教材一等奖，这里面有濛濛的很多功劳。这次再度合作，其中的欢快我是十分享受的。我真的很想和濛濛有第三次的合作，我们找机会吧。

学期就要结束了，这几天忙着学生们的毕业工作。作为教学单位，天天跟学生接触，实际上就是跟青春接触，跟活力接触。现代汉语空间范畴的研究，真的是范围很大，可以研究的题目很多，事实上我今年毕业的博士研究生唐依力做的学位论文跟空间也是有关联的。我想我应该积攒能量，汇聚动力，带领学生在这一领域里继续耕耘下去。

齐沪扬

2012年6月于上海师范大学对外汉语学院